上田 信
Ueda Makoto

筑摩選書

貨幣の条件

タカラガイの文明史

貨幣の条件　目次

写真＝著者撮影／地図作成＝新井トレス研究所

貨幣の条件

タカラガイの文明史

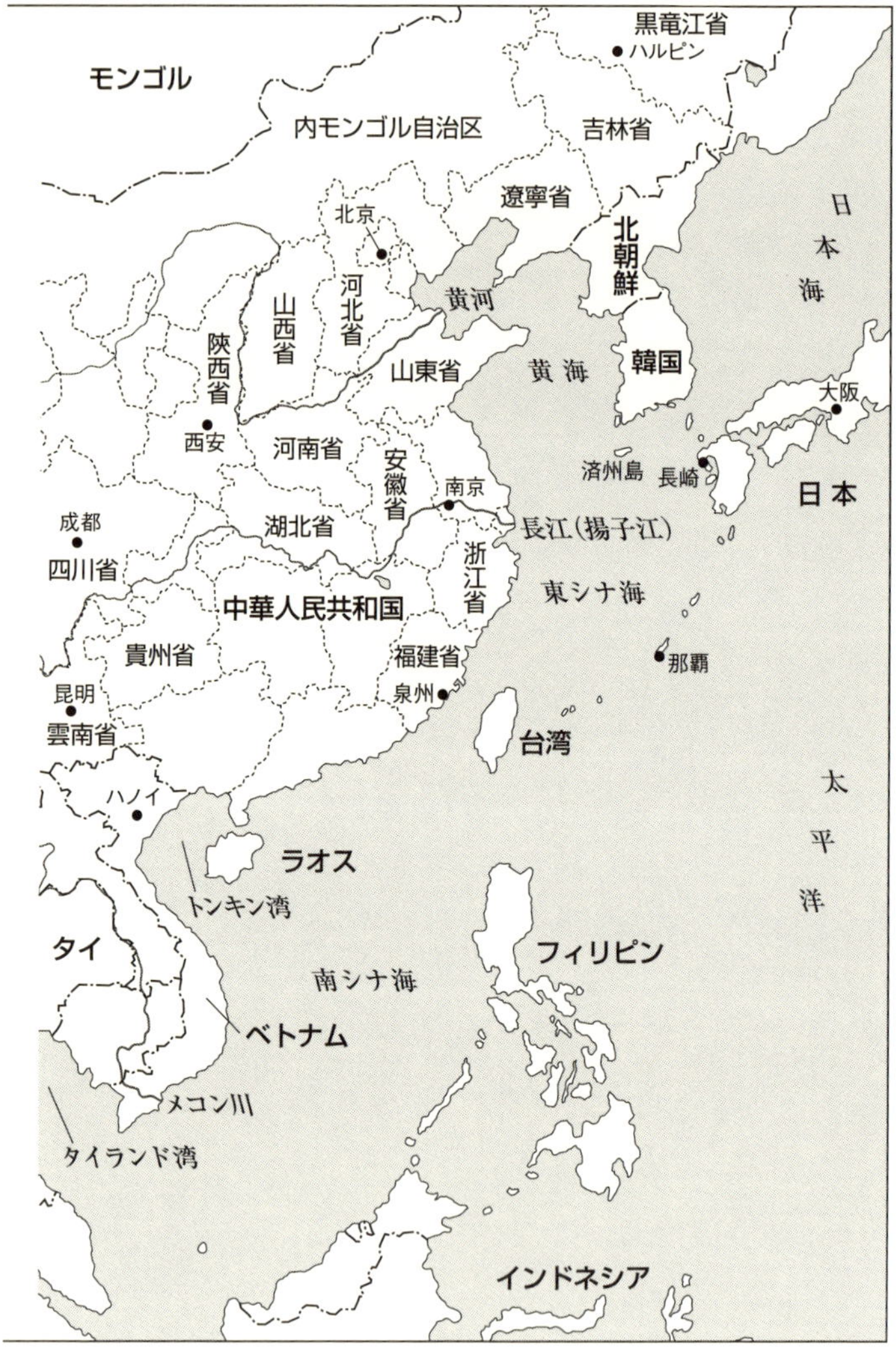
黒竜江省
ハルピン
モンゴル
内モンゴル自治区
吉林省
遼寧省
北京
北朝鮮
日本海
河北省
山西省
陝西省
黄河
山東省
黄海
韓国
大阪
西安
河南省
安徽省
南京
済州島
長崎
日本
成都
湖北省
長江(揚子江)
四川省
浙江省
中華人民共和国
東シナ海
貴州省
福建省
那覇
昆明
泉州
雲南省
台湾
太平洋
ハノイ
ラオス
トンキン湾
タイ
フィリピン
南シナ海
ベトナム
メコン川
タイランド湾
インドネシア

甘粛省
青海省
チベット自治区
ラサ
麗江
大理
デリー
ネパール
シプソンパンナー
ミャンマー（ビルマ）
インド
バングラデシュ
チェンマイ
バンコク
ベンガル湾
アラビア海
スリランカ
コロンボ
モルディブ

本書関連地図

序　章

知的冒険のはじまり

貨幣とタカラガイ

本書のタイトルに含まれている「貨」という漢字には、「貝」が部首として含まれている。周知のように「貝」部の漢字には、経済的活動に関するものが多い。「財」「賣買」「賃貸」などなど。これらの漢字の部首となった貝は、第一章で述べるようにタカラガイである。

いま私たちの生活は、貨幣・通貨に左右されている。日本銀行が発行する通貨の量は、物価や景気を動かし、国際通貨ドルの為替レートは、企業の業績に影響を及ぼす。そして近年はネット上の仮想通貨ビットコインが登場し、私たちは新たな形の貨幣に向き合おうとしている。

私自身の貨幣との付き合い方は、「貨幣《おかね》は使うもの、貨幣《おかね》に使われたらつまらない」というもの。手持ちの貨幣が少なくなり、借金で頭がいっぱいになれば、「貧すれば鈍する」ことになる。

貧しくなると感性までも鈍くなる。しかし、貨幣を増やすことに汲々となり、資産を守るために時間を費やすこととなれば、「貪すれば鈍する」（自作のことわざ）となる。貨幣に貪欲になっても、その精神と品性は鈍くなるだろう。使い残した資産は、相続争いの原因ともなる。貨幣を使う、しかし貨幣に使われない、そんな生き方を貫くためには、貨幣の本質を見抜く必要がある。

そもそも、私たち人類は、なぜ貨幣を持つにいたったのだろうか。この問いに答えるため、迂遠のようだが貨幣という観念のなかにさりげなく織り込まれている「貝」、すなわちタカラガイとヒトとの関係を解きほぐすところから始めてみたい。

旅の先達

タカラガイ、またの名を子安貝とも呼ばれる貝は、古来さまざまな地域、民族のあいだで珍重されてきた。日本最古の物語、『竹取物語』のなかでも、おそらくその貝の実物を見ずに語られたと思われる「つばくらめのもたるこやすの貝」が登場する。かぐや姫が求婚者の一人であった石上《いそのかみ》の中納言に、持参をもとめた珍宝であった。ツバメの巣のなかで採れるというタカラガイという設定の背後には、「子安貝」にまつわる多様な伝承が交錯しているものと思われる。

タカラガイの形状が女性性器を想起させ、生殖と安産の呪物と見なされ、ツバメが巣のなかでヒナを慈しむ様子と重ね合わされる。また、南方から飛来するツバメが、南の海に棲息するというタカラガイを、はるかに京の都に運ぶのではないか、といった想像も働いていたのかも知れない。このように錯綜するタカラガイをめぐるイメージを解きほぐすことで、ヒトの本質の一端をあきらかにできるのではないか。本書はそうした知的な冒険の試みである。

タカラガイ（学名 *Cypraeidae* 科）とヒト（現生人類、学名 *Homo sapiens sapiens*）、それらの関わりを解き明かす旅に出かける前に、どうしても触れざるを得ない旅の先達が二人いる。

ひとりはユハン＝グンナール＝アンデショーン（**Johan Gunnar Andersson**）、スウェーデン出身の考古学者、北京市周口店で北京原人の骨と彩色土器を発見したことで中国考古学史上にその名を刻んでいる。もう一人は、日本民俗学の基礎を創った柳田国男である。

アンデショーンとタカラガイ

一九二四年七月にアンデショーンは、中国西北部に位置する甘粛省北部を旅していたとき、昼食のために路傍の人家で休息していた。その家の女主人の子どもが、頭にタカラガイをつけているのに気がついたのである。彼は驚喜し、一ドルでその貝を売ってくれるよう頼んだが、女主人は、どれほど払ってもその護符は売るようなことはできないといった様子で、彼の申し出を断ったのだという。

アンデショーンが驚喜したのには、理由がある。一九二一年に発掘にたずさわった河南省仰《ぎょう》韶《しょう》村の新石器時代の遺跡から、人骨とともにタカラガイが出土していたのである。さらに一九二三年に化石採取を目的に行った甘粛への探検旅行では、ゴビ砂漠の南西、オルドスの南西よりに位置する鎮番県の砂漠のなかの沙井古墓《させいこぼ》から、タカラガイ多数を発見し、甘粛省朱家寨《しゆかさい》では、骨製のタカラガイの代用品を発掘していた。新石器時代の出土物から一九二四年の子どもの護符へ、タカラガイは彼の意識を、スキタイ文明の墓から出土したタカラガイへと飛躍させ、さらに世界各地、古今のタカラガイにまつわる習俗を網羅させることになる。

アンデショーンのなかばエッセー、なかば学術書といった趣がある『黄土地帯』（アンデショーン、1987）のなかで、「ヴィーナスの貝」という表題を掲げて、タカラガイの発掘事例やタカラガイにまつわる民間伝承を紹介している。

通貨として用いられる事例には、中国の殷墟から発掘されたこと、雲南ではマルコ＝ポーロの時代まで通用していたこと、タイでは一八世紀なかばごろまで使われていたこと、一三世紀にはベンガルの主要通貨であり、二〇世紀にもインドでは土地の売買に用いられていたこと、などが挙げられている。

女性の装飾品としても、タカラガイは用いられている。宣教師で医者でもあったイギリス人のトンプソンが当時の中国と東部チベットとの国境へと旅をしたときに、少女が頭髪に装飾品としてタカラガイを着けていたのを見たと、アンデショーンに話してくれたという。ビルマ、インド、アフリカの諸民族のあいだでも、タカラガイは装飾品として用いられていた。マサイ族の娘たちは、婚約中にタカラガイが付いたひもを頭を巻いているといった事例も紹介する。

アンデショーンはその著作のなかで、タカラガイのさまざまを記す。しかし、この書のなかで、ヒトが過去から現在にいたるまで、タカラガイに特別な意味を与えていたことは明らかとはなるものの、その断片的な事実のあいだの関連は、語られることはなかった。

柳田国男とタカラガイ

もう一人の旅の先達である柳田国男がたどるタカラガイを尋ねる路程は、記憶の底に沈んだ澱をすくい上げるような、心許ないものである。一九五二年に発表された「海上の道」では、日本人がこの列島に渡来した道を探るとき、風の名をまず問う。数々の渡海の船を安らかに港入りさせるアイノカゼ、つまり沖から渚に吹き寄せる風の話は、そこで結論を提示することなく、彼が大学二年生の休みに訪ねた三河の伊良湖崎の突端で経験した「あゆの風」へと話題は進み、その岬の突端の小山のすそを東へまわった小松原島の砂浜に流れ寄ってきた椰子のことを語り始める。

この体験談から島崎藤村「椰子の実」の歌が生まれたなどと、ひとしきり椰子の話をしたあと、「人と椰子の実とを一つに見ようとすることはもとより不倫な話に相違ないが、島の人生の最初を考えてみれば、是もまた漂着以外の機会は有り得なかった」と、本題に柳田は一気に切り込もうとする。ただ、椰子の実のように、人は際限もなく海上を漂うことはできない、椰子の実の漂着地が原始日本人の上陸点と見ようとするのではない、と思索を深め、人はなぜ危険と不安をともなう渡海をものともせずに辛苦して海上を渡るのか、と自問するのである。

柳田の思索は、一足飛びに結論にいたる。

「私は是を最も簡単に、ただ宝貝の魅力のためと、一言で解説し得るように思っている」。

柳田はここで、中国の殷の王朝の遺跡から大量のタカラガイが出土したこと、さらに沖縄首里で目にしたタカラガイのコレクションを想起する。このコレクションは、最後の琉球王の四男で男爵であった尚順が集めたものであった。柳田は、殷代の大陸へのタカラガイの供給地を東方の海にもとめ、中国大陸と沖縄とを結びつけるのである。

こうして古代の話をしているかと思うと、一四世紀に成立した琉球王国の外交文書の手控えであった『歴代宝案』の記載に、つまり、タカラガイを明朝に貢納したという記録に、時代を跳躍する。なお、岩波文庫版『海上の道』では「海肥すなわち宝貝」と記載されているが、『歴代宝案』に記載されている文字は、「海肥」である。他方「人とズズダマ」には、正確に「(明の年代)宣徳九年(一四三四)という年に、明の朝廷に輸送せられた琉球の貢物目録には、海巴五百五十万個という大きな数字が見える」と記載されている。

柳田の想像するところは、「東夷の活躍が次第に影響を中原の文化に及ぼし、宝貝の重視熱望がほぼ頂点に達せんとした時代が、ちょうど極東列島のいずれかの一つに、始祖日本人の小さな群が足を印した頃らしい」というものであった。

「海の道」に先立ち、一九五〇年に発表された「宝貝のこと」では、タカラガイと沖縄とを結ぶ、これもまた言葉をたどり、幼いときの記憶にさかのぼる危うい道を、柳田はたどる。

柳田はタカラガイを論じようとしてその冒頭で、『おもろさうし』一二巻に収められた歌謡を、唐突に取り上げる。『おもろさうし』は、沖縄で古くから謡われていた歌謡を一六世紀なかばから約一世紀の時間をかけて、琉球王府が編纂した歌謡集。この『おもろさうし』には、「ツシヤ」ということばが、何カ所かに登場する。それらの歌謡の文脈を読み解き、タカラガイを糸で連ね、首飾りとして用いていたと、彼は推測するのである。

次のように、柳田はいう。「ツシヤが最初は宝貝のことではなかったろうかという私の想像は、誠に幽《かす》かな暗示の上に築かれている」と。大和言葉の古語に、ツシタマという言葉を見いだし、その古語を橋渡しとしてズズダマ、一般的にはジュズダマ（学名は*Coix lacryma-jobi*）として知られるイネ科の植物と「ツシヤ」とを結び合わせる。ジュズダマは秋になると艶やかな七ミリメートルほどの実を結ぶ。これは雌花を苞葉《ほうよう》の鞘が包んだもので、先端に雌花の軸が顔をのぞかせている。

私にもささやかな記憶がある。母がジュズダマの実を手につまみ、白い雌花の軸を爪でつまんで引き抜いてくれた光景を、いまも記憶している。軸を取った後には、穴が開き、糸を通して首飾りができるのよ、と教えてくれた。

柳田とジュズダマとの関係も、幼少時代にさかのぼる。郷里の姫路市の北に位置する福崎にて、田のへりに自生するジュズダマの株から、毎年実が熟すると必ず採りに行き、草履を泥だらけにしてしかられたという経験を、「人とズズダマ」という文章のなかで語っている。『おもろさうし』に登場する「ツシヤ」をタカラガイの首飾りだとする彼の仮説は、こうした記憶に拠っているのである。

『おもろさうし』の語彙研究は、「ツシヤ」を磁鉱石と解釈している。柳田の郷愁に彩られた仮説は、おそらく成り立たない。

生物としてのタカラガイ

アンデショーンと柳田とは、タカラガイを訪ねる旅の先達ではあるものの、彼らがたどる道はところどころでとだえ、彼らの踏み跡をたどることはむずかしい。ならば、これから始まる知的冒険は何を指針にすればよいのだろうか。

タカラガイはものを語らず、ただ、そこに「ある」のみである。

語らないタカラガイに、なぜ「そのときに、そこにあるのか」と問いかける。タカラガイが存在するその場を、詳細に叙述するなかで、タカラガイとヒトとの関係を明らかにする、それが本書でこれから始める旅の指針である。

これまでタカラガイ、あるいは子安貝と述べてきた。しかし、遺跡から出土したタカラガイ、あるいは民族学資料として集められたタカラガイを詳しく見ると、その大半はハナビラダカラとキイロダカラという二つの「種《スピシーズ》」に限定されている。

ラテン語の学名で表記すると、ハナビラダカラは *Cypraea annulus*。属名の *Cypraea* は、ギリシア神話に登場するキプロス島の女神キプリスにちなむ。その女神は海の泡から生まれキプロス

図1　キイロダカラ（*Cypraea moneta*、左）とハナビラダカラ（*Cypraea annulus*、右）

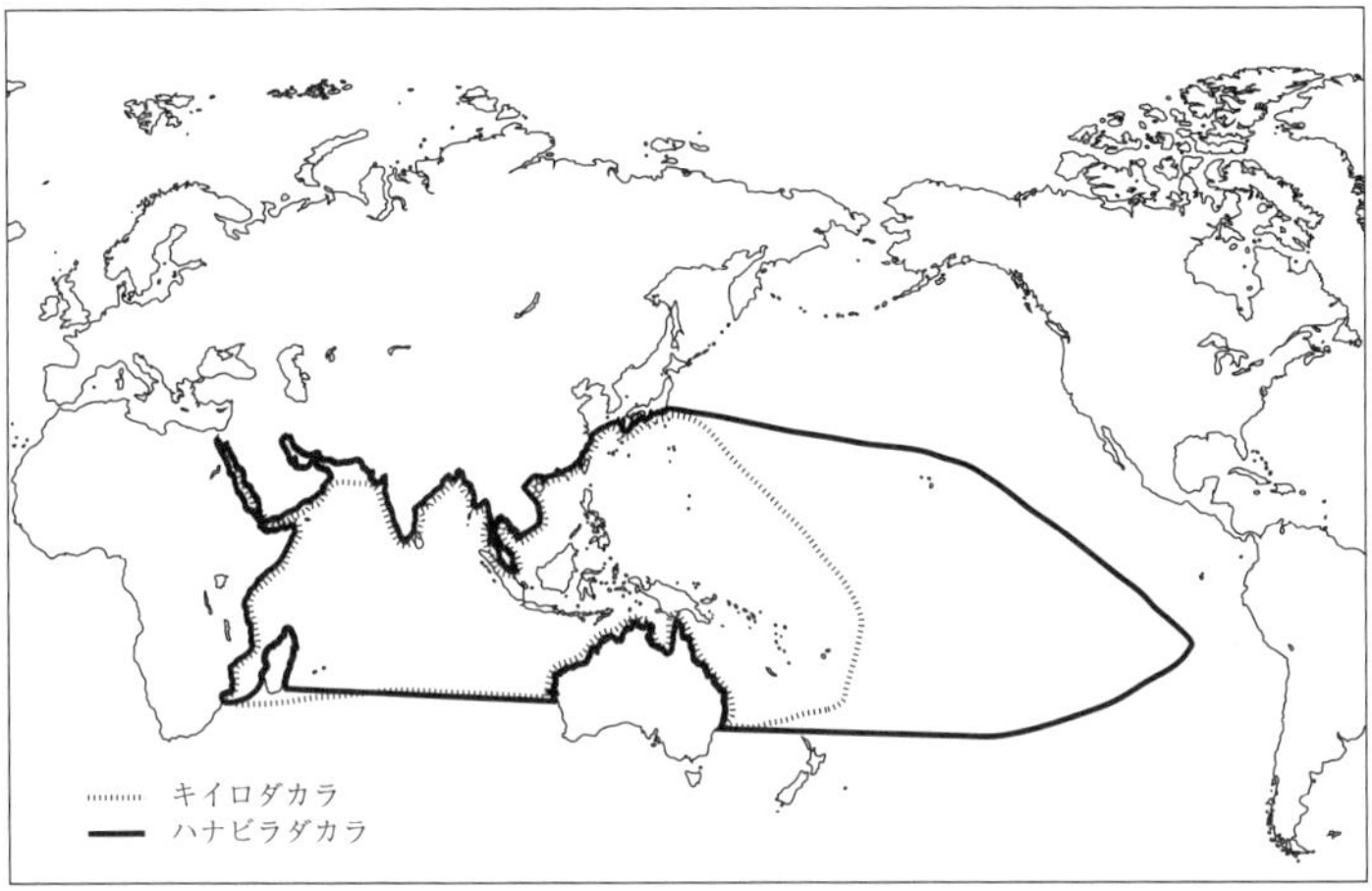

図２　タカラガイの分布（池田・淤見，2007）

島に吹き寄せられたアフロディテ（ローマ神話のヴィーナス）である。種名の*annulus*は「輪、金環」という意味で、貝殻にオレンジ色の輪の模様があるところに由来する。

キイロダカラの学名は、*Cypraea moneta*で、種名は通貨として用いられたところに由来する。英語名もまた、**Money cowry**で「貨幣のタカラガイ」を意味する。

生物学の貝類学を修められた白石祥平氏は『貝Ｉ』（白石祥平、1997）のなかで、生物学、文化学の両面からタカラガイを論じている。しばしば、「美しさ」がタカラガイをヒトが珍重した理由として挙げられているものの、実はこの二つの種の貝は、さほど美しい物ではない。

ハナビラダカラとキイロダカラが棲息する海域は、赤道を中心とする太平洋西部、南シナ海、インド洋の暖かい海である。これらのタカラガイが珍重された地域は、ユーラシアのほぼ全域、アフリカ大陸におよぶ。広大な海域と陸域とをめぐる旅の途上で、路を見失い、時空の迷子とならないために、地図と海図とを手にする必要がある。

文明の生態史観について

先史時代から現在までのヒトの文明を俯瞰する地図を提示し、日本でいまも影響力を保っている言説として、梅棹忠夫の「文明の生態史観」を挙げることができる（梅棹忠夫、1967）。その構想は、日本が高度経済成長にさしかかり始めた一九五七年に、まず『中央公論』の誌上で発表された。

もともと動物学を専攻していた梅棹が、文明を論ずるようになる契機は、今西錦司が組織した中国東北部の大興安嶺の探検に参加し、その後、ふたたび今西に声を掛けられて、今西が所長を務める内蒙古の張家口に一九四四年に設立された西北研究所に嘱託として入所したところに求められる。梅棹が遊牧に関心を向けながら文明を論じる契機は、こうした戦時中の調査研究にあった。一九五五年にアフガニスタンからカイバル峠を越えてパキスタンを経てカルカッタを横断した。そのときに見聞したことを考察するなかから、生態史観の発想が生まれたと、梅棹は回想する（梅棹忠夫編、2001）。

梅棹の生態史観の骨格は、ユーラシア大陸を東北から西南に斜めに横断する巨大な乾燥地帯が存在し、それを挟んでその東西でシンメトリーに地域が配置される。この図のユニークなところは、気象学の基本概念「理想大陸」から出発している点である。北半球の大陸では、地球の自転の影響で偏西風がおこり、それが地球自転の偏向力によって北に曲がる。その結果、大陸の中央の乾燥地帯が斜めになる（梅棹忠夫編、2001）。この乾燥地帯を中心に、楕円形のユーラシア大陸モデルを描き、この図から歴史を解釈する（図3）。

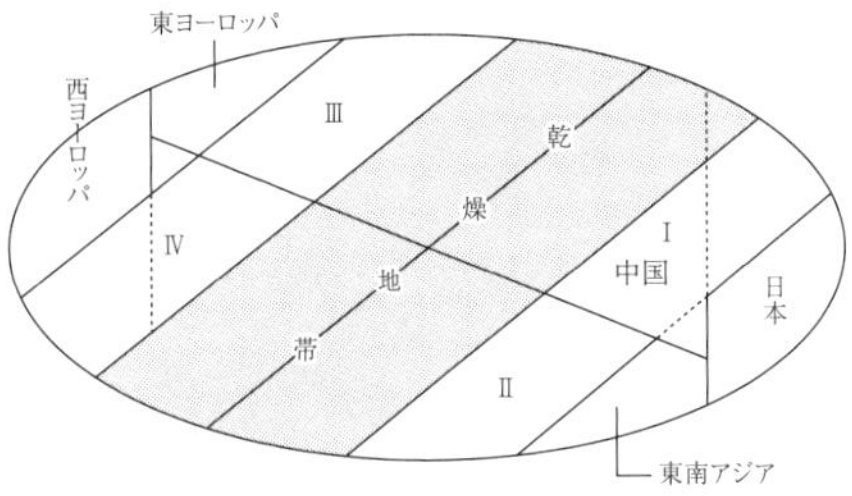

図3　生態史観による文明区分図（［川勝，1997］より）

梅棹の言葉を引用すると、「乾燥地帯は悪魔の巣だ。乾燥地帯のまんなかからあらわれてくる人間の集団は、どうしてあれほどはげしい破壊力をしめすことができるのであろうか。……むかしから、なんべんでも、ものすごくむちゃくちゃな連中が、この乾燥地帯からでてきて、文明の世界を嵐のようにふきぬけていった」（梅棹忠夫、1967）ということになる。この影響を直接に受ける地域を第二地域と名付ける。そこでは破壊と征服の歴史のなかで建設と破壊が繰り返され、暴力を排除しうる専制的な王朝が生まれるだけで、生産の蓄積に基づく発展が見られないとする。その第二地域に属する地域が、西ではロシアとイスラーム世界、東ではインドと中国である。

この第二地域の外側、つまりユーラシア大陸の東端と西端を、梅棹は第一地域と呼ぶ。ここまでは「中央アジア的暴力」が届くことはなかった。そのため生産力の発展に従って、近代的な文明が発生すると説明する。西では西ヨーロッパ、東では日本にその地位が与えられている。のちに東南アジア訪問を契機に、東南アジアとそれと対称の地域として東ヨーロッパの座席が用意されるなど、拡充されている。

生態史観の発想は、植物群落がその土地の気温と降水量とに規定されて遷移し、最終的に極相と呼ばれる安定した状態にいたる、という植生の気候区分に由来する。遷移説はアメリカの植物生態学者クレメンツが一九一六年に発表した学説であるが、梅棹の発想は直接的には京都大学の今西グループに属し、梅棹とともに大興安嶺探検に参加した吉良竜夫から受けた影響が強い。梅棹の生態史観は、理想大陸の気候区分に規定されて、それぞれの地区で文明が植物群落のように遷移し、最終的に極相に落ち着くことを想定しているのである。

日本と西ヨーロッパでは、乾燥地帯からの破壊から免れていたために、文明は極相にいたるとされる。それに対してユーラシア大陸の東側では中国やインド、西側ではロシア・メソポタミアなどでは、その土地に芽生えた文明が、あたかもしばしば火災に見舞われる森林のように、遊牧民の略奪によって破壊され、文明の遷移が中断されるために、極相という文明の最終段階に到達できないと想定されている。

文明の海洋史観について

梅棹の生態史観が大陸の側から迫っているのに対して、海域から迫ろうとする枠組みを提示したのが、川勝平太氏の『文明の海洋史観』（川勝平太、1997）である。タイトルからも分かるように、川勝氏の言説は梅棹の生態史観を踏まえており、その問題関心も、なぜ西欧社会と日本だけが、近代資本主義に至ることができたのか、というところにある。

梅棹文明地図の乾燥地帯からもっとも遠いところに、川勝氏は海洋を配する。西端はヨーロッパに、東端は日本と東南アジアとされる。川勝氏はその後、実際のユーラシア大陸の地勢と対応させながら、文明地図に修正を加えていく（図4）のであるが、この作業は本来の梅棹文明図の発想とは異なることが、対談のなかで梅棹によって指摘されている。先に述べたように梅棹の大陸図は、実際には存在しない理想型としての大陸モデル図であり、そこに緯度・経度や山岳の配置など、現実のユーラシア大陸と関連づけることには意味がない。

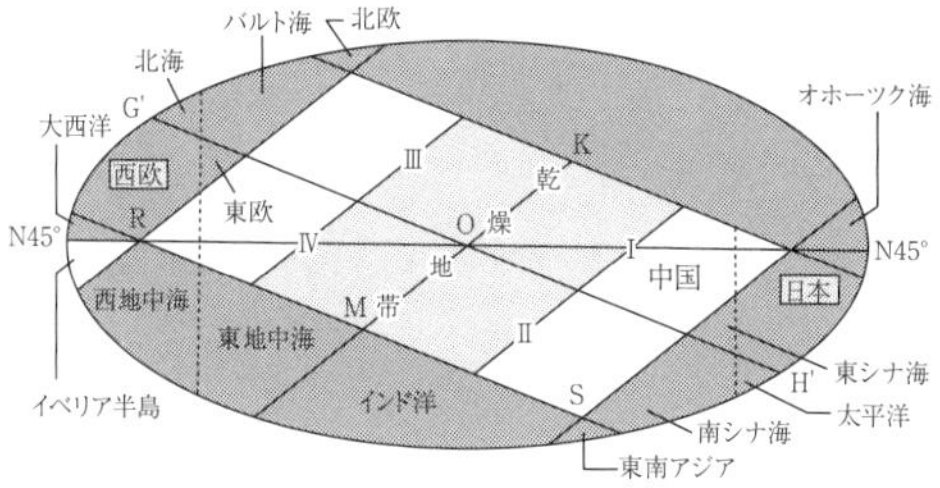

図4　海洋史観による文明区分図（[川勝、1997] より）

生態史観では文明を規定する要因は、生態区分である。これに対して、海洋史観で文明の方向を規定する要因は、物産の組み合わせであるとする。川勝氏の言葉を引用すると「社会の生活様式をかたちづくるためにセットになった物の複合体は、社会生活の物的基盤をつくりあげており、それを社会の物産複合と呼ぶ。新結合がおこると物の組み合わせが変わり、物産複合は変化する」

（川勝、1997）ということになる。この物産複合は文明の下部構造であるとされ、物産の組み合わせが変わると、それに応じて文明の形態も変化すると想定されている。史的唯物論が生産に軸足を置いているのに対して、海洋史観は消費から歴史を読み解くといってもよいであろう。

物産複合を変化させる要因は、舶来品として社会の外からもたらされる物産であると、川勝氏は述べる。そして、舶来品を大量にもたらす経路が、海であるとするのである。著作のなかでは明示されていないが、陸よりも海の方が、大量の物産を遠隔地へと運ぶのに適している、という前提がそこにある。

西欧社会と日本は海洋アジアという空間を共有していたというのが、海洋史観の要点の一つである。アジアの海はイスラームが支配する環インド洋地域と、中国の勢力圏にある環シナ海地域から成り立つ。

環シナ海地域は、海洋中国であった。シナ海に面した土地に住む福建や広東の「海洋中国人」が、ジャンク船と航海技術とに支えられて海洋に乗り出し、各地に交易拠点を設けた。この海洋中国人（唐人・華僑）の活動圏は、一四〜一六世紀に倭寇が活動した海域であり、朱印船貿易の時代には日本人町が展開した地域でもあり、アジア太平洋戦争における日本軍勢力範囲とも一致するという。中国は北方の大陸中国と南の海洋中国に区分され、大陸中国は対外的に朝貢・海禁を建前とするのに対し、海洋中国は自由交易を指向する海洋中国人の世界であるとする。

文明の交易史観

梅棹と川勝の両氏は、その文明論の著述のなかで、必ずしも「文明」とは何かという明確な定義を行ってから、議論を進めているわけではない。古代文明の発生を論じるときに、文明の指標として、都市の発生、文字の発明などが挙げられる。しかし、近現代の文明を論じるときには、これらの指標は参考にならない。近現代の世界のなかで、都市や文字と無関係に生きる人は確かに存在するものの、その数は多くはない。文明をそうでないものと区別することが、これらの指標では、できないのである。

ここで仮説的に提示するのは、「文明の交易史観」とでも呼ぶべきものである。ヒトと他の動物とを区別する指標の一つに、ヒトだけが交易を行うというものがある。

アフリカ東部を十数万年前に出発したヒトは、グレートジャーニーと呼ばれる移動を行うなかで、生身の身体を覆う衣服や住居という道具を手にしたために、地表のほとんどすべての生態系に適応し、極圏の寒冷地帯から赤道直下の熱帯のさまざまな地域に住み着くことができた。

地表の各地に定住したヒトは、基本的に自分の生活する生態系のなかで生きていた。ヒトの生活の場となった生態学的な空間のまとまりを、ヒトにとっての生態環境と呼ぶことにしよう。一つのまとまりを有する生態環境のなかでは、気温や降水量などに応じて草木が茂り、その植生に適応した動物が棲む。ヒトは草木から種や実、根や葉などを採って食料とし、動物から肉や骨、毛や殻などを得て資材とした。ヒトは周囲の生態環境から得られるモノを持続的に利用するために、それぞれの生態環境に応じた個性的な文化を生み出していった。

こうした生き方は、なにもヒトに限ったことではない。野生動物もまた、同様な生き方をしている。ところが、グレートジャーニーを成し遂げ、多様な生態環境に順応できたヒトだけが、他の動物とは異なる特徴を持っていた。自分たちが住んでいる生態環境には存在しないモノを、異なる生態環境に住むヒトから手に入れられるようになったのである。生態学的なまとまりを越えて、モノが移転する。この能力を得たことで、ヒトは生態環境を自らの好むように改変することを可能とした。

ヒト以外の野生動物は、棲息する生態環境の拘束から、自由になることはできない。個体数が増えすぎれば、草食動物であれば食餌とする草木、肉食動物であれば捕食する草食動物が枯渇し、飢え、そして個体数が減少せざるを得ない。その個体数は、一定の幅のなかに収斂することとなる。ただヒトだけが、生態環境を根底から改変しても、かれらの生存の基盤となるモノを、よそから入手することが可能であった。

異なる生態環境からもたらされたモノは、その生態環境のなかでは希少であったために、しばしば「宝物」として珍重される。宝物を持っている人は、持っていない人から羨望の目で見られ、場合によっては尊敬されることもあった。宝物は権威の象徴ともなったのである。経済学ではこの宝物を「財」などと呼ぶが、何が富や財になるかは、きわめて文化的な要因で決まる。

「財」として原初から存在し続けたモノの一つが、本書が探し求めるタカラガイなのである。「財」という漢字には、タカラガイを表象する「貝」という標識が付されている。本書の第一部第一章で述べるように、古代中国でタカラガイは代表的な「財」の地位を与えられていた。

交易から文明が生まれる

ひょんな出会いからタカラガイに興味を抱き、旅をするなかでタカラガイに注意を向けると、実にさまざまなところでタカラガイと出会う。講演に呼ばれてタカラガイの話をすると、必ずと言っていいほど毎回、講演が終わったあとにフロアの来場者から、タカラガイを思いもかけないところで目にした、タカラガイに関する記述を読んだことがある、などと新たな情報を教えてくれる方が現れる。本書の旅の目的は、こうした知的冒険のなかで遭遇したタカラガイを結び合わせ、ヒトとタカラガイとの深く古い関係を探るなかで、ヒトを他の生物と分かつ本質の一端を、明らかにするというところにある。

私が見聞したなかで、ヒトが「財」として扱ったもっとも古いタカラガイは、ロンドンの大英博物館に収められている古代メソポタミア文明アッシリアの古い集落であったテル・アパラチアから出土したとされる黒いマメとタカラガイとを組み合わせた首飾りである（図5）。作製された時期は、紀元前五六〇〇年から五二〇〇年ころに成立したとされるハッスーナ文化期に属する。「エキゾチックなモノで作られた首飾り」（Neckless made from exotic goods）というタイトルの

図５　アッシリアのタカラガイ首飾り（紀元前5600年から5200年ころ）大英博物館所蔵

もと、展示解説によれば、マメは現在のトルコ領内から輸入されたもの、そしてタカラガイはペルシア湾で採取されたと推定されるとある。この時期にすでに遠隔地交易が行われ、交易されたモノにタカラガイ（おそらくキイロダカラ）が含まれていたのである。

　生態環境のまとまりに応じて成立していた文化のあいだで、その違いを越えてモノのやりとりをすることは、異なる文化のあいだに共通のルールがないために困難を極める。時代が進むにつれて、異文化のあいだで取引を行うルールが生まれた。このルールを統制するシステムが、文明である。

　交易を管理するためには、いつ、どれくらいの量のモノが取引されたのか、その価値はいかほどのものであったかを、記録する必要がある。そのために統一的な暦が編まれ、記録を残すために文字が発達する。交易の場所から都市が発生する。異なる文化に交易ルールを強制し、違反者を取り締まるために権力が生まれ、その権力を正当化するために特定の宗教やイデオロギーが発達する。

　より大量、より多様な物産をより効率的に交易できる方向に、文明は発展する。文明間の抗争のなかで、効率的な交易を行う文明が、非効率な交易しかできない文明を亡ぼすといった事態もみられる。つまり文明間の淘汰によって、効率的な交易が優勢になるというプロセスもあった。交易の方法は、制度化された掠奪に始まり、互酬・貢納・徴収と効率を高めて行き、最終段階として市場に行き着く。

交易の諸形態——掠奪・互酬

財を異なる文化のなかでやり取りすることは、実はきわめて困難なことであった。たとえば熱帯の島嶼で産する香木を、温帯の農耕地域で作られる絹と交換しようとした場合、どうなるであろうか。私たちは香木一本の値段を示し、その値段に見合う量の絹を求めればよいと考えるかも知れない。しかし、香木と絹というまったく性格が異なる物産を統一の価格で評価するということは、そう容易なことではない。

もっとも単純な方法は、武力で相手を襲い、めぼしいものを奪い取る掠奪である。海賊が沿海地域を襲い、物産と人とを持ち去ることも、交易の一類型と考えることができる。古来、遊牧の民が農耕地域に対して物資を掠奪し、生産技術をもった人を連れ去ることが、しばしば見られた。これもまた生態環境のまとまりを越えて物資が移動しているのであるから、本書の定義によれば交易に含めることができる。

互酬と呼ばれる交易の方法もあった。異なる生態環境に育まれた文化に属する人が、互いに納得できる量で折り合いをつけて交換し合うという方法で、沈黙交易がその代表的な慣習と言えるであろう。言葉を介さない交易の場、およそ次のような手順を踏んだものと想像されている。異なる生態環境の接点に当たる特定の空間に、片方の文化に属する人が交換したい物資を置いて立ち去ると、他方の文化に属する人が現れて、置き去りにされている物資に見合う量の交換物を置いて立ち去るというものである。

互酬というとなにやら堅苦しい。日常の言葉に置き換えると、「おすそわけ」ということになるのではないだろうか。海辺に住む人がある日、漁に出たときに大漁となる。とても自分の家族では食べきれない魚を得たとき、冷凍庫のない時代であればなおのこと、腐らせるまえに漁師ではない農家に「おすそわけ」として魚を渡す。魚を分けてもらった農家は、心のなかで漁師に対して、これでは「すまない」という感情を抱える。秋に農家は豊作に恵まれ、その収穫物のなかから、かの漁師にお返しをして「すます」。この大和言葉の「すまない」という感情は、ヒトが進化する過程で身につけた特徴の一つと考えられている。

誕生日のプレゼントなども、互酬の一つである。自分の誕生日に知人から、あるいは恋人からプレゼントが贈られたとき、人は「すまない」という気持ちを抱え、その知人・恋人の誕生日を記録して、その日にお祝いの品を渡す。

世界の文化のなかでも、日本文化はとりわけ、他者からモノやサービスを受けたとき、「すまない」という感情を深く持つ。そこを企業につけ込まれると、プレゼント交換を行う日取りが、かつては正月と盆などであったものが、クリスマス、バレンタインデーからホワイトデー、最近ではハロウィーンと次から次へと追加されていく。また日本人は、なるべく短期間にお返しをして「すまそう」という行動を採る。この点、漢族は「すまない」という感情をすぐには解消するのではなく、いつか、ほんとうに必要になったときに返礼してもらいたいと考えている。私の知人は、漢族から手厚いもてなしを受けた年のうちに、お返しをしようとしたところ、露骨に不快な表情をされた、と語っていた。「すまない」という感情は、人類に共通してはいるものの、その実際の現れ方は文化によって大きく異なるのである。

「おすそわけ」やプレゼントが、社会的な義務として固定されることもある。この考え方は、フランスの文化人類学者のマルセル・モースが、その『贈与論』で提示した。制度としてモノやサービスを「贈る義務」・「受け取る義務」そして「お返しをする義務」が、人々の関係を保たせるというのである。モースは膨大な文献を渉猟することで、「未開社会」が制度となった互酬関係によって支えられているとする。義務となった互酬で交換されるモノやサービスには、神聖と見なされた物財、家畜、配偶者としての女性、子ども、戦士としての奉仕などが挙げられる。

宗教的な寄進もまた、互酬の一形態と考えることもできる。一神教や多神教、自然に精霊が宿るというアニミズムなど、宗教の類型はさまざまではあるが、その本質は「私は生きている」というだけではなく「私は生かされている」という受動的な感覚にある。何によって生かされているのか、それをヒトは神とも仏とも霊とも呼ぶ。「生かされている」という存在に関わるサービスへのお返しが、寄進なのである。

交易の諸形態――貢納と下賜、集中と再分配

これまで述べてきた掠奪や互酬という方法だけでは、大量の物資を安定的に手に入れることは困難である。掠奪できる場所に、求める物資が欲しいだけあるとは、限らない。互酬で交換される物産の量は、最小限の需要に制約される。つまり他方が差し出した物産に興味を持ってくれなければ、交易は成立しないのである。

掠奪や互酬よりも進んだ方法が、貢納と下賜の組み合わせである。軍事的武力や社会的権威を背景に、相手を承伏させて定期的に決まった物産を届けさせるという方法である。これは互酬に基づく交易が、その当事者の社会的な関係に上下の隔てがないのに対して、貢納は身分が下の人から上の身分の人へと、一方的にモノやサービス貢納が提供されるところに違いがある。

貢納を得た人は、このメカニズムが安定的に続くためには、これでは「すまない」という事態を回避するために、反対に何かを貢納した人に給付する必要がある。貢納に対して、下賜というモノ・サービスの流れである。サービスのなかには、相手の安全を保証する、相手に権威を与える、といったことも含まれる。

人類史をたどると、制度化された貢納は、しばしば宗教の色彩を帯びて現れる。何者かによって「生かされている」、その何者かを表現する聖職者に人々は貢納し、「すまない」という感情を

返済し、心の安定を得るのである。聖職者のなかには、本人が「生き神」「活仏」として信仰の対象となっている場合、聖職者が人々を生かす何者かの代理者であったり、人々を代表して何者かに対する司祭者であったり、何者かの意図を伝える媒介者であったりと、多様ではあるが、貢納に対しては心の平安を保証するという反対給付を行っている点では、共通している。

この貢納―下賜のメカニズムが制度化されたものが、集中―再分配と呼ばれる交易の方法となる。これは、政治的な権力が支配圏から物資を徴税などの方法で調達して集中させ、それを権力者の裁量で必要とするところに分配する。徴税と予算配分という近代的な国家のシステムも、広い意味ではこの集中と再分配の範疇に加えることができる。

貢納―下賜と集中―再分配という二つの方法のもとでは、政治的な権力が交易を制度化している。交易は、政治的な力関係の変動に敏感に反応せざるを得ない。

貨幣と市場

掠奪、互酬、貢納―下賜（集中―再分配）の対象となった「財」のなかで、多くのモノやサービスと交換される可能性を持った「財」は、「貨幣」と呼ばれる。卑近な事例ではあるが、強盗が家に侵入したときに、家財には目もくれず真っ先に貨幣を掠奪する、と語れば理解しやすいだろう。いかに立派な家財であろうとも、強盗が直接に使用したいと思わなければ、強盗は自分が必要なモノを手に入れるために、その家財の引き取り相手を見付けなければならない。しかし、貨幣はその必要がない。貨幣はいつでも自分が必要とするモノやサービスと交換できる可能性を持っているからである。

貨幣の存在を前提として成立する交易の形態が、市場だということになる。多種多様なモノやサービスが、貨幣という物差しで評価される。その評価が安いと思って買う人、高いと考えて売る人が、売買を成り立たせようとする。買おうと思う人が多くなってくると、評価はせり上がり、売ろうと考える人が多くなってくると、評価は下がってくる。つまり需要と供給とのバランスによって、貨幣で計られる評価、つまり価格が均衡した状態にいたる。こうした状況を前提にして、交易形態の一つである市場が現れるのである。

もろもろの交易の形態のなかで、市場は最終的な段階だとされることがある。しかし、理想的な市場は、交易に参画している不特定多数の当事者のあいだで、公平な競争が行われているということが前提となる。こうした競争が機能するための条件は、交易に関する必要な情報が公開され、価格などの情報が正確かつ即時に収集できる、ということになる。しかし、いまだかつて、このような状態は生まれたことがない。バブル経済や恐慌が繰り返し起こるのは、市場の不完全性に由来するのである。

市場を可能とした貨幣を、ヒトはどのようにして生み出したのだろうか。

中国の歴史において、貨幣の起源はタカラガイにあったという認識が、古くから存在している。その当否は本書第一部第一章で検討することになるが、タカラガイをめぐる知的冒険の旅は、貨幣の条件を探る旅ともなる。

東ユーラシア

交易の視点を加味して、梅棹の生態史観を修正すれば、つぎのようになろう。

梅棹は草原の遊牧民が豊かになったときに、農耕地帯に進入すると述べたあと、「おそらく新石器時代の後期だと思いますが、略奪産業というものがはじまりました。……被害を受けた農耕民は組織化して、それに対抗するために国家が成立したというのが私の説です」（梅棹、2001）と発言している。

「天高く馬肥ゆる秋」は、日本では秋の実りの豊かさを指したものであると理解されているが、『史記』匈奴列伝では、秋に馬が肥えると騎馬民族が中国を略奪すると述べている。こうした定期的な略奪は一つの交易の形態ではある。しかし、そこで得られる物資は騎馬が侵入できる範囲に限定され、質の高いものを得られるかは偶然性に左右される。また農耕社会を破壊すれば、物資を持続的に得ることは困難となる。そのために遊牧に依拠する政権が中国を圧倒したときには、中国の王朝を破壊するのではなく、それを温存しつつ貢納または収税などの形で、恒常的なメカニズムを構築するのである。そのメカニズムはウィットフォーゲルの征服王朝説によれば、遼・金・元と進化したとされる。

征服王朝説によれば、モンゴル系やツングース系の民族が漢民族を征服して建てた王朝は、その前後に存在する漢民族の王朝と、政治・経済・社会・文化において大きな違いがあるとする。中国史の研究者のあいだでも、宋代からモンゴル族が中国を支配した元代を飛ばして、明代を論ずることがしばしば見られるが、しかし、明代を研究すると、元代との断絶よりも連続している側面が多いことに気づかされる。明朝の社会経済の根幹を成したメカニズムは、元朝から受け継いだものである。

　中国を文明としてみた場合、遊牧社会の要素を繰り入れながら発展してきたという側面に目を向ける必要がある。農耕と遊牧を融合させた最高の段階は、清朝に置かれるものと考えられる。

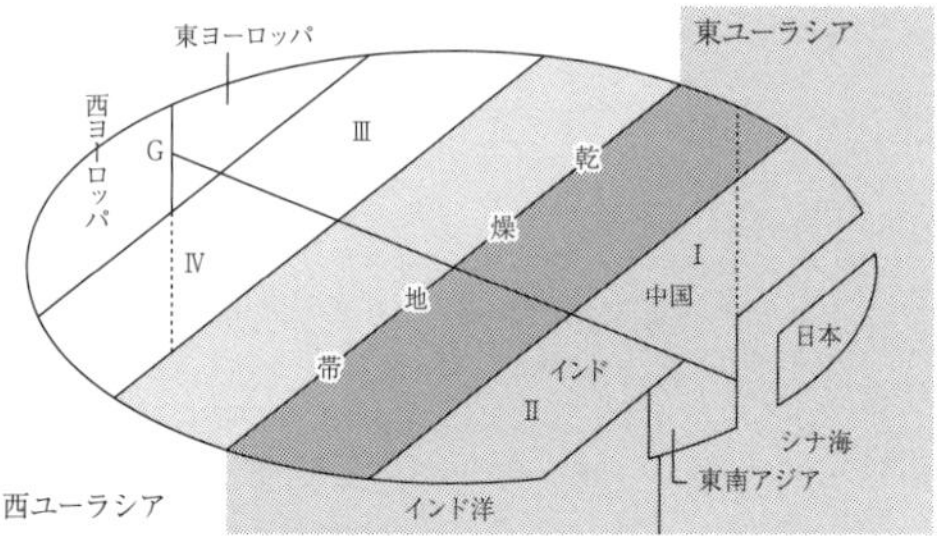

図6　交易史観による東ユーラシア域圏

　梅棹の生態史観は、私が提唱する交易史観に取り込むことが可能である。一方、川勝氏の海洋史観では、物産の組み合わせの変化が、文明を突き動かす要因とされる。この組み合わせの変化は、交易の仕組みの変化の結果であると見なされる。

　陸と海の両面に文明間の交流が行われていた。その範囲を梅棹が提示した理想大陸としてのユーラシア大陸における文明地図に、川勝氏が指摘した海洋を加えると、図6となる。乾燥地帯の中央線の東方の海と陸の域圏を、本書では「東ユーラシア」、西方の域圏を「西ユーラシア」と呼ぶことにしたい。旅の主要な舞台は、東ユーラシアである。

東ユーラシアをめぐる広大な空間を旅し、数千年もまえの新石器時代にまで時間をさかのぼり、ヒトはなぜ食べられもしない、そして多々あるタカラガイの種のなかで、さほど美しいとも思えないタカラガイに執着するのかという、ヒトの無意識領域にまで踏み込もうとする知的冒険に、いよいよ出発することとしよう。

第一部では、遺跡から出土したタカラガイ、史書に現れたタカラガイについて、その歴史的な位相を論じることになるであろう。第二部では、私のタカラガイとの出会いの場について、文化や社会などの側面から掘り下げていくことになる。

第一部

時をたどる旅

第一章　文明黎明期

人類の出アフリカ

東ユーラシアにおいて、現時点で確認できる人類の痕跡が残る最古のタカラガイの一つは、今からおよそ五千年さかのぼる紀元前三〇〇〇年ころ、新石器時代の上孫家寨《じょうそんかさい》遺跡（青海省大通県）から出土した。馬家窯《ばかよう》文化に属するとされるこの遺跡は、省都の西寧から谷に沿って北に一〇キロメートルほど分け入った河岸台地に位置している。タカラガイを産する南の海から、直線距離にしても二〇〇〇キロメートルも離れた標高二三〇〇メートルの高原から、なぜタカラガイが出土したのだろうか。

人類とタカラガイとの関係を探ろうという今回の知的冒険は、現生人類が地球に拡散していく過程を確認するところから始めよう。考古学の基礎的な知識から整理しながら、このタカラガイ

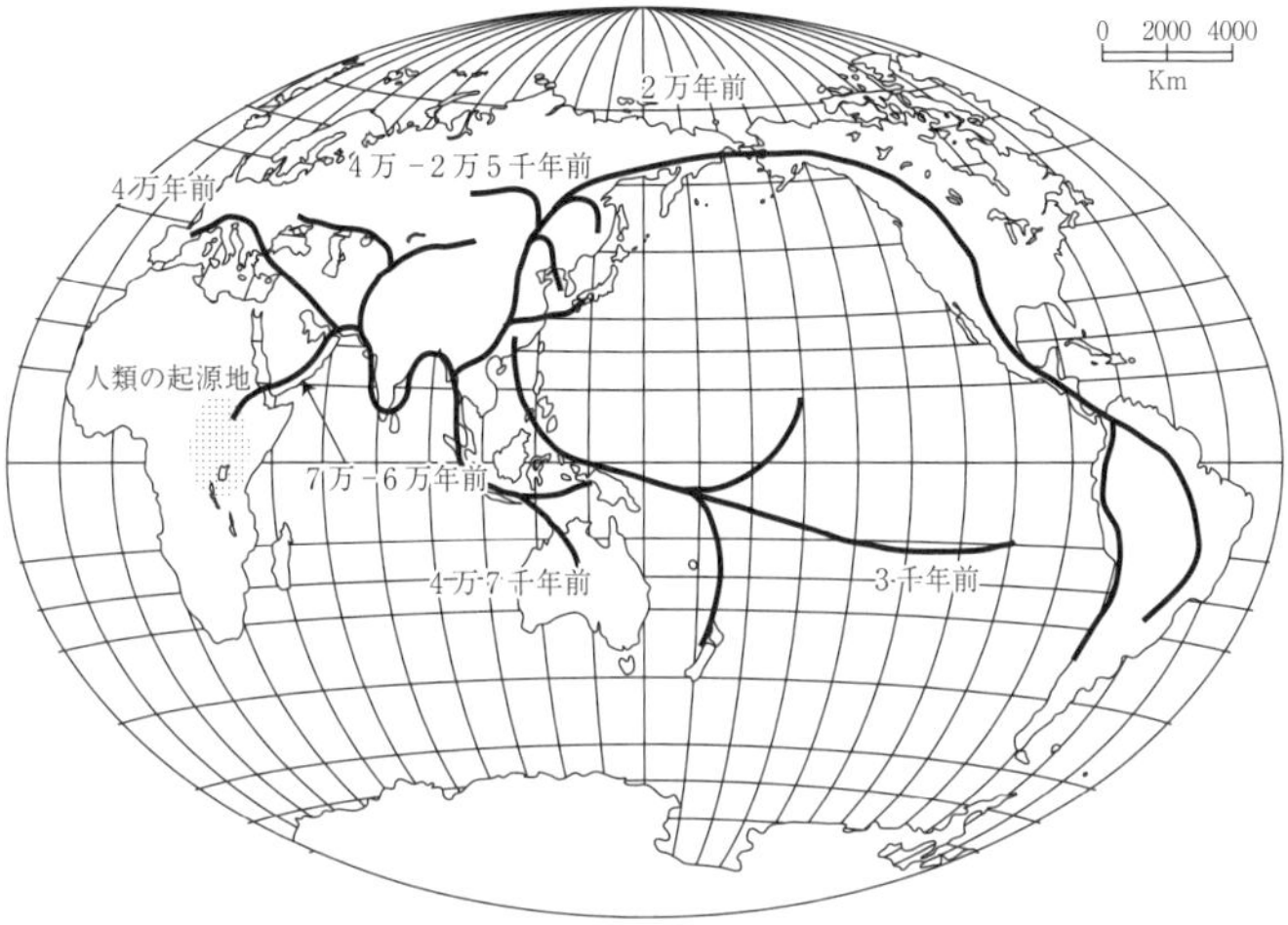

図1　DNA からみた人類の拡散（縄田 2013 より）

がなぜ、どのようにしてこの内陸の土地にあったのか、その理由を探っていくことにしたい。

私たちヒト（現生人類 *Homo sapiens sapiens*）は、いまから一五万年ほど前に、アフリカ東部で現れ、石を打ち砕いて作成した剝片を道具として用いていた。ちなみにホモ＝サピエンスという種名だけではなく、さらにサピエンスという亜種名を加えるのは、絶滅してしまったヘルト人（*Homo sapiens idaltu*）もまた、新人として分類されるからである。私たちに冠されたラテン語の学名は、直訳すれば「賢くて、さらに賢いヒト」ということになる。なんとも尊大ではある。もっと現生人類の特色を端的に表す学名を、できれば新たに提案したいものである。

私たちの祖先であるヒトは、長いあいだアフリカにとどまっていたが、七〜六万年ほど前にユーラシア大陸に進出する。人類史上の「出アフリカ」である。アフリカに現在くらしている諸民族のミトコンドリアDNAを分析してみると、出アフリカの時期に相当するころ存在していた四〇ほどの系統のうち、わずかに二系統、出アフリカを成し遂げたのは数百人から数千人ほどの人々だったとされている（縄田浩志、2013）。

補足すると、ミトコンドリアとは細胞のなかに存在する小器官で、細胞にエネルギーを供給する役割を果たしている。生物が生きていくためには欠かせないのではあるが、そのDNAは細胞核のものとは異なる。ほかの細菌が細胞のなかで共生している、と解釈することもできる。

卵子に入った精子のミトコンドリアは、卵子から異質な細菌と見なされて排除されてしまう。そのために、ミトコンドリアのDNAは母親から引き継がれる。いま生きているヒトのミトコンドリアDNAは、母からその母へとさかのぼって単系でたどって、過去のある女性にいたると考えられる。こうした考え方に基づいて、いま生きているヒトのミトコンドリアDNAの相違を調べ、変異が生じた時期を推定することで、数万年前の過去に生きていたヒトの系統を分けることができるのである。

こう書くと、白衣の生物学者が行う華麗な研究のように思われるかも知れないが、実際の調査は、僻地に赴いて村人から採血しつづけるという地道な作業の積み重ね。以前、こうした研究を行う学者の話を伺ったとき、失礼にも「まるで蚊のような」と思ったものである。

さて、出アフリカを成し遂げた初期人類が地球全体に拡散するように移動を始めるにあたっては、五万年まえから一万年前にいたる期間に、寒冷な氷期が訪れたことが背景にあったとされる。気温が下がるとともに、内陸での乾燥化が進み、森林が姿を消し、草原や沙漠が広がった。極地での氷河が厚くなり、海水面が低下したことで陸地が拡大し、紅海を渡ることも容易となった。

旧石器時代

アフリカを出た初期人類にとって安定した避難地となったのは、乾燥した沿海地域であったと考えられている。ここで人々は、魚や貝、ウミガメやイルカ、ジュゴンなどを獲得して、食料とすることができた。私たちの祖先は、この時期にすでにタカラガイと遭遇していたはずである。

アフリカから海水面が低下した紅海を渡った初期人類は、アラビア半島の西岸から南岸へと拡散し、そしてペルシア湾の沿岸地域へと生息域を拡げていった。このインド洋沿岸地帯が、人類移動の回廊となったのである。さらに海岸沿いに進んだヒトは、インド亜大陸、インドシナ半島を経て、四万七〇〇〇年まえにオーストラリア大陸に到達している。

四万年ほどまえになると、インド洋の乾燥沿海地帯からヒトはさらに生息域を拡げ、メソポタミアや東地中海地域を経て西に向かって進み、ヨーロッパ方面に進出したヒトからはクロマニョン人が、インド洋からシナ海域沿岸に進んで東ユーラシアに渡ったヒトからは周口店上洞人《しゅうこうてんじょうどうじん》などが、誕生した。

ユーラシア大陸の内陸に広がる草原では、大型の哺乳類が生息し、ヒトは野生動物を追い狩猟しながら移動することが可能となったと想像される。寒さに対して、毛皮を身につけ、住居を作ることで適応することができた。動物の骨や角を材料に骨角器という道具を生み出した。こうして、一万四〇〇〇年ほどまえに北アメリカ大陸に渡り、一万三〇〇〇年には南アメリカ大陸の南端に到達、ヒトのグレートジャーニーがここで完結するのである。

打製石器・剥片石器そして骨角器は、旧石器と総称され、旧石器がもっぱら使われていた時代が旧石器時代、ということになる。

新石器時代

一万年ほどまえ、最後の氷期が終わり、地球が温暖化してくる。乾燥した草原が減少して大型野生動物を狩ることが困難となり、熱帯雨林・熱帯季雨林・常緑広葉樹林や落葉広葉樹林と、多様な森林が生まれ、それぞれの生態環境に適応した人々の営みが始まる。約九〇〇〇年前の西アジアで、ムギの栽培とヤギ・ヒツジ・ウシなどの飼育が始まり、農耕と牧畜というあらたな生業が誕生した。自然の恵みを追いかけていく時代から、自然を改変して生きる時代へと入っていったのである。一つの生態環境のまとまりのなかで農耕を生業として定住する人々、草原という生態環境のなかで季節に応じて家畜を追って回遊する遊牧を生業とする人々と、生活のかたちも多様化した。

拡散していく時代から、生態環境のまとまりごとに成立した文化のあいだで、モノを交換することで必要な物資を手に入れる交易の時代へと革命的な変化を遂げた。

土器を焼き、植物や昆虫から繊維を採って布を織るようになった。樹木を伐り倒す石斧、木の実や穀物をすりつぶす石臼など、多様な石器を作るために石と石とを摺り合わせて作る磨製石器が現れた。遺跡から発掘されるこうした石器に基づいて、一万年ほどまえから始まった時期を、新石器時代と呼ぶ（嶋田義仁、2009）。

東ユーラシアの新石器時代は、ユーラシア乾燥地帯の東北部に位置する黄河流域と、東ユーラシアの中核部に位置する長江下流域で、紀元前六〇〇〇年ころに幕を開ける。黄河流域ではアワなどの雑穀が、長江下流域ではイネの栽培が始まる。この時期は、ヒプシサーマル期と呼ばれる湿潤温暖な気候が続いていた。太陽活動が活発で、年平均気温は現在より二〜四度ほど高かった。

黄河流域から始まった雑穀農耕の範囲は次第に北へと拡散し、遼東地域でも華北型の農耕用の石器が使われるようになった。黄河上流域の甘粛省西部や青海省には、農耕と狩猟・牧畜とを組み合わせた文化が形成される。黄河流域の新石器時代では、模様を描いた彩文土器によって特色づけられる仰韶《ぎょうしょう》文化が、前五〇〇〇年ころに形成され、前三〇〇〇年ごろまで続き、農耕の広がりとともに各地に影響が及んでいく。一方、長江下流域で始まった稲作は、山東半島などにも広がっていく。大局的に見れば、文化が南北の方向に、伝播していくことになる。

新石器時代後期に相当する紀元前三〇〇〇年ごろ、湿潤温暖なヒプシサーマル期が終わり、気候が寒冷化すると、それぞれの地域に根ざした文化が形成されていく。こうした地域間の関係も変化し、現在の行政区分で示すならば青海・甘粛・内モンゴル、さらに西の遼寧省西部という東西方向の交流が認められるようになるという（以上、主に宮本一夫、2005）。文化の伝播の時代から、文化のあいだの交流の時代へと、転換したとみることができよう。

馬家窯文化とタカラガイ

こうした転換期に形成されたのが、タカラガイが墳墓から出土する馬家窯文化である。

馬家窯文化は、紀元前三三〇〇年から前二一〇〇年に、ユーラシアの乾燥地帯の東北角に位置する甘粛省西部から青海省東部にかけて存続した新石器時代後期の文化である。仰韶文化の影響を受けて成立したとされている。馬家窯という名称は、序章にも登場した中国考古学の父とも呼ばれるアンデショーンが、一九二三年に甘粛省臨洮《りんちょう》県の馬家窯村で、この文化に属する遺跡を最初に発見し、「仰韶文化馬家窯期」と命名したことに由来する。

馬家窯文化を特色づける陶器は、水差しや碗などで、黄または赤の地に光沢のある黒色で装飾が描かれている。装飾の形は円形の湾曲した線に特色があり、なかにはカエルや鳥などの文様が描かれたものもある。

この文化の文物のなかで、東ユーラシアの文明の起源を考える際に、もっとも着目される出土物がある。甘粛省東郷林家で一九七五年に発掘された、青銅製の長さ一二・五センチメートル、幅二・四センチメートルのナイフである。放射性炭素による年代測定では、このナイフが出土した遺跡の年代は、紀元前三二八〇年から前二七四〇年であり、これは現時点では、中国最古の青銅器だと考えられている（中国国家博物館ホームページ）。

インターネットを検索してみると、中国文明は黄河中下流域の中原から始まるという固定的な観点から、馬家窯文化に現れる青銅器が、たとえば製鉄技術がない時代に隕鉄から鉄剣を作成したように、歴史の流れから突出した偶発的な産物だとする見解なども散見される。しかし、世界史の文脈で考えてみると、メソポタミアやエジプトでは、紀元前三五〇〇年には青銅器が現れており、馬家窯文化期の青銅製ナイフは、ユーラシアの乾燥地帯を越えて、西からもたらされたものと考えるのが、順当だろう。黄河流域の文明圏で、青銅器が本格的に造られ始める時期は、前二〇〇〇年ごろの二里頭文化の第三期だと考えられている。

図２　新石器時代舞踏紋彩陶盆
中国国家博物館所蔵

青海省大通県上孫家寨の馬家窯文化期の墳墓は、一九七三年の秋に漢代の墓地を発掘しているさなかに偶然、発見された。タカラガイは、カラスガイの殻や骨製の珠などとともに出土している。この墳墓からは五点の陶器が出土している。底がやや浅いボウルが二件、一つには文様はないが、他の一つには内側に大きく十文字の線が描かれている。四件の底がやや深い文様のあるボウル、その内の一つには五人一組で手をつなぐ人型の文様が描かれている（青海省文物管理処考古隊、1978）。この文様は、舞踏の様子を描いた中国最古の図だとされ、ボウルは国宝級の扱いを受けて、現在は中国国家博物館に収蔵されている（図2）。

タカラガイはどのように用いられ、どこからもたらされたのだろうか。そう問いかけてみても、五〇〇〇年前のタカラガイ自身は何も語らない。同時に出土した遺物から、推測するしかないだろう。

タカラガイとともに出土し、「新石器時代舞踏紋彩陶盆」と名づけられた陶器の文様について、発掘報告に添えられた論考は、次のように述べる。

> この五〇〇〇年前の工芸品は、三組の同じ舞踏の図案をもって、主要な装飾としている。組ごとに手に手を取った五人の隊列は、正面から横並びになって整列した形で描かれている。異なる方向から揺れ動いている辮髪《べんぱつ》と「尾の飾り」は、舞踏の旋律とリズムを表し、明らかに、彼らは楽しげに踊る隊列である。
>
> 絵のなかで踊り手は、後の時代の（モンゴル族や満州族）と同じように、辮髪を結っていることは、比較的容易に一目瞭然である。しかし、リズムを踏んでいる両腿の後に、一本の尻尾が添えられているのは、なぜだろうか。

この陶器とともに、装飾用の穴のあいた貝（カラスガイとタカラガイの双方を指す——引用者）、紡績に使われた骨の紡輪が出土している。これらは当時の原始的な住民が、すでに素っ裸で、装飾することを知らない未開の人の群ではなかったことを、示している（金維諾、1978）。

この文に続いて、『山海経』「大荒西経」から、西王母を描いた一節「人あり、勝（髪飾り）を頭に載せ、虎の歯、豹の尾をもち、穴居している。名を西王母という」を引用し、原始時代には宗教的な儀礼のなかで、狩猟に依存していた氏族のシャーマンは、獣の尾を身につけ、虎の模様を身に描き、舞踏のなかで狩りの対象となる動物や、氏族のトーテムに扮したのではないかと述べている。

西王母の居場所は、黄河源流とされる崑崙山《こんろんざん》から、さらに奥地に入った火炎の山とされ、地理的には青海省に想定することも可能ではある。この馬家窯文化の舞踏紋に描かれた情景が『山海経』に反映されている、とする。しかし、紀元前三世紀に成立した『山海経』と、前三〇〇〇年ごろの文様とを結びつけるには、無理があろう。

多産と豊穣の儀礼

問題となっている陶器の人の形の文様で、腰から突出した線を観て、直感的に男性性器ではないかと思った。頭の辮髪が後頭部に下がっているとしたら、腰の突起物は身体の前方に突き出ることになる。すると尻尾とするよりも男性性器と見立てた方が、自然ではなかろうか。これにも根拠はない。しかし、仮に男性性器とした場合、女性性器を連想させるタカラガイと組み合わせることによって、この文様には生殖儀礼の場面が反映されたと想像を拡げ、穀物の稔り、家畜の繁殖、そして子孫の繁栄を祈念する行事が、馬家窯文化の一要素であったとすることもできる。

馬家窯文化の遺跡からは、ほかにもタカラガイが出土している。その一つが柳湾《りゅうわん》墓地である。この墓地は、高原を流れる湟水《こうすい》のほとりに立地している。二〇〇二年には発掘された文物を提示する彩陶博物館が、この地に開設されている。

一九七四年春、青海省楽都県の柳湾大隊の「貧下中農」が、用水路の開削を行っていたときに、墓地を発見したと、報告書にある（青海省文物管理処考古隊・北京大学歴史系考古専業、1976）。このころ中国は文化大革命のさなか、村落は人民公社の下に組織された大隊に編成され、革命の主役とされた中下層農民が、動員されて農業生産が進められていた。その集団作業によって、この墓地が発見されたのである。

一年ほどの発掘作業の結果、馬家窯文化の馬廠類型（紀元前三一〇〇～前二七〇〇年）、半山類型（前二六〇〇～前二三〇〇年）、および仰韶文化のあとに成立した斉家文化（前二四〇〇～前一九〇〇年）に属する三〇〇あまりの墳墓が、地上に姿を現した。タカラガイは馬廠類型の墳墓から出土し、あわせてタカラガイを模した石が発掘されている。

文化大革命の時期に発表された報告は、タカラガイを模した石貝に言及すると、これは価値を示す符号の機能をすでに備えており、貨幣が出現する前段階だと見なし、一足飛びにマルクスの

『資本論』から、貨幣出現という「この出来事は原始共同体の解体を、大きく促進するものであった」という一節を引用する。

マルクス、エンゲルスそして毛沢東思想、共産主義の経典に合わせて、発掘された文物や歴史史料を解釈しようとするこの一節は、文化大革命が終結した一九七六年に大学入学、そして中国語を学び始めた私には、レトロな響きを持って聞こえ、一種の郷愁を覚える。しかし、馬家窯時代のタカラガイは、その数も微少であり、貨幣の前段階と評価することは不可能である。石貝が制作されたという出来事は、タカラガイの実物が持続的に供給されていないことを示している。タカラガイは希少であった。

柳湾を代表する出土品は、乳頭と女性性器を露出させた女性像を浮き上がらせた陶器の壺であろう（図3）。この女性像をみると、馬家窯文化は豊穣を願う生殖儀礼を、文化の軸に据えていたのだと、確信することができる。

図3　柳湾を代表する陶器
中国国家博物館所蔵

女性性器を象徴するタカラガイは希少であり、儀式に参加する踊り手に行き渡らせ、その身を飾らせるには足りなかった。おそらく儀式を司祭する異能者のみが、タカラガイを保持していたに違いない。タカラガイは生殖儀礼のなかで、呪物として用いられ、司祭の墓に副葬品として埋められたのではないだろうか。

どこからもたらされたか

それでは、紀元前三〇〇〇年ころにタカラガイは、どこからユーラシア乾燥帯に臨む高原に運ばれたのだろうか。「黄河上流域の斉家文化にもタカラガイとそれを石で模倣したものが及んでおり、……タカラガイを愛好する風習が西に広がっていったのであろう」（岡村秀典、2003）という説もある。しかし、時代的にはタカラガイを好む文化は、中原よりも早く現れている。文化は中原から、という思い込みを外して考察する必要があるかも知れない。

馬家窯文化期の遺跡から、中国最古の青銅器の発掘事例がある。紀元前三〇〇〇年ころのユーラシアを俯瞰してみると、メソポタミアではすでに青銅器が使われていた。しかし、中原ではまだこの時期の青銅器は発見されていない。とすれば、青銅器は乾燥帯を越えて、西から運ばれたと考えられる。また、序章で言及したように、メソポタミアのアッシリア時代、紀元前五五〇〇年ころのタカラガイを用いた首飾りが発掘されており、タカラガイを珍重する文化が存在していた。これらの状況証拠を積み重ねてみると、新石器時代の黄河上領域のタカラガイは、西からもたらされたと考えることができる。

西に眼を向けてみよう。紀元前六〇〇〇〜前五〇〇〇年に中央ユーラシアのアシガバート（トルクメニスタンの首都）を中心として存在したヴェトゥン（Dzheytun）文化の遺跡から、連ねたタカラガイが出土している。また、バイカル湖アンガラ川に注ぐザディルミ支流の入口セロボ

（Serovo）村で一九五〇年に紀元前三〇〇〇年紀の新石器時代の墓地が発見され、人の背丈ほどもある弓などとともに、副葬品として、小さな穴をあけた海貝を綴り合わせた靴の飾りが出土している（彭柯・朱岩石、1999）。

断片的な出土例ではあるが、紀元前三〇〇〇年ころに、インド洋からユーラシア内陸部にタカラガイなどの海の貝が運ばれていたことは、間違いない。おそらく一つの文化圏からさらに内陸の文化圏へと、タカラガイがリレー式に運ばれ、乾燥帯を越えて東ユーラシアの東北角にいたった。その数は少なく、希少な財として珍重され、呪物として用いられた、そのように想像することが可能であろう。

文明萌芽期のタカラガイ

司馬遷の『史記』は、紀元前九一年ごろに編纂されたとされている。『史記』は司馬遷が生きた時代、すなわち漢の武帝の時代がどのような時のながれのなかで成立したのかを明らかにしようとする意志を持って書かれた史書である。

通史を書こうとするとき、時間と空間の広がりのなかで展開する出来事を、どのように整理してまとめればいいのか、書き手は悩む。時間の順番で書いてしまうと、年表のような出来事の箇条書きが並ぶ、無味乾燥な史書となるだけとなる。これが「編年体」と呼ばれる形式である。編年体に飽き足らない司馬遷は、人物の生き様を描こうと考えた。過去に生きたさまざまな人物たちを、大樹のように幹となる人の系譜を「本紀」、枝となる人の系譜を「世家」、葉として樹木を彩る人々を「列伝」として、配置した。これが司馬遷スタイルであり、後の中国正史のモデルとなった。

本紀の第一巻は「五帝本紀」。まだ中華の統治者は世襲されない時代とされた。第二巻「夏本紀」で、政権は世襲されるようになり、王朝が成立したという。王朝の創始者は禹《う》、中原の洪水を治めた功績によって、「帝舜は禹を天に推薦し、後継者とした。十七年に帝舜が崩じ、三年の喪の期間が終わると、禹は陽城において舜の子の商均に位を譲った。しかし天下の諸侯はみな商均のもとから去り、禹に朝見した。禹は時勢を見てついに天子の位につき、南面して天下に対することにした。国号を「夏后」とし、姒氏を姓とした」。このように『史記』は記す。

日本の歴史教科書は「伝説では夏王朝が中国最初の王朝とされるが、その王都の所在は確認されておらず、現在確認できる最古の王朝は、夏につづいておこったとされる殷（商）である」（岸本美緒ほか、2015）と、している。しかし、中国の学界では、「夏」は存在した、という説がほぼ定説の座を占めている。中国最初の王朝の都とされるのが、二里頭遺跡である。

この遺跡は河南省偃師《えんし》市の二里頭村で、一九五九年に発見された。紀元前一八〇〇年から前一五〇〇年、新石器時代末期から青銅器時代にかけて繁栄したヒトの活動の痕跡であり、宮殿の跡などが発掘された。その遺物を詳細に分析するに従い、二里頭遺跡を生み出した社会は、精緻な制度を有する文明の域に達していたことが明らかとなった。文字は発見されていない。そのために、この遺跡は自らを語ることはできず、『史記』が記す「夏」であることを確証することは、不可能ということになる。

一九五四年から一九五九年にかけて、黒い色で磨き上げられた陶器を特色とする竜山文化とも、商代初期の二里岡期とも、明らかに異なる文化的特徴を持った遺跡が、洛陽や鄭州の周辺で相次いで発掘されていた。こうしたなかで発見されたのが、新たな文化の特色を持つ二里頭の遺跡だった。大規模な発掘が進むにつれて、その編年が可能となり、一九六二年に正式に「二里頭文化」と命名されたのである。

二里頭遺跡の文化は、四期に区分される。第一期の陶器には、竜山文化と共通する黒陶が含まれているが、第二期となるとその比率は減ってくる。まだ青銅器が使われない新石器時代と考えられている。第三期になると、青銅器が本格的に使用されるようになった。第四期になると、商代の二里岡文化と共通する要素が見られるようになる。各期の時期については、第一期はβ線計測法で、獣骨では紀元前一九世紀初期から前一八世紀後半、木炭で計測すると前一八世紀後半から前一七世紀後半と、齟齬が大きい。第二期は獣骨・木炭ともほぼ前一七世紀初頭から世紀末にかけて、第三期は前一六世紀前半、第四期は前一六世紀の後半という測定結果となっている（岡村秀典、前掲書）。タカラガイとその模造品は、これらいずれの時期からも、出土している。

二里頭文化とタカラガイ

二里頭遺跡第一期には、カラスガイの殻を加工して造られたタカラガイの模倣品が三つ、発掘されている。Ⅰ式は長さ二・一センチメートルで、オリーブ型、両端に穴が穿たれている。Ⅱ式は長さ三・二センチメートルとやや大きく、扁平でやや菱形、中央に穴があけられており、一面の両端に細い溝が刻まれている。Ⅲ式は長さ一・九センチメートルで扁平、タカラガイに似せられているが、穴はあけられていない。第二期からは、石製のタカラガイ模倣品が二件、出土。一つは長さ二・八五センチメートル、もう一つは二・〇五センチメートル。いずれも片面に溝が刻まれている。タカラガイの開口部を模したものと思われる。

三期の墓からもカラスガイを用いた模倣品が一件、見つかっている。長さ三・三センチメートルと大きい（中国社会科学院考古研究所、1999）。タカラガイの真品は、第三期の墓から三点、四期では二つの墓からそれぞれ七〇点と五八点が、被葬者の身近な位置からまとまって出土した（岡村秀典、前掲書）。

二里頭三期には二つの宮殿が建てられていた。岡村氏の記載を引用すると「一号宮殿の中庭は一〇〇×六〇メートルあまりの広場になっている。わが国の小学校の標準的なグラウンドより少し狭いぐらいで、一〇〇〇人以上を収容できる広さである。大きな正殿や大門の建物とともに、さまざまな宮廷儀礼がここで催されたことは容易に推測できる」。こうした儀礼を通して、強勢を誇る王権が生まれていたことは間違いない。文明の誕生である。この王権が世襲されていたか否かは、文字がないために確証はできない。しかし、『史記』が夏本紀で語る夏王朝であった可能性も、また否定はできないだろう。

二里頭文化圏は、二里頭遺跡を中心にして半径一〇〇キロメートルの広がりを有しており、さらにその外側の文化とも交流が行われていた。二里頭文化の第三期に多く出土する青銅器の銅の原料は、遼寧や山東で採掘された可能性が高いという。また同時期に内モンゴルの大甸子《だいでんし》遺跡では、二里頭文化に起源する土器をともなう墓地から、タカラガイ六五九個と、その模倣品五五二個が出土している。おそらく二里頭の宮殿を中心に、貢納と下賜にもとづく交易が展開されたと考えられている。

二里頭文化におけるタカラガイの交易史について、おそらく次のような展開があったと思われる。紀元前三〇〇〇年ころには、黄河中流域、のちに中原として中華文明の中心と見なされる地域に暮らす人々は、タカラガイを手にすることはなく、タカラガイを珍重することもなかった。そのころ黄河上流域で仰韶文化の影響を受けて成立した馬家窯文化圏には、西方からわずかな数のタカラガイがもたらされており、その希少性と女性性器を想起させる形態から、呪物として儀式に用いる文化が形成されていた。

こうした伝統は、馬家窯文化から斉家文化に引き継がれ、同時期に黄河中流域で形成されつつあった初期の二里頭文化に、タカラガイ好みの文化が伝播した。しかし、二里頭文化一期・二期の時代には、タカラガイを入手する交易路はない。致し方なくカラスガイの殻を加工して造った模倣品で、我慢するしかなかった。

こうした状況が劇的に変わったのは、王権が確立し壮大な宮殿が建築されるようになった第三期・第四期である。おそらく南シナ海域から海上ルートで大量のタカラガイが山東に運ばれ、二里頭文化圏にもたらされるようになった。数量を確保できるようになった二里頭の王権は、貢納と下賜という形の交易を展開し、威信財として周辺の首長にもタカラガイを分配した。

威信財について、宮本一夫氏が要を得た解説を行っている。威信財システムとは、特殊なモノを媒介として、社会的な階層関係が維持される社会システムとされる。首長は威信財とされたモノを掌握して集中管理し、臣下に下賜するだけではなく、政治的に従属する他の集団の首長に分配することによって、強固な政治的な関係を形成したり、上下関係を安定させたりするのである（宮本一夫、2005）。

二里頭の王権を中心にして、タカラガイを用いた威信財システムが生まれた。こうして中原を核として、タカラガイ好みの文化圏が、形成されたのである。

大邑商

『史記』は夏本紀に続いて「殷本紀」を置く。その冒頭で、契という人物が、禹の治水事業を助けた功績により、帝舜から「商」に封じられ、子氏という姓を賜ったとする。つまり「商」と呼ばれる城郭に囲まれた集落の首長となるように命じられ、姓を持つことで首長の座を世襲することが認められたということになる。契の子孫の湯は夏を滅ぼして、王権を世襲する一つの王朝を建てた、と『史記』は記す。

城郭を有し、首長が世襲される集落は、「邑《ゆう》」と呼ばれる。歴史教科書は、邑を「城郭都市」と解説している。しかし、その実像は、首長とその氏族を中核とする支配者層のもとに、農業などに従事する民が多く住む集落であり、「都市」という言葉で私たちが思い描くイメージとは異なる。

「殷」という名称は、戦国時代にこの王朝の都があったと記憶されていた土地を、「殷墟」つまり「殷の故地」と呼んだことに由来する。司馬遷はこうした戦国時代の記録に基づいて、王朝名を「殷」とした。日本では殷王朝、殷代という表記が一般的に用いられている。しかし、発掘された甲骨文字や青銅器に記された金文には、「商」と記載されていることが多い。この王朝の最後の都であった殷墟も、「大邑商」と記されている。この王朝自身は、自らを「商」と認識していたのである。「大邑」とはその他の邑を超越した、大いなる城郭集落という意味である。

商王朝は、あきらかに文明であった。中原に成立していた数多くの邑を、大邑というランクが高い城郭集落、すなわち都という立場から束ね、神権政治を執り行うために必要な文字を持ち、この文化圏の外に存在した複数の文化とのあいだで、貢納と下賜に基づく交易を行っていたからである。商邑の人が交易に秀でていたために、物産の取引を行う職業を「商人」と呼ぶようになったという俗説も、あながち間違いではないかも知れない。そしてこの王朝のもとで、タカラガイは実に多様な様相を示すようになった。

商王朝とタカラガイ

商王朝の初期であると中国の考古学者が比定している二里岡文化は、紀元前一六〇〇年ごろから前一四〇〇年ごろまで続いていた。その前期となる二里岡下層期には、中心的な大邑として、規模の大きな城郭を有していた二つの都城が存在していた。一つは鄭州商城であり、もう一つは二里頭遺跡の東、約六キロメートルの地点で発掘された偃師《えんし》商城である。

この二つの商城の関係については、鄭州の大邑が偃師の大邑に先立つ都であったとする説、偃師から鄭州に都が移ったという説、さらに鄭州大邑と偃師大邑とは併存し首都と副都という補完関係にあったのだという説がある。史書の記載とつきあわせて、商王朝を建てた湯は、鄭州の大邑を拠点として、夏王朝の都であった二里頭の邑を攻め滅ぼし、その近傍に建てたのが偃師大邑であったという説も出されている（宮本一夫、2005）。

商代をどのように時期区分するかについては、考古学者のあいだで複数の見解が提起されている。詳細を論じる紙幅もないので、諸説をおおよそまとめて区分すると、六つに時期区分できる。

第一期は、二里岡下層期である。海貝をともなう墳墓は、三つ確認されている。一つは鄭州商城から出土した墓で、墓葬の底に一〇〇枚あまりの貝が積み重なっていた。もう一つの鄭州商城の墓では九三枚の海貝が出土、貝と一個のトルコ石を連ねた飾りが、二、三〇代の男性の被葬者の首に掛けられていた。これら二つの墓の主は、中小の貴族であった。偃師商城からは、平民階層の墓から、一枚の海貝を連ねた飾りが、被葬者の右手に置かれていた。

第二期の二里岡上層期になると、海貝の出土例が激減する。この時期の王城崗《おうじょうこう》の墳墓では、穴があけられたタカラガイが一個、右手の傍らに玉器とともに置かれていた。輝県琉璃閣の五三基の商代の墓では、そのうちの八基から貝が出土した。一つの墓では被葬者の胸の外に、その他のものでは腰の隣に、一個の海貝が置かれる事例が散見される程度である。これらの墓の被葬者は、中小貴族の階層に属する。この時期の海貝が置かれている位置は、いずれも被葬者の身体に触れるところである。

第三期は王権の中心が鄭州大邑から離れ、殷墟に移行するまでの過渡期ということになる。商王朝は不安定で、諸侯に対する求心力も低下し、都も頻繁に移った。白家荘・洹北《えんほく》商城などの遺跡が、この時期に相当する。この時期になると中原の各地で墓葬から海貝が出土するようになる。被葬者の掌中に握るように、あるいは口中に含ませるようにして、一個のタカラガイが発見されるケースが増えている。胸部の上に数個の貝が見つかる場合も、被葬者は仰向けにして胸の上に手を置いて埋葬されており、もともとは手に握らせていた貝が、胸の上に残ったとも推定されている。

第四期からは、王朝の中心は殷墟に移る。紀元前一四世紀末ごろではないか、と推定されている。その後、約二〇〇年間のあいだ、この地が商王朝の都となった。殷墟時代は第四期から第六期に相当する。周の武王が商を滅ぼしたのは、前一〇二四年と考えられている（平勢隆郎、2005）。

タカラガイを伴う墓葬の比率は高まり、第四期には二四・三パーセント、第五期には三五・六パーセント、第六期には四四・六パーセントと、時代が降るにつれて頻度が上がっていく。第四期・第五期では、墓葬のなかから出土する貝の数量は、一〇個以下で、大半が一、二個であるものが、第六期には大量のタカラガイを伴う墓葬が見られるようになる（以上は郜向平、2011）。

安陽の大司空村で発掘された商代の一六五基の墳墓のうち、八三基の墓から合計二三四個の貝が発見されている。もっとも多い墓では、二三個の貝が出土した。被葬者の口のなかから貝が出土したものは四九基、手に握るようにして出土したものは一六基あった（馬得志ほか、1955）。

殷墟西区の九〇〇あまりの墓に関する発掘報告書では、総計二四五九個の貝が出土したとし、被葬者の身辺のどこに貝が置かれていたかを、詳しく図示している。貝の種類を明記していないところが悔やまれるが、図版を見るとタカラガイが含まれていたことは確かである（中国社会科学院考古研究所安陽工作隊、1979）。

第三期以降、死者を埋葬するときに、タカラガイをその口に入れたり手に握らせたりするという習俗が、一般化していることがわかる。呪術的な意味があったと想像され、おそらく護符として用いられていたと考えられる。

婦好墓出土のタカラガイ

第六期の墳墓のなかで、唯一盗掘を免れた墓葬が、一九七六年に発掘された婦好墓である。婦好は、商王朝第二三代の王であった武丁の妻の一人とされる。武丁は王朝を立て直そうと、野に人材を求め、政治を整えて徳を実践したため、天下はみな喜び、王朝が復興したと『史記』は記す。占いに用いられた甲骨の一片に、婦好が軍団を率いて羌《きょう》という西方の異民族を討つという文言が刻まれたものがある。これから、婦好は女将軍だというイメージが造られた。なお、武丁の妻の婦好と、武将の婦好とは別人物だという説も登場している（落合淳思、2015）。

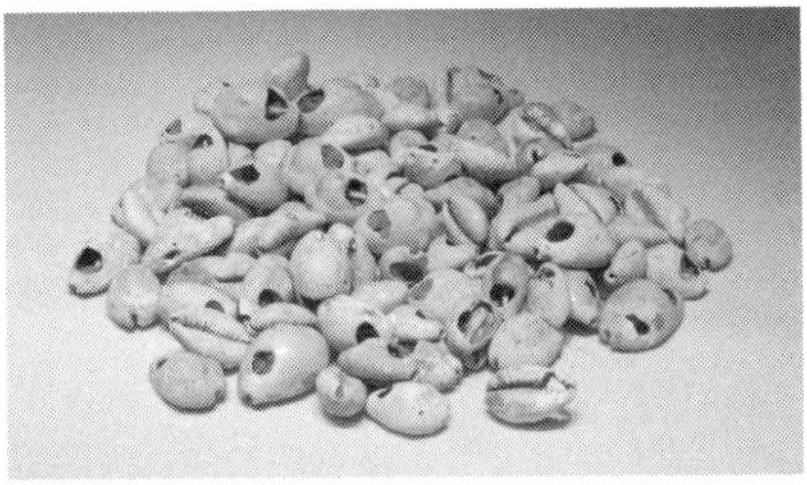

図4　婦好墓から出土したタカラガイ
中国国家博物館所蔵

婦好墓は南北約五・六メートル、東西約四メートルの規模を持ち、王族の墳墓としては小規模ではある。しかし、盗掘されなかったために、青銅器四六八件など莫大な量の副葬品が出土した。墓からは、少なくとも一六名の殉死者の骨格が掘り出されている。棺を囲むように積み上げられた木材（この様式の墓を「木槨墓《もっかくぼ》」と言う）の上には、頭部が打ち砕かれた子どもと思われる骨格、腰から下の骨のない青年男性の骨格など、四体の骨格が発掘されている。また犬が六匹、殉葬されていた。商王朝の王権が、犠牲祭祀を中心とする社会システムに支えられていたことを、うかがい知ることができる。

婦好墓からはアカニシ（学名 *Rapana thomasiana*）二個とヤクシマダカラ（学名 *Cypraea arabica*）一個、そしてキイロダカラが六八八〇個あまり発掘された。キイロダカラのうち七〇個は墓口から四・三メートル掘り下げた地中から、その他の大部分は棺の内側、西側に置かれていた。大小二種類あり、大は長さ二・四センチメートル、小は一・五センチメートル、大型のものが大半を占める。キイロダカラのほとんどが、背面に円形の穴が穿たれている（中国社会科学院考古研究所、1980）。

タカラガイの社会的意味

商王朝のタカラガイには、どのような社会的な意味が与えられていたのだろうか。商代前半の第一期から第三期については、王やその親族などの支配者層の墓葬が発見されていないため、社会的な階層と貝の意味づけとの関連を明らかにすることはできない。しかし、第一期には貴族層の一部が、タカラガイを盛装に用いていたことを推測することができる。第三期以降は、中小の貴族層の墳墓からは、被葬者の口に含ませたり掌に握らせたりした貝が、発掘されるようになる。こうした風習は、第三期に一般化する。第三期は王権が動揺して求心力が低下したと推定されているが、その一方でタカラガイの使用が、社会の中層にまで広がり、お守り・護符として身につけるようになったと考えられる。殷墟では王族の墳墓が発掘される。中小貴族層は第三期と同様に、タカラガイを護符として身につけている一方で、支配層は大量のタカラガイを保持し、死後も墓にまで携えている。

商代には、支配者層によって神権政治が行われていた。農業や戦争などさまざまな国事について、神の意志を占いによって確かめたのである。カメの甲羅の腹側やウシの肩甲骨に、小さな穴をあけて火であぶる。突然、はじける音とともに亀裂が入る。そのひび割れから神の意志を読み取り、占いの結果を甲羅や骨に刻んだ。この文字記録は卜辞、その文字は甲骨文字と呼ばれる。東ユーラシアで最古の文字ということになる。また商の王権は、祭祀用の青銅器を鋳造し、高度な技術によって文字を鋳込んだ。こうした文字は、金文と呼ばれる。微細な文様や文字を鋳込む技術は、商の支配者が独占した。

卜辞と金文をみると、タカラガイは「」という単位で計られていた。この文字は一般に、「朋」の祖型であったとされる。柿沼陽平氏は頸部に掛けたタカラガイの繋がりを指す文字で、直接に「朋」の祖型とはせず、区別すべきだとしている（柿沼陽平、2011）。いずれにせよ、タカラガイは背部に穿たれた穴に紐を通し、連ねて用いられた。支配者層のあいだでは、タカラガイを贈与しあっていた。贈与されたものは、それを祈念して青銅器に銘文を鋳込んだ。一例を挙げると「癸巳、王易小臣邑貝十朋」などとある。これは「癸巳《みずのとみ》の年に、王が家臣の邑にタカラガイ一〇朋を下賜した」ということになる。

「朋」という一つながりの単位に、いくつのタカラガイが含まれていたか、この点については諸説がある。柿沼氏は、出土しているタカラガイの数量が不規則であり、固定的ではなかった、としている。しかし、一〇本のタカラガイを連ねた「朋」を下賜するときに、一本には貝が二個、また別の一本には二六個、また別のものでは二〇〇個と、かけ離れた個数の朋が併存していたとは、考えられない。厳密に一定の個数ではなかったとしても、授受する双方に、だいたいこれくらい、といった相場は共有されていたに違いない。タカラガイは、数えられる威信財であった。

商王朝の社会システムは、精緻な青銅器とともにタカラガイを威信財として下賜することによって支えられていた。大邑の首長であった商王は、その影響のもとにあった邑の首長に、威信財を配ることで、上下関係を確認したのである。

首長層のあいだで授受された朋は、それぞれの邑において紐がほどかれ、タカラガイがばらばらにされて、臣下の中小貴族に配られる、そのようなこともあったかも知れない。わずかな数のタカラガイを、口に含み掌に握って埋葬された中小貴族たちは、そのようにしてタカラガイを入手したと想像される。

商代の中原にタカラガイは、どのように運ばれてきたのだろうか。馬家窯文化の時期とは比べものにならないほど多くのタカラガイが発掘されている。流入量が増えたために、タカラガイの希少性は減じ、馬家窯文化では生殖儀礼の呪物として、その司祭のみが持っていたという状況から、広く中小貴族の護符として流布するという段階に進んだと考えられる。タカラガイ使用例の多さからみて、インド洋で採取された貝が、西方から乾燥帯を越えてもたらされたとは考えにくい。可能性がもっとも高いルートは、シナ海域の南の海で採取した貝を船に載せ、海岸沿いを北上して山東で陸揚げして中原にいたる、という経路である。

柿沼氏は、発掘報告書を精査し、タカラガイと模倣した石貝の出土地と個数の規模を、時代別に地図に落としている。商代以前には中原から西に点在する出土地が、商代には山東からの出土数が多いことが、一目瞭然である。こうした分析に基づいて、柿沼氏は「(南海)→東南海沿岸→淮夷《わいい》→中原」という経路の存在を指摘する(柿沼陽平、2011)。

柿沼氏が作成した商代の出土地の図を見ると、四川でも大量のタカラガイが出土していることが分かる。四川の出土地とは、目玉の飛び出した青銅器の仮面で有名な三星堆《さんせいたい》である。四川の内陸から中原にいたる経路はなかったのか、つぎに検討を加えよう。

三星堆のタカラガイ

一九二九年春に一人の農夫が、水田に竜骨車を使って水をくみ上げようとしていた。水路の流れが悪かったため、底を手探りで掘り下げたとき、突然、巨大な坑が眼前に現れた。なかには玉器が大量におさめられていたのである。これが、三星堆遺跡が発見される契機となった。しかし、本格的な発掘は一九八〇年代まで、またなければならなかった。一九八六年、二つの祭祀坑が姿を現した。そのなかからは、眼が突出した異様な青銅製の仮面、巨大な人物像などとともに、タカラガイが出土した。

遺跡は、四川省の鴨子河《おうしが》南岸に沿って広がっている。東西約五キロメートル、河岸から南に約三キロメートルの範囲を占める。出土物の編年に基づき、この遺跡の上限は新石器時代の紀元前二八〇〇年、下限は商代末期から周代初期の前八〇〇年であるとされる。祭祀坑一号の年代は、出土した青銅器の形態や文様から、中原の二里岡上層期から殷墟第一期、すなわち商代二期から四期に相当すると考えられている。祭祀坑二号は殷墟第二期、商代五期に相当し、婦好の夫である武丁が王であった時期にあたるとされる。

タカラガイの路

三星堆の二つの祭祀坑からは、大量のタカラガイが出土している。そのなかでもっとも多いものはハナビラダカラ、次いでキイロダカラ、いずれの種類の貝もその背部には大きな穴が削られている。ホシダカラ（学名 *Cypraea tigris*）とナツメモドキ（学名 *Cypraea errones*）も、少量ながら含まれている（陳徳安・魏学峰・李偉綱、1998）。より詳細に見ると、祭祀坑一号からは虎尊（トラの頭があしらわれた青銅製酒器）のなかから、火にあぶられて黒くなったタカラガイが六二枚、二基の青銅製の頭像のなかから、それぞれ二〇枚と四二枚が出てきた。祭祀坑二号からは、約四六〇〇枚で、その大半が青銅器のなかに収められていた。さらに三個のタカラガイを模した銅貝を鎖でつないだ装飾品も出土している（図5）。銅貝の背にも穴があいている（四川文物考古研究所、1999）。

三星堆文化において、タカラガイを珍重する文化はどのように形成され、そしてタカラガイはどこからもたらされたのだろうか。この二つの問いは、分けて考える必要がある。祭祀坑から出土したタカラガイの特色の一つは、背部に大きな穴があけられているという点である。タカラガイを模した銅貝にも、意図的に穴をあけている。こうした貝の形態に、あきらかに商代の影響を見ることができる。

他方、タカラガイの種の比率を見ると、商代殷墟から出土したタカラガイの大半がキイロダカラであったのに対して、三星堆ではキイロダカラとハナビラダカラの双方が出土し、やや後者の比率が高い。一〇〇〇年ほどの時代の差はあるが、次の章でとりあげる雲南の漢代の墳墓から出土したタカラガイの場合、ほとんどがハナビラダカラであった。両種の比率が流入経路を反映しているとしたら、三星堆には中原と雲南と、双方からタカラガイが流入したと推定される。

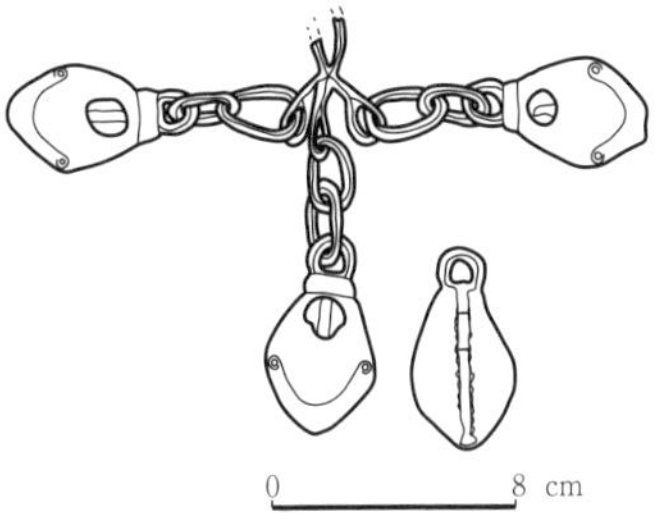

図5　銅貝（四川文物考古研究所、1999）

これは第五章でもあらためて触れるが、殷墟の婦好墓から出土した青銅器に含まれる鉛の同位体の比率を分析したところ、雲南の銅鉱からもたらされたものであることが明らかとなっている。三星堆の青銅器についても、同様であった。この点から、遅くとも商代の後期には、雲南から四川を経由して中原にいたる交易ルートが存在したことは、ほぼ確実である。

チベット高原の東の縁を南西から北東へと連なるルートに沿って、中原からはタカラガイを珍重する文化伝統が、キイロダカラとともに三星堆にもたらされ、雲南からはトンキン湾などで採集されたハナビラダカラが、この地に運ばれたのではないだろうか。このルートを、本書ではタカラガイの路「カウリーロード（cowrie road）」と名づけることにしたい。

銅銭とタカラガイ

新石器時代から商代までのタカラガイの利用方法を見ると、貨幣として使用された形跡は見られない。商代に続く周代にも、タカラガイは威信財として用いられたが、しかし、やはり貨幣ではなかった。タカラガイを中国古代の貝貨とする言説は、柿沼氏も指摘するように、漢代に成立したと考えられる。漢代の知識人は、いにしえにタカラガイが珍重されていたということは知っており、秦漢時代から広く使われるようになった銅銭との類推から、古代貝貨という言説を生み出したのであろう。

商代において、タカラガイは貨幣の条件の何かを、欠いていたのである。

中国の金属貨幣は、春秋時代に生まれた。一つは布貨または布銭などと呼ばれる貨幣で、農具の鋤の形をしており、黄河流域の晋・斉・韓・魏・趙・燕などで使われていた。またナイフをかたどった刀貨・刀銭は、中原でもやや北に寄った斉・趙・燕・中山国で用いられた。長江中流域の大国の楚では、蟻鼻銭と後代に呼ばれる楕円形の貨幣が用いられた。これはタカラガイを摸したとされるが、穴はあけられていない。蟻鼻銭とタカラガイとを直接に結びつけることには、慎重を期した方がよいだろう。

円形で中心に穴をあけられた環銭は、中原でも西北に寄った秦・韓・魏・趙などの国で使用された。秦では半両銭と呼ばれる円形で四角い穴を開けられた銅銭が使用され、始皇帝が中国を統一すると、この形態の貨幣に統一される。以後、この四角い穴をもつ円形の貨幣が、中国のみならず東ユーラシアの通貨の基本形態となっていくのである。

環銭の形態の起源について、玉璧であろうという説が出されている（江村治樹、2011）。しかし、布貨・刀貨が生産用具を摸したものであるのに対して、玉璧は威信財である。もし中原における金属貨幣の成立プロセスにおいて、同じような発想法があるとした場合、もっとも可能性が高いものは、糸を紡ぐ際に回転を与える紡輪だろう。

何がモデルになったたか、確実な証拠を提示することは難しい。しかし、いずれにせよ環銭には穴があけられている。この点において、中原で出土する商・周代のタカラガイと共通しているのである。そしてタカラガイも銅銭も、紐を通して束ねて使用した。東ユーラシアにおける銅銭の成立に、いにしえのタカラガイの記憶が関わっていたと見てもよいだろう。

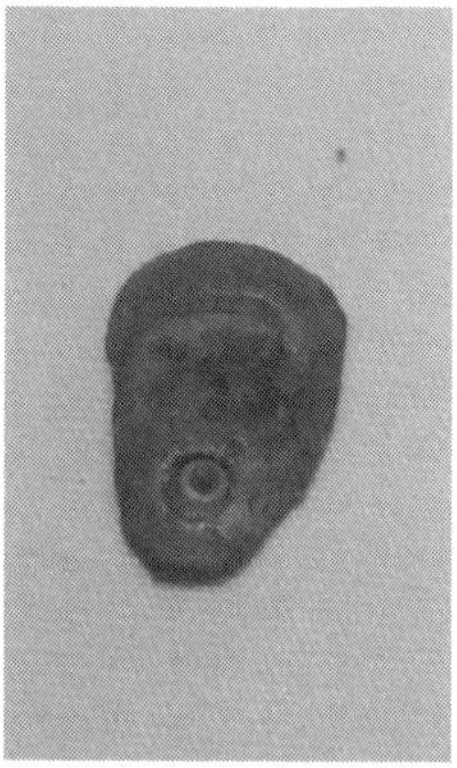
図6　蟻鼻銭　大英博物館所蔵

第二章

雲南の諸王国

古代雲南の滇王国

タカラガイと雲南とは、永く深い関係にある。

雲南はどこにあるのか。国境に区切られた地図に慣らされている私たちは、中国の地図を見て、雲南を中国西南の辺境、と見なしがち。しかし、本書が拠って立つ交易史観の立場からみると、雲南は東ユーラシアの「臍《へそ》」ということになる。この見解は二〇〇五年に刊行された拙著『海と帝国』で述べ、丁寧なことに表紙裏に見開きで、雲南の省都の昆明を中心とする同心円を描いた地図を掲載し、雲南にコンパスの軸を置くと、アジアの地理感覚が大きく変わると、大見得を切ったのであるが、一般には評価されることはなかった。経済の専門家からは、雲南の経済水準から考えると、雲南が交易の中心だとはとてもいえない、と批判された。

敢えて反論すると、「臍」と中心とは違う。人体で喩えてみれば、わかりやすい。血液循環の中心は心臓、神経の中心は脳なのだが、身体をモノとして回転させてみたら、その回転軸は「臍」にあるではないか。

雲南はけっして経済や政治の中心ではないかも知れないが、物流の軸であり続けている。雲南から東に向かえば中国の経済センターの長江下流域に到達する。東北に進めば四川盆地、東南に下がればベトナムだ。北に登ればチベット高原、西に向かえばミャンマーを経てインドに道は続く。南に降ればラオス、タイ王国を経て東南アジア島嶼部に至る。雲南は、まさに四通八達の地。さまざまな物産が、雲南を通過してきた。現在の中国政府は、雲南がユーラシアの臍だということを夙に認識し、昆明を東南アジアと中国とを結ぶ一大拠点とすべく、着々と手を打っている。

雲南の真ん中あたりに、滇池《てんち》と呼ばれる浅いが広大な湖が広がっている。省都・昆明はその湖の北東岸に隣接する。東南のほとり、湖から一キロメートルほど離れた平野に位置する、高さ三三メートルほどの小高い石寨山《せきさいざん》で、一九五五年以降、紀元前の墳墓が相次いで発掘され、そのなかから青銅器とともに大量のタカラガイが出土した。この石寨山遺跡の発掘から一〇年ほどを経た一九六六年、滇池の南に位置する撫仙湖のほとりで、農民が一〇〇〇点を超える青銅器を掘り出す。ここからも大量のタカラガイが出土した。

タカラガイの量は膨大で、石寨山では五〇基の墓のうち一七基から約一四万九〇〇〇枚、重量で四〇〇キログラム、李家山では二四基のうち八基から約一一万二〇〇〇枚、三〇〇キログラムを超える。タカラガイの種類は、ハナビラダカラが圧倒的に多く、キイロダカラがわずかに含まれ、ホシダカラが一点のみ見られる。ハナビラダカラの場合、その大きさはほぼ揃っており、長さ二四ミリメートル、幅一八ミリメートル、厚さ一七ミリメートル程度だった。

その後も石寨山と同じ文化的な位相に属する遺跡が、次々と発掘される。滇池の東に位置する呈貢県の天子廟遺跡からは青銅器や陶器、漆器などとともに、一五〇〇枚のタカラガイが出土している。

タカラガイは青銅製の専用の容器（貯貝器）や銅鼓のなかに入れられていたり、木製あるいは竹製の容器に入れられたりして、副葬品として木棺の外に置かれていた（蔣志竜、2002など）。貯貝器は古代雲南の青銅器の精華として知られている。

たとえば李家山から出土した「播種貯貝器」は銅鼓型の容器で、上面には祭祀・播種の場面が精巧な人形によって作られている。高さ四〇センチメートル、蓋の直径二八・八センチメートルで、大量のタカラガイが入っている状態で出土した（張囮生編、1993）。貯貝器の多くは、祭祀儀礼の場面を生々しく描いている。たとえば石寨山から出土した貯貝器の上面には、柱にしばられ生け贄にされようとする人間が表現されている（図1）。いま気づいたが、「贄」という漢字にも、「貝」が部首として含まれているではないか。このことからタカラガイが、宗教的な権威と結びつけられて蓄えられたことを示している。世界各地でタカラガイを通貨として用いる事例が多いことから、雲南青銅器時代のタカラガイが「貝貨」と解釈されることもある。しかし、一般的な墳墓からはタカラガイや貯貝器が出土せず、通貨と見なすことは困難だろう。

貯貝器のなかに封入されていたタカラガイが貨幣ではなかったことの決定的な根拠として、これらの貝の背には穴が穿たれていなかったことが挙げられる。後世の雲南で、あきらかに貝貨として使用されたタカラガイには、紐で連ねるための穴があいている。この時代、タカラガイは威信財と見なされていたと、考えることが妥当だ。さらに穴がないということは、商代の中原の墳墓から出土したタカラガイとも異なっており、雲南のタカラガイの産地が中原とは異なっていた可能性を示唆する。

図１　石寨山から出土した貯貝器
中国国家博物館所蔵

タカラガイが珍重された時代

李家山でタカラガイを出土した墓で採取された木片の年代を、中国科学院考古研究所実験室が炭素同位体C14によって測定したところ、紀元前五五〇±一〇五年という結果となっている（中国科学院考古学研究所実験室、1997）。中国史の年表にあてはめてみると、戦国時代ということになろう。

一方、石寨山の墓からは、「滇王之印」と印刻された金印が出土した（図2）。金製の高さ一八ミリメートル、辺の長さ二三ミリメートル、重さは九〇グラムで、つまみは蛇の形をした蛇紐（日本の金印も蛇の形をしたつまみではある）を持つ金印で、金印が発見された墓からは鼓の形態の青銅器が出土し、そのなかには大量のタカラガイが入れられていた。金印は前漢の時代のものと考えられる。

『史記』の西南夷列伝によれば、漢の武帝は紀元前一〇九年に雲南の首領に対して「滇王之印」を賜ったとある。仮に石寨山から出土した金印が『史記』が記載する金印であれば、タカラガイが蓄えられた時代は、前漢時代ということになる（張増祺、2002）。考古学的な発掘に基づくと、雲南でタカラガイが珍重されていた時期は、紀元前五世紀から紀元一世紀にいたるきわめて長い期間であったということになる。ただし紀元前五世紀ごろには、タカラガイの量は多くなく、貯貝器に一個も入れられていないというケースも少なくない。タカラガイが大量に発掘されるのは、紀元前二世紀ごろ、中国の王朝と対応させるならば、前漢の初期にあたる。

武帝が滇池の東岸一帯に勢力を広げていた首領を、「滇王」として認めたのには、漢帝国の世界戦略が関係していた。

これまでの東洋史は、漢籍に基づいて描かれてきたので、紀元前二世紀の帝国というと、劉邦が創建した漢帝国を主にして語られてきた。しかし、東ユーラシアの歴史として漢籍を読み返してみると、実は最強の帝国は冒頓単于《ぼくとつぜんう》がまとめあげた匈奴ということになる。劉邦は対匈奴戦争の決戦となった前二〇〇年の白登山の戦いにおいて、あやうく命を落とすか、冒頓単于の捕虜になるか、というところまで追い詰められたことは、よく知られたエピソードである。漢は匈奴に、

図２　石寨山から出土した金印。「滇王之印」と印刻されている。　中国国家博物館所蔵

貢納するという立場となった。

序章で紹介した梅棹「文明の生態史観」では、中央ユーラシアの乾燥地帯で生まれた遊牧国家が、農耕地域を繰り返し破壊したとの見解が展開されている。しかし、歴史をつぶさにみると、農耕帝国を圧倒できる遊牧国家の多くは、農耕地域の物産を貢納で手に入れられれば、交易上の目的は達成するので、深追いをしない。

東洋史では劉邦は包囲され絶体絶命に陥ったとき、冒頓単于の妻に贈り物をとどけて囲みの一角を開けさせ、一命を取り留めたとされる。冒頓単于の側から観るとしたら、広大な農耕地域を支配する漢帝国は、金の卵を産む鶏、圧倒的な軍事力を見せつけて貢納させせられるなら、鶏をあえて殺す必要はない、ということ。東ユーラシアの歴史のなかで、繰り返し現れる西北の遊牧系の勢力と東南の農耕系勢力が分立し、互いに貢納の関係で持続される交易のシステムが、このときに最初に現れたのである。

ちなみに、西北―東南の分立は、三国時代のあと短命な晋帝国を経て現れた南朝と北朝、宋と遼、南宋と金、そして、モンゴル帝国の瓦解後に現れた北元と明朝との関係に、見て取ることができる。東洋史では中国は南北が統一されている状況が正常で、分立している事態は異常で、克服されなければならないとされるが、交易史観に基づく東ユーラシア史では、分立している状況も正常、となる。

西南シルクロード

脇にそれた。漢帝国からすれば屈辱的な白登山での敗北から七〇年を経た前一三九年、ときの武帝は匈奴に対する劣勢を回復する目的で、対匈奴連合を形成する可能性を探るため官僚の張騫《ちょうけん》を、当時、中央アジアのソグディアナに本拠を置いていた大月氏のもとに派遣する。苦難の旅を経て、前一二六年に西域からようやく帰還した張騫がもたらした情報は、驚くべきものであった。『史記』大宛列伝の一節には、中央ユーラシアに赴いた張騫が、中国の四川の物産が雲南を経由して陸路でインドに運ばれているという驚くべき情報を漢の武帝のもとにもたらしたという有名なエピソードが記されている。この四川を起点に雲南を経由してインドに至るルートは、西南シルクロードと呼ばれるものである。

西南シルクロードは、紀元前四世紀ごろには存在していたと考えられ、インドのアッサム地方から谷に沿ってパドカイ山脈とアラカン山とのあいだの標高八〇〇メートルほどの盆地に入り、標高九〇〇〜一二〇〇メートルのシャン高原に登り騰越《とうえつ》を経由して雲南に入る。雲南に入ったあとも、南北に走る山脈と怒江（サルウィン川上流）・瀾滄江《らんそうこう》（メコン川上流）などの大峡谷を抜ける難路が続く（陸韌、1997）。

中国で前漢が成立していたころ、現在のミャンマー北部のシャン高原と雲南省西部の徳宏《とっこう》地域を範囲として、滇越《てんえつ》国が部族を連合させていた。武帝の時代にインドと雲南とを結ぶ交易が活発であった背景に、こうした社会状況を考えることができる。
武帝は張騫の献策を受けて、雲南からインドに使者を送ることとした。この使者の一行が滇池のほとりにたどり着いたときの状況を、『史記』西南夷列伝は次のように伝えている。

滇王の嘗羌《しょうきょう》は、〔武帝の遣わした使者たちを自分のもとに〕留めた。〔滇王は〕道を求めて西方に十数名を派遣した。一年あまりのあいだ〔使者たちは〕昆明（現在の昆明市とは位置が異なる）に閉じ込められて、身毒国（インド）に到達することができなかった。滇王は漢の使者に「漢と我が国とどちらが大きいか」と尋ねた。夜郎の首長と同じだ（「夜郎自大」を指す）。道が通じないために、それぞれが一地方の主（『漢書』では「王」と記載している）と考えて、漢が広大なことを知らないのだ。使者もおもねって滇が大国だといって歓心を得て満足するといったありさまであった。天子（武帝）はこの点に着目した。

ここに見える嘗羌が、金印が出土した墳墓の被葬者だと推測されている。
滇王がほんとうに西との交易路を把握できていなかったのか、かなり疑わしい。墳墓から発掘された副葬品をみると、遠方から運ばれてきたタカラガイのほかに、トルコ石や瑪瑙《めのう》なども出ている。これらの物産を入手するためには、広い交易圏を持っていたと考えられる。想像を逞しくすると、交易路の情報を漢帝国に知られたくないために、漢からの使者を足止めしたのではないか。漢帝国がインドまで一貫した経路を開くと、中継貿易としての滇王の財源に打撃を与える可能性もあるのだから。

武帝の滇国攻略

引用箇所の最後の一句は、「天子注意焉」とある。武帝は滇王のもとに派遣した使者からの復命報告を聴き、滇王の策略を見抜いたのではないか。東ユーラシアの覇者となるには、雲南を勢力下に置き、インドから中央ユーラシアにいたるルートを掌握する必要がある。武帝は一方で滇王に金印を下賜して懐柔するとともに、軍事的に制圧することを考えた。

滇国を攻略するためには、滇池での水上戦が不可欠。武帝は前一一九年、都の長安（いまの西安）の西南の郊外に、南北五・七キロメートル、東西四・二キロメートルの池を掘削させ、水上戦の教練を行った。昆明池と呼ばれる人工湖で、ここで演習を行った軍勢は前一〇九年に雲南への遠征に参加した。

雲南遠征軍は、労浸・靡莫《びも》という現在のミャオ族の祖先と推定される部族を降伏させ、滇国に迫った。滇王は国を挙げて投降し、漢帝国の官吏を置くことを承認せざるを得なかった。漢帝国は滇池の南岸に設けた滇池県を中心に、雲南を管轄する益州郡を置いた。滇王は恭順の意を示したことで、武帝から厚遇されたという。

なお長安近郊の昆明池は、約一〇〇〇年後には痕跡をのこさずに消えてしまい、考古学者がその痕跡をもとめて発掘しても、遺構がいまだ発見されていない。武帝の昆明池の開削以降、中国では帝都の近郊に皇族の憩いの場として、湖水を整備することが伝統となった。現在の北京の頤《い》和園《わえん》に広がる天然の湖は、清朝の乾隆帝が湖水の景観を整備したあとに、武帝の昆明池にちなんで昆明湖と名づけられた。その名称の由来をさらにさかのぼると、雲南の滇池にいたる。

滇王タカラガイの産地

滇王の墳墓から発掘されたタカラガイは、どこからもたらされたのだろうか。想定可能なルートは、中国東部から長江・金沙江に沿って雲南に至る東ルート、トンキン湾から紅河などに沿って至る東南ルート、タイからインドシナを経由する南ルート、インドあるいはベンガル湾からミャンマーを経由する西ルートの四つ。雲南をめぐる交易ルートの歴史を、整理しておこう。

紀元前三世紀ころには、インドと雲南を結ぶ西ルートだけではなく、ベトナムと雲南とを結ぶ東南ルートも存在していた。『史記』南越列伝に現在の広東にあった独立政権の南越国が、西のベトナム北部〈交趾〉の駱という国に財物を贈ったとする記述がある。『史記』に付された「索隠」の注記によれば、紀元前四世紀のはじめに四川から軍勢を率いて南下してきた蜀王の子が駱の地域にいた部族を制圧し、安陽王と名乗ったとある。このことから、紀元前にはすでに、四川から雲南を経由してベトナム北部に至るルートが存在していたと考えることができよう。ベトナム北部から雲南に至るルートは、紅河に沿って雲南の域内に入る。

李家山で出土したタカラガイは、西ルートまたは東南ルートのいずれかを経由してもたらされたと考えられる。中国では西南シルクロードが著名であり、後述するように元代についてマルコ＝ポーロの記載などでインドからタカラガイがもたらされているとあることなどから、紀元前の墳墓から出土したタカラガイは、インド洋産であると主張されてきた。この点について、雲南省文物考古研究所・李家山青銅器資料館が収蔵するタカラガイを調査した黒住耐二氏は疑問を呈している。

李家山より出土した約三〇〇〇個のタカラガイのほとんどがハナビラダカラであり、キイロダカラはわずかに二個、どちらか判別できないものが五個、ホシダカラが一個という結果となった。黒住氏がインド洋のモルディブ諸島で無作為に集められたタカラガイのサンプルを調べたところ、キイロダカラが優先してハナビラダカラは含まれていなかった。また、インド南部のタカラガイに関する報告によれば、キイロダカラが多く、ハナビラダカラは少ないとある。以上の点から、圧倒的にハナビラダカラが多い古代雲南のタカラガイ供給地は、インド洋ではなくトンキン湾であろうと推測している（黒住、2003）。

考古学的に見て、滇池周辺の石寨山・李家山などの遺跡から出土する青銅器には、鞭型の鉞《まさかり》や羊角型の鈴が含まれるが、この形式はベトナム北部から出土する青銅器にも共通して見られる。また銅鼓はインドシナ半島に広く見られる青銅器であり、文化的に見て滇の文化とベトナムとは密接な関係を持っていた。古代のタカラガイは、南シナ海で採られてベトナムを経由して雲南にもたらされたとする黒住氏の推測は、これらの考古学的な知見からも補強されるであろう。

南詔国と大理国

漢帝国の皇帝の外戚であった王莽《おうもう》が、皇位を簒奪して紀元八年に「新」として王朝を興す。前漢の周辺異民族への対応は、恭順の意をしめす首長には、優遇を与えるという方針だった。これに対して現実離れした復古主義を実施しようとした王莽は、周代の原則にもとづいて、「王」の称号を与えていた首長を「公」に、王を名乗ることを黙認していた首長を「侯」に、格下げするなどした。

こうした状況のなかで、雲南の地の益州で反乱が起きる。王莽は鎮圧軍を派遣するが、疫病に斃れる兵士が六、七割というありさま。それ以降、雲南は漢族の世界から隔絶した状況になる。後漢以降、中国の帝国は雲南に行政府を置くが、地元の社会に踏み込むことは困難だった。そのため、雲南におけるタカラガイの使用に関する情報は、漢籍からぱたりと途絶えてしまう。タカラガイに関する記載が再び見られるようになるのは、八世紀に成立する南詔《なんしよう》国の時代まで待たなければならない。

南詔国はその最盛期には、雲南を中心に四川、インドシナ半島にまで勢力圏を拡大した。その中心は、雲南省西部の洱海という湖のほとりに置かれた。雲南の中心は、紀元前には滇池の東岸であったのに対し、南詔国時代には西北方向にずれている。東ユーラシアの臍の位置が移動した背景には、東ユーラシアの大勢の変化がある。

紀元前二世紀から紀元後七世紀ごろまで、東ユーラシアは西北の遊牧系の勢力と、東南の農耕系の勢力とが拮抗する状況だった。六世紀後半に出自を遊牧系の鮮卑族に持つ隋帝国が成立し、その体制が六一八年に建国された唐帝国に引き継がれると、西北―東南の分立の態勢が中断される。遊牧系の支配者が農耕社会を支配するという帝国の形が、ここに生まれた。それと時を同じくして、あらたな分立の局面が現れる。チベット高原に成立した吐蕃《とばん》帝国と唐帝国との分立である。

この分立状況の変化を交易史観の視点からみると、乾燥地域と湿潤地域とのあいだの交易をどちらが掌握するか、という分立状況から、標高二五〇〇メートルを境とする標高の差に由来する交易をめぐる分立へと移行した、ということになる。文明を分かつ標高二五〇〇メートルは、私が学部学生であったときに、文化人類学者の中根千枝氏の講義のなかで鮮明な記憶に残った数値。中根氏は『タテ社会の人間関係』で著名だが、フィールドはインドとチベット。その長年のフィールドワークに基づいて、その数値を説明していた。

東ユーラシアでは標高二五〇〇メートルよりも高い高原では、野菜が育たない。農耕の民である漢族は、野菜を摂取しなければ必要なビタミンやミネラルを補給できず、長期にわたって高原で生活することは難しい。チベット高原の民は家畜をまるごと食することで、必須な栄養素を摂取する。トラックで野菜を大量に輸送する手段がなかった時代、漢族は平均標高四〇〇〇メートルのチベット高原に移住することができない。シンプルかつ説得力のある解説は、私の記憶に深く刻まれた。

吐蕃は七世紀初めにソンツェンガンポが統一したのち、唐朝と交流するなかで、八世紀ごろチベット人は茶を薬としてではなく、生活に欠かせない飲料として嗜むようになったとされている。交易によって茶葉を入手することで、チベットの民は茶からビタミンを補充することが可能になった。チベットの観光案内でしばしば耳にすることわざに、「一日茶がないと滞り、三日茶がないと病気になる」というものがある。チベットの民の生命を支える茶葉の交易をめぐり、唐帝国と吐蕃とは九世紀なかばにいたるまで、標高二五〇〇メートルをはさんで、青海の吐谷渾《とよくこん》（その中心部の標高は約三〇〇〇メートル）、中央ユーラシアの東西交易路、そして雲南の南詔（洱海のほとりの標高は二〇〇〇メートル）の帰属をめぐって、唐とときに和議を交わし、ときに鋭く対立した。

南詔国の対外政策

七世紀前半、洱海の周辺には「詔」を名乗る六つの勢力が併存していた。この「詔」は現在のタイ語で目上の男性に対する呼称「チャーオ」と語源を同じくし、「王」という意味だったとされ、かつてはタイ王国のタイ族が雲南から南下してきたというタイ族南下説の根拠の一つともされていた。現在では、この南下説は疑問視され、「詔」の語源についても異説がある。

吐蕃帝国が七世紀なかばに南下してくると、六つの詔のうち五つは吐蕃になびいたが、唯一、洱海の南に位置していた蒙舎詔《もうしゃしょう》の首長は、唐帝国に六五三年に使者を遣わして恭順の意を示す。唐の後ろ盾を得て、蒙舎詔は他の首長を服属させた。七三八年に唐から正式に王国として承認され、六つの首長のなかでもっとも南に位置していたので、「南詔」と称するようになる。ここに南詔国が成立、その首都は太和城〔現在の大理市太和村〕に置かれた。

唐帝国と吐蕃帝国とのあいだにあって、南詔の動きは情勢に応じて、めまぐるしく変転する。簡略に述べると、おおよそ次のようになろう。唐との往来も頻繁となり、雲南に関する情報が漢籍に多く登場し始める。

唐にとって、南詔は対吐蕃の南方の最前線に位置するため、唐は南詔を支援した。しかし、南詔が勢力を拡大するなかで、唐が雲南〔現在の玉渓市〕に置いていた太守と行き違いが生じる。七五一年に南詔が太守を殺害し、滇池方面にまで勢力を拡大すると、剣南の節度使〔唐が公認した地方軍閥〕が南詔軍を討伐に赴く。節度使に対して南詔の王は、謝罪するものの、唐への服属を続けるためには、雲南太守が掠奪してきたものの返却をもとめ、次のように言い放つ。

吐蕃は大軍をもって境界を圧している。もし、〔唐が〕要求を受け入れないのであれば、吐蕃に従わざるを得ない。雲南の地は唐が所有するものではない〔『旧唐書』列伝第一百四十七〕。

節度使はこの要求を聞き入れず、南詔の首都・太和城を攻撃するが、敗退した。

翌七五二年に、南詔は吐蕃へ服属し、吐蕃から「ツェンポ（吐蕃皇帝）の弟（漢字表記：贊普鍾）」という称号を与えられる。吐蕃に服属してはみたものの、おそらく吐蕃が南詔に求める貢納の負担が過重であったのであろう、南詔国王は吐蕃に服属する一方で、唐に対しても恭順の意を示そうと、太和城内に「南詔徳化碑」を建てる。その碑文は摩耗してほとんど読み取れないが、現在もこの黒々とした石碑は大理の地に立っている。

碑文からは、唐と吐蕃という東ユーラシアの二つの巨大帝国に挟まれた南詔国の苦渋を、読み取ることができる。南詔国が唐から離脱せざるを得なくなった事情を、箇条書きにして切々と訴えた後、やむを得ず吐蕃に服属した経緯が、南詔王の立場から述べられる。

雲南で南詔と唐とが争っていれば、吐蕃が漁夫の利を狙う。吐蕃に服属するのは、南詔国存続のためには致し方ない判断だった。そこでついに配下の大首長であった人物ら六〇人に、多くの財宝を携えさせて、「西朝」（吐蕃）に派遣し、ツェンポ（吐蕃皇帝）の聡明な慈愛にすがることとなった。ツェンポは宰相に命じて、幾多の財を下賜した。

そのなかに、タカラガイの可能性を持つ物産名が登場する。

〔ツェンポは〕宰相の倚祥葉楽に命じて、金冠・錦袍（錦の綿入れ）・金宝帯・金帳床・傘付きの鞍・銀製の獣の置物、それに加えて皿・珂貝・絨毯・衣服・駝馬・牛鞍などを、弟の国

（南詔国）に下賜した。

下賜品のリストに見える「珂貝」は、白い貝という意味であり、タカラガイであると考えられている。タカラガイの産地の南の海からみると、海よりも遠いチベットから海により近い雲南にタカラガイと思われる貝が下賜されている点を、記憶に留めてもらいたい。

この徳化碑が建てられた直後に、唐は安史の乱で混乱、国力が減退する。吐蕃と南詔は四川南部を攻略した。西北から吐蕃は唐を攻め、一時は帝都の長安を占領している。七七九年に国力を回復させた唐が中央からも大軍を派遣、南詔・吐蕃連合軍を破ると、形勢は逆転する。吐蕃と南詔とのあいだの関係も冷え切り、吐蕃は南詔国王の称号を、「ツェンポの弟」から東王と臣下に格下げ、南詔は七九四年に、洱海のほとりの蒼山神祠において唐の使節を迎えて、唐とのあいだで盟約を結ぶ。

南詔国拡大期のタカラガイ

南詔は大帝国にはさまれた小国として、嗅覚と才覚とを駆使して存続した。九世紀以降、唐と吐蕃が国力を衰退させると、八二九年に四川に軍勢を派遣して成都を占領、引き上げると今度はインドシナに侵攻するにいたる。

こうした南詔国の拡大期に書かれた漢籍が、八六二年に唐朝が安南（ベトナム北部）においた安南計略使の顧問として安南都護府に赴任していた樊綽《ばんしゃく》が著した『蛮書』（別名『雲南志』）である。樊綽が赴任した翌年、なんと都護府は南詔の侵攻を受け、計略使などは戦死、樊綽は辛うじて生き延びた。唐にとって味方になるか敵に回るかとらえどころのない南詔国の実情を徹底的に明らかにしようと、樊綽は筆を執った。

『蛮書』巻四の名類の項に、瀾滄江（チベット高原に源を持ち、雲南の西部を貫通してインドシナ半島でメコン川と名を改める河川）の西に居住する「望苴《ぼうしょ》」（現在のワ族の祖先とされている）という部族について述べたところに、次の一節がある。

望蛮の外喩と呼ばれる集落は永昌の西北にある。その住民は体格が大きく、盾を背負って長矛を持つと、向かうところ敵はない。弓を巧みに扱い、鏃《やじり》に毒を塗った短い矢を用い、当たれば死んでしまう。夫人は裸足で、青い布を身に巻いて、珂貝と抜歯した歯と真珠を連ねて首飾りとし、その身体に数十本を斜にかけている。夫がいる婦人は髪を二つの鬢《びん》に結い上げ、夫がいない婦人は一つの髻を頭の後ろに垂らしている。

タカラガイは女性の服飾品として用いられていたと推定される。このタカラガイは首飾りとして連ねられていたとあるところから、穴が穿たれていたのではないか。貨幣として用いられたタカラガイの形状を想起させる。

九世紀の南詔国末期に創建された大理の千尋塔を一九七六年に修築したときに、塔頂部から三万八〇〇〇あまりのタカラガイが発見された（雲南省文物工作隊、1981）。これは寺院に寄進されたのだろう。また、一九八〇年に曲靖県で唐代後期の火葬墓を発掘したときに、陪葬品としてタカラガイが発見されており、タカラガイがひろく社会のなかで珍重されていたことは確実だ。

後世に編纂された史書だが、『新唐書』「南詔伝」は雲南の地で唐代に繁栄していた南詔について、貝が交易に通貨として用いられ、その単位として「一六枚を〈覓《べき》〉となす」とある。この単位は、一三世紀以降の貝貨としてのタカラガイの単位とも一致する。一六枚のタカラガイを紐で束ねていたとみてもよいだろう。

タカラガイの流入経路

南詔国の時期にタカラガイは雲南にどのような経路でもたらされたのだろうか。チベット高原の吐蕃からの下賜品の一項目に、タカラガイと推定される貝が挙げられている。このことは、少なくとも吐蕃では、威信財として貝が評価されていたことを示す。碑文の順番では、貝は皿などと並べられ、価値が金冠などと比べて一ランク低いと見なされているが、吐蕃では最上位の威信財と見なされていた可能性がある。

碑文から一世紀ほど時代が下る『蛮書』では、一部族の女性の首飾りにその貝が連ねられていたとある。前漢の時代には雲南で威信財として評価されていたタカラガイは、この時点では価値を減じている。タカラガイの価値の変化の背景には、雲南を起点とする交易路の発達があった。

南詔国の勢力の伸張とともに、雲南から西方に向けては、現在のミッチナーを経由してインドのアッサム地方に入るルートが整う。七世紀にイラワジ川中流域でピュー人が建国した驃国《ひょうこく》とも密接な関係を持つようになり、九世紀には南詔国がこの方面に進出する契機となった。イラワジ川中流域からインドのブラマプトラ川流域に抜けるルートも存在した。東南に向けては、唐の勢力下に組み入れられたベトナム北部の交州との交流が盛んとなる。

この時代に新たに活発になったルートが、南詔国の中心地から南に下り、シプソンパンナーを経由してメナム川上流部に抜けてタイに至る道である。また、シプソンパンナーから南下して現在のラオス域内に入り、続いてメコン川流域に入り、そこからベトナム中部に出て海岸線に至るルートも、枝分かれした。

こうした複数の経路を通じて、タカラガイがインド洋岸やトンキン湾沿岸から雲南に運ばれ、タカラガイの価値が威信財から服飾品、そして貨幣へと下がっていった。

雲南を中心としてインドシナ半島にも勢力を広げた南詔だったが、その滅亡はあっけない。家臣の専横が激しくなり、南詔国王の血統は九〇二年に宮廷内のクーデタによって根絶やしにされてしまう。しばらく混乱した時期が続いたのち、九三八年に、ペー族で南詔の武将であった段思《だんし》平《へい》が大理国を樹立した。

大理国とタカラガイ

通貨としてのタカラガイ使用は、大理国の時期にも引き継がれている。宋の政和年間（一一一一～一一一八年）に記された医薬書である『証類本草』巻二二は、今は散逸してしまった『海薬』という書籍を引用して「貝は雲南できわめて多く用いられ、銭貨として交易されている」と記載している。

雲南を中心とする活発な交易は、南詔国を継承した大理国の時代にも継続される。唐の衰退とともに、紅河の河口近くに位置した交州が交易港としては衰退し、それに代わって現在の南寧を経由してトンキン湾の港町であった欽州・廉州に出るルートが確立された。雲南の主要な物産は、馬である。当時、中国の宋朝は北方に対する防備のために、優秀な軍馬を必要としていた。雲南の馬は優れているとされ、山を下って港町に至った馬は、そこで船に乗せられて中国に向かった。

南詔国から大理国までの八世紀から一三世紀、インドからインドシナの広い地域で、タカラガイが通貨として用いられていた。雲南はこれらの地域と盛んに交易を行っており、この経済的な基盤に支えられて南詔国と大理国とは繁栄した。中国から手工業の技術を導入し、織布・漆器・刀剣など高い水準の製品を生産することが可能となった。雲南からは生産された物産がこれらのルートを経由して送り出された。

以前はルート沿いの部族のあいだをリレー式に運送していたものが、この時代になると隊商が組織され、多数の馬に荷を載せて目的地まで一気に運ぶようになり、物資の輸送が効率的になった。こうした質・量ともに交易の水準が向上したことを背景として、雲南にもタカラガイが大量に流入し、タカラガイ通貨圏の一角に雲南が入ることは自然の流れであったといえよう（陸、前掲書）。

大理国は一二五三年にモンゴル帝国チンギス＝ハンの孫のフビライが率いる雲南遠征軍の攻略を受け、翌五四年に降伏。フビライがモンゴル帝国のハーン（皇帝、大ハン）に即位すると、雲南はフビライの子のフゲチが統治するモンゴル帝国内の領国・雲南王国となった。大理国の段氏はこの雲南王国に仕え、支配層の一翼を担った。フビライがハーンであった一二九〇年代の雲南については、かのマルコ＝ポーロが詳細な記録を語っている。

第三章
モンゴル帝国下の雲南

マルコ＝ポーロが語ったタカラガイの記録

『東方見聞録』として日本では知られているマルコ＝ポーロの書『世界の記』のなかで、ポーロはタカラガイについて記録を残している。いくつもある版本を厳密に校訂した高田英樹氏の新訳から、その箇所を引用しておこう（高田英樹訳、2013）。この新訳は労作であり、のちに取り上げるイブン＝バットゥータ『大旅行記』の家島彦一訳注とともに、こうした書物に出会えたとき、語学に疎い私には、ほんとうに幸福な想いに満たされる。

さて、雲南にたどり着いたポーロは、その行政府が置かれた昆明について、次のように記している。なお、表記を本書の記述に合わせ、たとえば高田氏訳で「タカラ貝」とあるものを「タカラガイ」とするなどと多少、手を加えている。

この五日行程の終わりに主たる市があり、〔カラジャン（雲南）の〕国の首府でイァチとも
いい、とても大きく立派である。商人や職人がたくさんいる。〔人々は〕何種類もおり、マホメットを崇拝する者、偶像崇拝者、それにわずかだがネストリンのキリスト教徒がいる。
……今から言うようなお金を持っている。白いタカラガイ（原文：porcelain）、海中に見つかり犬の首に付けるあれ、を使い、タカラガイ八〇個が銀一サジュ、つまり二ヴェネツィアグロスに値する。純銀八サジュが純金一サジュに値することをご承知ありたい（以下、いずれもフランク−イタリア語版）。

また、大理をカライァムまたはカライァンという地名を冠して述べた箇所では、

キァチ市（イァチ市、つまり昆明の誤記）を発って西へ一〇日行程行くと、カライァム地方がある。王国の首市もカライァンという。……またこの地方でも、前に話したタカラガイを貨幣に用いる。もっとも、その貝はこの地方にはなく、インディエ（後述）からやってくるのですよ。……さらにいいですか、この地方には大きな馬が生まれ、インディエに売りに持っていくのですよ。彼らはその尻尾の骨を二節か三節引き抜くことをご承知ありたい。これは、馬が尻尾を振って上にいる者に当てたり走るときに振らなかったりするために、馬が走ると

き尻尾を振るのは、彼らにとってはみっともないことだからだ。

大理からさらに西に向かった永昌については、ウォンチャンという地名のもとで、貨幣は金である。タカラガイも使われる。本当にいいですか、銀五で金一サジュを与えるのですよ。そうなるのは、銀鉱が五ヶ月行程のところにしかないからだ。だから商人は銀をたくさん持ってやって来てこの住民とそれを交換して、金一に対して銀五サジュを与える。これで商人は大きな利益と儲けをあげる。

また、雲南省北東部のトロマン（土老蛮）と呼ばれる山住の先住民の地域について、金がいっぱい見つかる。彼らが使う細かいお金は、前にお話ししたようなタカラガイである。これらの地方はどこでも、つまりバンガラ・カウジグ・アム、金とタカラガイを使う。商人もいくらかいるが、ここにいるのはとても金持ちで、多くの商品を運ぶ。

ここに見られる地名、バンガラは雲南から南西に下ったベンガル、カウジグはベトナム南部の交趾、アムとはベトナム北部の安南ともいわれるが、異説もある。いずれにせよ、これらの地方に関するポーロの記載は、他の地方と比べて簡略であるところから、ポーロ自身が見聞したという情報ではなく、伝聞に基づくものであろう。

マルコ＝ポーロの雲南滞在時期

さて、ポーロが雲南でタカラガイが通貨として流通していた様子を見聞した時期は、いつなのだろうか。

マルコ＝ポーロが一三世紀に実在した人物であり、そのポーロが一二九八年にジェノバの牢獄のなかで語り、その物語をルスティケッロ＝ダ＝ピーザが書き表した『世界の記』が、ポーロが実際に行ったユーラシアの陸と海をめぐる大旅行の記録であるとしたら、一二八〇年代なかばということになる。

このような奥歯にものが挟まったような物言いをした理由は、ポーロは実際には元朝支配下の中国には行っておらず、東地中海のどこかで東方から帰還した商人などから聞き取った伝聞を、あたかも自らの体験のように語ったかも知れない、という説があるからである。『世界の記』で、元朝皇帝のフビライに仕え、取り立てられて元朝の版図をめぐったとされるにもかかわらず、元朝の側にまったくポーロに関する記載が見られないのである。ポーロという生没も出生地もあいまいな人物は、実在しなかったという説も出されている。

日本では『東方見聞録』という書名で知られているその物語のなかで、実際に中国各地をめぐる旅をしていたら、語らないではいられない情報が、語られていないということが、その懐疑を強めることになった。たとえば漢族の女性の奇習である纏足《てんそく》などが、その欠けている情報の一つなのであるが、なかでも商人の目を持っていたポーロであるならば、決して見落とすはずのない茶葉についての記載が欠けていることは重大な疑惑を招いている。

ポーロが実在したのか、実在しなかったのか、旅が遂行されたのか、遂行されなかったのか、霧がすっきりと晴れたわけではないものの、『世界の記』に記されている事柄は、ときに誇張や伝聞によると思われる瑕疵はあるものの、おおむね事実には反しない。

ポーロが西欧とモンゴル帝国とを結ぶ使節の役割を持ち、フビライのもとで重要な役職を与えられたとするピーザの記述を、ピーザが騎士物語の作者であったために物語を飾り立てるための粉飾であったとすれば、ポーロは一介の商人として元朝の行政機構の末端で使い走りのような役割を担うに過ぎなかったということになる。当然、モンゴル帝国や元朝の記録に、その名が書き記されることはなかったであろう。茶葉についての記載がないことも、あまりにも日常的な、つまり「日常茶飯事」であったために語るのを忘れたか、もしくはポーロが飲茶の風習について語ったにもかかわらず、それを書き留めたピーザの想像の範囲の外にあったために、書き漏らしたということもあるかも知れない。

私としては、ポーロは実在し、その旅も実際に行われたと仮定して、以下の記述を進める。

ポーロが雲南を訪れた時期は、一二八〇年をさかのぼらない。それは雲南について述べたところで、その地に封じられた王が、一二八〇年に即位したエセンテルムだとしているところから推測できる。雲南は元朝にとって重要な要の地域であり、後述するようにポーロがグラン＝カンと呼ぶフビライにとっても人生の転機となる土地であった。フビライは雲南を統治する王に、自分の第五子であるフゲチを、元朝建国以前の一二六七年に封じ、ラクダの持ち手のある金印を授けている。エセンテルムはフゲチの子で、漢字では也先帖木儿と表記される。

貝貨としてのタカラガイ

ポーロはタカラガイが貝貨として雲南の昆明・大理など、広い範囲で使用されていたと述べている。フランク－イタリア語版『世界の記』でタカラガイを指す言葉として用いられている porcelaine という単語は、現代フランス語ではポルスレーヌと発音されるが、さかのぼるとイタリア語のポルチェッラーナ（porcellana）となる。その原義は、イタリア語で雌ブタの外陰ということで、形が似ていることからこの呼び名がついた。同じようにタカラガイを女性器や動物の雌の性器と同じ呼び方をする事例は、日本にも多いことは、白井祥平氏の著作にも紹介されている（白井祥平、1997）。なお、この単語は英語になるとポースリンと発音されるようになり、タカラガイの白いなめらかな光沢から連想される磁器を指す言葉となる。

ポーロの記載でもっとも注目に値することは、このタカラガイが「この地方にはなく、インディエからやってくる」とあり、遠隔地交易によってタカラガイがもたらされていることを明記している点である。タカラガイの流入とは逆に、大理にはタカラガイなどが、そして大理からインディエにはウマが送られていたという。インディエとはどこか、この点は少し後であらためて考えていく。

ポーロはまた、雲南では貝貨としてのタカラガイが、金と併用されていたこと、金が正貨であり、タカラガイが細かい支払に使われていたことを観察している。後述するように、元朝の雲南における納税は、金立てで行われていたが、実際にはタカラガイによる代納も広く行われていた。タカラガイの価値は、八〇個が銀一サジュとある。一サジュは重さ三・六グラム、二〇一五年の銀価格が一グラム六〇円強であるから、昆明における貝貨のタカラガイの価格を銀で換算すると、一個で三円弱となる。ところが金で換算すると、純銀八サジュが純金一サジュに値するとあるところから、金価格一グラムあたり五〇〇〇円とすると、貝貨一個で三〇円弱ということになり、銀と金とでは、現在の価値で換算すると、一桁の相違となってしまう。要するに、一三世紀末の雲南では現代と比較すると、銀の価値が金に対してきわめて高かったということになろう。商人としての嗅覚を持ち続けていたポーロは、地域によって金銀比価が異なること、商人がその差に目を付けて利益を上げていたことを見落としていない。

タカラガイ貝貨が、八〇個を単位として述べられていることも、雲南の実情を正確に反映している。通貨としてのタカラガイ使用の実態が史料から明らかとなるのは、一三世紀なかばにモンゴル帝国が大理国を亡ぼして雲南を統治し、元代の漢籍に記録が残るようになってからである。

一三世紀末の雲南の状況を記した李京『雲南史略』によれば、貝貨一枚を〈庄〉、四庄を〈手〉(四枚)、四手を〈苗〉(一六枚)、五苗を〈索〉(八〇枚)とある。つまりポーロは〈索〉の現地単位で貝貨を見ていることになる。

貝貨としてのタカラガイは、個々に取引されるだけではなく、背に穴のあいた八〇枚のタカラガイを紐で貫いて、授受していたと考えられる。なお、さきに『新唐書』に南詔国ではタカラガイ「一六枚を〈覓〉となす」とあることを紹介したが、この〈覓〉という漢字の中国語の音は「ミエ」であり〈苗《ミャオ》〉と近い。南詔国から元代に至るまで、通貨としてのタカラガイを数える単位は連続していたと推定することができる。また、一二〇〈索〉をもってさらに桁の大きな単位である〈窖《こう》〉とするとあり、一窖はタカラガイ九六〇〇枚ということになる。

モンゴル帝国のなかの雲南

マルコ＝ポーロが語ったとされる雲南に関する『世界の記』の記載を読むと、私は中国南京大学に留学していたときに、外国人の旅行者を受け入れたばかりの大理を訪ねたことを思い出す。現在の大理は、観光客向けの土産物屋ばかりとなり、かつての風情は白い塔のみにしか残されておらず、失われたものの大きさに愕然と肩を落とすのみである。

留学日誌を取り出して読み返すと、一九八四年四月一六日の早朝七時に昆明を長距離バスに乗って出立している。バスは昆明の市街地を抜け、滇池に向かったあと北に向きを転じ、一時間ほどで山地に入り、峠を越えて昆明の西隣の盆地へと降りていく。雲南の中核地域は、盆地が連なる空間であった。峠を越えて盆地の底に位置する町を通り抜け、またしばらくすると次の盆地とのあいだに連なる山地にと道は続くのである。

昼に交通の要衝である楚雄にたどり着き、さらにいくつかの盆地をつらぬいて、日が西に傾いた午後四時ごろに大理が位置する盆地へと降っていく。大理盆地の中央には、南北に細長い洱海と呼ばれる湖が広がっている。その南の端に位置するのが、下関という町である。ここでバスを乗り継ぎ、大理の古城にたどりついたときには、すでに陽が山の端に隠れようとしていた。

私の旅の目当ては、この時期に大理で開かれる三月街と呼ばれる交易会であった。農暦三月十五日から数日間にわたって開かれるその交易会の歴史は古く、一説では唐代の観音を祭る廟会に遡るという。これが多くの民族が集う一大交易場として発展した時期は元代であったとされる。

三月街の会場は大理の市街地の東、町から会場へといたる沿道には、軽食や日用雑貨を商う出店が立ち並ぶ。広場の中心には衣料・電気製品を扱うテントがひしめき、一角ではミャオ族の薬材売りが、クマの掌、シカの角、サルのミイラ、それに冬虫夏草を並べている。少し離れたテントのなかでは、チベット族の医師が人々の症状を聞き、チベット文字で処方を書いていた。

多くの女性たちが民族衣装に身を包んでいる。大理の先住民族であるペー族の娘たちが、素朴ながら華やかな民族衣装をまとって連れ立って歩いている。いまでは、民族衣装の多くが安手のポリエステル繊維の素材になってしまったが、当時は木綿の落ち着いた風合いであったことを思い出す。さらに衣装をみると、行き交う人々はペー族・イ族・チベット族に漢族、さらにはミャンマーとの国境に近い地域から来たジンポ族の女性も含まれていた。

縁日を思わせるにぎわいを取り囲むように、ウマやウシを取り引きする家畜市場が立っている。行き会わせたバイヤーに聞くと、仔ウマ一頭八〇〇元、仔ウシならば五〇〇元だという。当時の物価水準からすれば、仔ウマで都市ホワイトカラーの数カ月分の給与に相当する。開催期間は短いものの、交易会の取引額は莫大なものであったろう。市街地の北のはずれでは、期間中、競馬が行われていた。ポーロが大理はインド方面にウマを輸出する拠点であったと記しているが、七〇〇年後にもその地位は変わっていなかった。

人出でごった返す大理で、私は乳扇と漢字で表記されるチーズと出会った。中国料理にチーズが出ることはない。ところがここ大理では、地元の食材として扇型に薄くのばして乾燥させたチーズが、普通に売られている。翌年一九八五年に大理を再訪したときには、この地元チーズを用いて、外国人観光客向けにチーズフォンデュが供されていることを知り、驚くことになる。欧米のバックパッカーたちが大理の旧市街地に滞留していたのも、こうした酪農製品が手に入りやすかったことも一因であろう。大理の観光地化が進むと、ピザを供する店が増えていく。大理から北に進むと、牧畜を主とする文化圏に入る。この文化圏はモンゴルの草原まで続いているのである。

私が大理に三月街を訪ねたとき、文字が摩滅した石碑を広場に見た。これはフビライによる大理征服を顕彰するために、一三〇四年に元朝第二代皇帝のテムルが建てさせた「世祖平雲南碑」である。高さ四四四センチメートル、幅一六五センチメートルもある巨大な石碑を目の前にして、フビライの遠征が世界史のなかで持った重みを、しばし熟考したという記憶がある。なお、世祖とは、フビライの元朝皇帝としての廟号。廟号とは、祖先を祭る廟に由来する名称で、建国者を起点とする序列を示す呼称である。

この石碑は摩耗が激しく、清代の地方志などに碑文が掲載されているが、石碑に残っている文字と一致しない。歴史学者が雲南の史料を一九三〇年代に集め始めたときに、知人から寄贈された拓本を見ても、すでに文字の大半が判読できない状態であった。民間で古い石碑を削り、粉にして薬に混ぜると効果があると信じられたために、削り取られたのだという。さらに一九六六年に始まり一〇年間続いた文化大革命のさなか、一九六七年に大理に紅衛兵が集まって学習会を行ったとき、古い文化を打ち壊せという運動の高揚のなかで、この石碑も引き倒された。そのときに、さらに破損が進んだ（方国瑜編『雲南資料叢刊』第三巻所収の解説）。

その碑文の原文は、もはや明らかにすることはできないが、石碑に言及した他の史書からみると、段氏が治めていた大理国を攻略するために、軍隊を率いて南下したこと、大理国が滅亡したあとに、モンゴル帝国の武将ウリャンカダイが現地に留まり、雲南を平定し行政区分を行ったことなどが記されていたことが推定される。碑文に記された一連の出来事は、フビライ個人にとっても人生の転機であっただけではなく、雲南、さらには東ユーラシア史の転換点であった。モンゴル帝国研究者の杉山正明氏の叙述を頼りにして、フビライの視点から歴史の流れを整理しておこう（杉山正明、2005）。

なぜテムジンはモンゴル帝国を創れたのか

一二世紀なかば、モンゴル高原の北東角、森林と草原が交錯する大地で生活していた小さな部族に、ひとりの男子が生まれた。テムジン、のちにモンゴル帝国を創るチンギス＝ハンである。まだ幼かったころに、父親イェスゲイを対立する部族に毒殺され、苦難に満ちた青年期を過ごす。一二〇三年秋に対抗する部族を倒してモンゴル高原の東部の覇権を握り、一二〇四年にはモンゴル高原西部を抑えていたナイマン族を破り、一二〇五年春にはモンゴル草原の大半を統合することに成功する。わずか二年のうちに、歴史の表舞台に登場することとなった。翌一二〇六年に、チンギス＝ハンの称号を名乗った。ハンとは、遊牧民族のなかで部族の長を意味する称号である。

なんら後ろ盾のないテムジンがなぜ遊牧民族を統合し、巨大な帝国を創ることができたのか。杉山氏はテムジンに「他人の言に耳を傾ける度量、それを生かす才腕があった。豊富な経験に裏打ちされた鋭い政治感覚と、人間や状況をみぬく能力、適度なバランス感覚にもとづく組織者・調停者としての素質。そして果敢な行動力。こうした点において、テムジンは〔他の遊牧首領と比較して〕たちまさっていた」という。確かにこの評価は、正しい。しかし、こうした相対的な能力を列挙するだけでは、なぜテムジンがモンゴル帝国を創成できたのかというナゾは解けないように、私には思われる。

序章で示した梅棹忠夫による理想型としてのユーラシア大陸の図を、いま一度、見ていただきたい。楕円形で表された大陸の中央を貫いて、北東から南西へと乾燥地帯を示すベルトが描かれている。モンゴル帝国の基を造ったチンギス゠ハンがまだ歴史の表舞台に登場する前、テムジンと呼ばれていたとき、彼が属する小さな部族は、このベルトの北東に寄ったところの北ユーラシアとの境界で生活していた。

乾燥地帯の北に広がる森林は、北極海から供給される降水・降雪が養っていた。シベリアにはカラマツ、トウヒ、マツ、モミのなかまなどの針葉樹を主とする大森林地帯タイガが広がり、その南、モンゴル高原との境となる山地には、針葉樹に混じってカンバなどの落葉広葉樹が多く生えている。豊かな樹林のなかで、シカなどの野生動物が棲息している。

チンギス゠ハンというと遊牧民族の出身だとされることが多いが、この小さな部族の生業は、乾燥地帯の北に広がる大森林地帯での狩猟採取を主とし、ヒツジやヤギなどの放牧を従とした生活であったと考えられる。生きていくための物資を獲得することは困難であり、家族単位で生きていくことは至難であった。そこでフレーと呼ばれる氏族が、人々の生存のより所であった。

テムジンが幼い頃に、所属する部族からも疎外された母子家庭で育ったところに、テムジンだけが帝国を創ることができたナゾを解く鍵がある、これが私の仮説である。一二〇三年以前のテムジンの事績は、歴史としてはほとんど何も分かっていない。ほとんど唯一の手がかりは、明代にモンゴル語を漢字で表記した叙事詩『元朝秘史〔モンゴル秘史〕』である。ただし、これは史書というよりも、建国神話とでも呼ぶべきものである。ただ、神話であるが故に、モンゴル帝国発祥の本質が、そのなかに結晶化されていると見ることもできる。

遊牧社会の大変動

父を殺されたあと、テムジンとその母ホエルンは、身を寄せていたタイチトウという氏族集団からも追い出され、山に移り狩猟と採取とによって生きながらえる。

タイチトウの氏人たちは、ホエルン夫人を、寡婦を、子らを、幼児らを、母と子らのすべてを打ち捨てて移営したが、ホエルン夫人は幸いにも女丈夫にうまれついていたから、おのが幼児らを養うに、たかだかと冠つけて、きりりと帯締めて、オナン川を上り下り走っては、山林檎・杜桜の実を拾って、日夜、喉を養ったのであった（村上正二訳『モンゴル秘史』）。

氏族から追放された家族が力を合わせることで生きる術を、青年期のテムジンは身につけていた。

この時期、モンゴル高原では大きな社会変動が生じていた。遊牧というと、古代から今日まで、ほとんど変化がないように論じられることが多い。しかし、遊牧という生業にも、時代によって発展があった。テムジンが青年期を過ごした一二世紀後半、それまでの粗放な遊牧に替わって、家畜をきめ細かく世話する遊牧へと変化が生じていた。

その理由は、ユーラシア内陸部の気候の寒冷化にあると、私は考えている。ただし、気候と歴史との関連を述べることには、多少のためらいもある。中国全体で見ると、一九四一年からさかのぼること一三〇〇年の期間は、温暖であったと推定される。ところが、中国西北部や東北地方、チベット高原では、全体の気候変動の趨勢とは逆に、一二世紀から一三世紀では寒冷化しているのである。ユーラシア大陸の中緯度地帯と高緯度地帯とでは、大気循環のシステムに違いがあることが、こうした趨勢の相違をもたらしているとされている。モンゴル高原ではどうであったのか。実は、その核心に迫るデータは、まだ見ていない。テムジン青年期のモンゴル高原の気候変動については、慎重な検討が求められるであろう。

理由の詮索はのちの研究の進展に委ねるとして、確かなことは遊牧という生業の社会的な単位が、一二世紀後半に、フレーという氏族からアイルと呼ばれる家族へと移ろうとしていたことである。遊牧において、厳寒期に家畜を生きながらえさせることが、もっとも困難な作業である。氏族単位で飼育する大きな家畜の群れでは、管理しきれない。家畜を小さなグループに分けて、寒風から守る作業が求められる。その時期を乗り切るためには、幼い子どもも含めて、家族総出で管理する必要があった。

家族という絆で結ばれた人々が、家畜の群れを養い、育て、増やす。こうした徹底した家畜の管理は、草原の利用に対しても管理を必要とする。フレーのもとでは、大まかに了解されるにすぎなかった各氏族の縄張りのなかで、季節ごとの移動などは緩やかな約束事の下で行われていたと想像される。それが新しい生業様式に移行すると、飼育する家畜の群れの規模などに応じて、遊牧するルートや放牧する範囲を厳密に確定する必要が生じる。こうした変化のもとで、わずかであったとしても牧草地をめぐり、熾烈な争いが生じる。日々の抗争に倦んだ遊牧民たちは、草原をめぐる紛争に終止符を打ち、豊かな生活を約束する強い指導者を求めるようになっていた。

モンゴル帝国の成立

テムジンは他の遊牧首領に先駆けて、このアイルを社会的に組織化することに着手した。匈奴の時代から存在していた十進法の組織原理を用いて、一〇のアイルをアルバン（arban、一〇戸）、一〇のアルバンをジャグン（jaghan、一〇〇戸）、その上の単位として一〇のジャグンからなるミンガン（mingghan、一〇〇〇戸）に組織し、歴史教科書で「千戸制」と表記される社会・軍事組織を編成した。テムジンは、一二〇三年のナイマン族征討に先立って千戸制を組織し、一二〇六年のモンゴル帝国建国時に、彼の帝国の軍事・行政組織の基礎としたのである。

アイルは厳密な意味で家族と考えると、歴史的な実態とは離れてしまう。親族的な絆で結ばれた小規模な遊牧経営体、とでも表現すればよいのかも知れない。氏族という伝統的な組織から離れて、アイルに基づく制度を構築できたのは、テムジンが幼少のときに氏族から放擲され、モンゴル民族の聖家族とでもいうべき小規模な親族結合のなかで生きながらえてきたからではないだろうか。氏族のなかから身を起こした他の首領には、氏族的な結合を否定するようなこうした飛躍は困難であったであろう。テムジンが生み出した組織原理は、それまでの氏族という枠組みを越えて、遊牧民族を糾合することを可能にした。

チンギス＝ハンは千戸制にもとづく集団を、自分の弟や子などに割り振った。本人と弟や子などはこの集団を率いてモンゴル高原からユーラシア大陸の東西に打って出ることとなる。チンギス＝ハンが率いる軍勢は、一二一一年には華北に入り、一五年には金の中都を陥落させ、一九年に西に転戦して現在のイランの地にあったホラズムを攻略した。次いで中央ユーラシアの西夏を攻撃するさなかに、チンギス＝ハンは死去する。

帝国を継いだのは、チンギスの第三子のオゴデイ。オゴデイは、数多く存在する他のハンたちよりも格が高い支配者であることを示すために、突厥《とっけつ》の時代に用いられていた称号を復活して、ハーンという称号を用いるようになった。元朝の歴代皇帝も、ハーンの称号を用いた。マルコ＝ポーロが、フビライを「大ハン」という意味の「グラン＝カン」と呼んでいる。中国中原で秦の始皇帝が、多数の王と差別化を図って、「皇帝」という称号を創始したことと軌を一にする。

第二代ハーンのオゴデイのもとで、モンゴル軍は金を滅ぼし、南ロシアを攻略し、さらに東欧へと侵攻するにいたる。東に対しては、南宋に対する攻撃を始めるものの、戦線が膠着するなかで、一二四一年にオゴデイが死去する。

チンギスの子の世代から孫の世代への移行には、混乱が伴った。一二四六年にようやく開かれたモンゴル帝国首領が集う会議クリルタイで、第三代ハーンにグユウが即位するものの、四八年にイラン方面への遠征の途上、急逝。第四代ハーンがチンギス嫡出の末子トルイの子であるモンケであった。モンケ＝ハーンは次弟のフビライを南宋の攻略に当たらせ、三弟のフレグをイスラーム世界の中核地域に向かわせた。フレグが率いる西征軍は、一二五八年にバグダードを陥落させ、アッバース朝を滅ぼした。その後も西に進み東地中海に臨むアレッポ、ダマスクスを攻略している。

フビライの登場

モンケは弟のフビライに、中国の攻略を託した。当時、中国の南部に命脈を保っていた南宋政権は、長江を天然の防衛ラインとしていた。騎馬による戦闘をもっぱらとするモンゴル軍は、それを突破できない。モンケはフビライに長江の中・下流部を迂回し、雲南を制圧し、背後から南宋を脅かすことを命じる。

モンゴルの征服戦争では、基本的に右翼・左翼と中軍とに分かれて進軍し、敵を挟み撃ちにする戦術が採られる。一二五三年夏に臨洮《りんとう》でフビライ軍は三方面に分かれる。右翼（西ルート）はウリヤンカダイが率い、チベット高原の東の渓谷を縫うように南下した。漢族の汪徳臣が率いる左翼（東ルート）は、四川盆地に入って南宋の地方軍を破って成都を落とし、山越えをして雲南に入った。フビライの本隊は、四川の西部を抜けて南下した。

三つの軍勢が目指すは、交易の要衝であった大理である。その年の秋、大理を支配していた段氏政権は、モンゴルに投降した。翌年にはフビライは凱旋するが、ウリャンカダイが残り、雲南を平定するとともに、ベトナムにもその勢力を拡大しようとした。

フビライは大理国を平定するや、すぐにモンゴル草原にもどり、華北の経営に専念する。南宋を攻略する前に、力を蓄えることを優先したのである。こうしたフビライの長期戦略にしびれを切らしたモンケは、自ら軍勢を率いて南宋攻略に着手する。しかし、戦線は四川で膠着するなか、一二五九年にモンケは疫病のために死去する。

モンケ＝ハーンが急死したとき、モンゴル帝国の中核地域では、有力者が東西への遠征のために出払っていた。このなかでフビライは、雲南からのウリャンカダイ軍との合流予定地とされていた鄂《がく》州を包囲するために、長江を渡った。このフビライの決断は、モンゴル帝国東部に置かれていた左翼諸王の逡巡を吹き払い、フビライ軍への合流を迫る結果を引き寄せることとなったのである。

フビライ軍が雲南攻略のためにモンゴル高原から南下するときにたどった路、すなわちチベット高原東縁部のルートは、ポーロが雲南に向かうときに通過した路でもあった。一二九〇年代にポーロは大都を出発し、「世界中でこれと較べられるほど綺麗な橋はない」と彼自身が称えた盧溝橋を渡り、現在の地名で述べるならば、北京南西の河北省涿《たく》州を経て山西省太原に入り、西に進む。黄河を渡って陝西《せんせい》省西安を経て秦嶺山脈を越えて漢中にいたった。さらに南下して大巴山脈を経て四川盆地の成都に滞在したのちに、チベット高原へと進み、四川省と雲南省とのあいだに位置する山間の涼山イ族自治州西昌市を経て、ポーロは雲南に入ったのである。

ポーロの路を地図上にたどってみると、フビライが建てた元朝のもとで、新石器時代から青銅器時代にかけてタカラガイをリレー式に受け渡していたカウリーロード、あるいは中国の社会人類学者の費孝通が提起した「蔵羌彝文化産業走廊」（チベット族・チャン族・イ族が担った文化産業の回廊）を上書きするように、東ユーラシアを南北に縦貫する幹線が確立していたことが明らかとなる。

貝貨タカラガイの流通圏

雲南の西南部に生活しているハニ族とタカラガイとの関係を示す史料に、元代の『雲南志略』「諸夷風俗」がある。そのなかで、

斡尼蛮（ハニ族）は臨安の西南五百里にあって、山林に住まいを設け、峻険な土地に拠って生活している。家では〈貝〉を蓄えて、一百二十〈索〉をもって〈窖〉とし、それを地面に埋める。死に臨めば、すなわち「私は平時に貝をいくらか蓄えた、お前は何カ所から貝を取ってもよいが、よそ者には決して触らせてはいけない。私が生き返ったときに用いるのだか

ら」と遺言する。

と記されている。

史料に記載された〈貝〉は、タカラガイであることは、考古学上の発掘から裏付けられている。漢文史料では通貨として用いられたタカラガイは、〈𧴩〉あるいは〈𧴫〉と記される。発音はいずれの場合も、「バァ」である。

『元史』「世祖本紀」に「至元一九年（一二八二年）九月己巳、雲南で賦税を定めるに当たり、金を用いて規準とし、貝で換算して納めさせた。金一銭は貝二〇索にあたる」とあり、納税にもタカラガイが用いられていた。ちょうどマルコ゠ポーロが雲南を訪ねていた時期と重なる。

先に述べたように一索はタカラガイ八〇個であり、一銭は三・九五グラムである。ポーロによると一索が銀一サジュ、銀八サジュが金一サジュとある。一サジュが三・六グラムとして、単純に計算すると、地域社会のなかでは金一グラムで貝貨一七八個で取引されていたものが、徴税のときには金一グラムで貝貨四〇五個ということになる。金で示される税額を支払う際に、地域社会の実勢よりも二・三倍も多くの貝貨を用意しなければならない。地域住民にとっては、きわめて不利な換算率だといっても良いだろう。なお、雲南における元代の貨幣システムの全体像については、安木新一郎氏の論考が詳しい（安木新一郎、2012）。

税収として集められたタカラガイは、『元史』「食貨志」に天暦元年（一三二八年）の雲南省から国庫に納められた〈科差〉（用役を提供する代わりに納められた税収）が、「肥二十万一千一百一十七索」とあるように、莫大な数にのぼる（『元史』巻九十三・志第四十二）。このことは、当時の雲南においては、地域での取引は大きな商いであっても、もっぱら貝貨を用いて行われており、納税時にもとめられる金を入手することが、困難であったことを示している。

役所の様々な給与なども、雲南では貝貨で支払われた。たとえば恵民薬局という救済施設で医師に支払われる給与は、大徳三年（一二九九年）の規程でみると、他の行省では「錠」を単位とする紙幣で示されているなかで、「云南行省、真叭一万一千五百索」（『元史』巻九十六・志第四十五上）とあり、貝貨で支払われていた。

民間でもタカラガイが使用されていたことは、昆明市内の名刹・円通寺の創建の由来を記した「創修円通寺記」の碑文からも知ることができる。元の延佑七年（一三二〇年）に建てられた石碑によれば、もともとこの地には南詔の時代に蒙氏が建てた普陀羅寺があった。モンゴル軍が雲南を平定したときに焼失し、寺は廃墟となりヘビやイノシシなどのすみかとなっていたが、大徳五年（一三〇一年）に観音殿や蔵経楼が建てられ、名を円通山としたとある。石碑の裏側の記載に拠れば、この大規模な創建事業には雲南を統治していたモンゴルの王族が元朝の紙幣〈交鈔〉一五〇錠を寄付し、一錠あたり肥三〇〇索に換算したとある。寺の建造に必要な支出は、タカラガイによってまかなわれたことが窺われる。

インドシナへのインパクト

大理国は一二五三年にフビライが総指揮を執るモンゴル軍に投降し、雲南はモンゴル帝国に組み入れられる。この変動により、雲南はチベット高原東縁部を経由してモンゴル高原と直結されるとともに、中国もモンゴル帝国に編入されたあとは、中国内地とも直接に結ばれるようになる。

この政治の激変は、インドシナにも波及する。タイ族の活動が活発となり、一二五七年にはクメール人が支配するアンコール朝から自立してメコン川中流域を支配するスコータイ朝を建て、一二九六年にはチェンマイを中心にランナータイ朝を成立させる。これらの王朝においても、タカラガイが重要な意味を持っていたことは、スコータイ朝のラームカムヘーン王（在位一二七七～一三一七年）にかかわる伝承からも窺い知ることができる。

当時、雲南南部からシャン高原・タイ北部などを含む地域には、第六章で述べるようにムアンと呼ばれる盆地ごとに小さな王国が存立していた。スコータイは北方に勢力を伸張させるため、チェンライやパヤオなどの王国と積極的に関係を作ろうとしていた。パヤオ王ニャム＝ミュアンは妃をともなって、スコータイを表敬訪問した。この妃は美貌であったのであろう、なんとラームカムヘーン王が密通し、しかもパヤオ王に、その現場を押さえられてしまう。パヤオ王は激怒してラームカムヘーン王を殺そうと一度は思うが、モンゴル帝国成立による緊張した政治情勢のため思い止まり、チェンライを中心とするランナータイ国の王メンライに問題の解決を委ねることとした。

メンライはラームカムヘーン王を説得して謝罪させ、慰謝料としてタカラガイ九九万個をパヤオ王に支払わせ、和解を成立させたという（金子民雄、1985）。メンライは傑出した国王として知られ、この王のもとでランナータイ国はメコン川中流域から、現在は中国の雲南省に属するシプソンパンナーまで影響力を及ぼす王朝として発展する。この伝承からタイ族の諸王国のあいだで、タカラガイが共通の価値をもつ財として認識されていたことを窺うことができる。

いわゆるラームカムヘーン王碑文にも、タカラガイが登場する。この碑文を記す石碑は一九世紀半ばに発見されたもので、発見者のラーマ四世が自分のチャクリー朝の正統性を強調するために偽造したという説もあるので、参考までにここに掲げておく。王のもとで王族から貴族までの老若男女は篤い信仰心をもっていたと記すなかで、「雨季が終わると（出安吾）、みな一カ月間続くカティン祭を祝う。そのときには僧侶に山のようなタカラガイ、山のようなビンロウ、山のような花とクッションや枕が奉納される」とある。元朝支配下の雲南において、寺院にタカラガイが寄進されていたことを指摘したが、こうした習慣はインドシナとも共通した文化的な背景があったと考えられる。

タカラガイはどこからもたらされたか

モンゴル帝国という大きな枠組みのなかに収められた雲南ではタカラガイが貝貨として広く流

通していたが、そのタカラガイはどこからもたらされたのだろうか。元朝のもとで編纂された法令集『通制条格』巻一八「関市」に、雲南のタカラガイに関して、「私𧴩（タカラガイの闇取引）」という項目を立てて、次のような記載がある。

至元一三年（西暦一二七六年）四月一三日。中書省が次のような上奏を出した。

雲南省で務めているケレイトというムスリムから昨年、次のような提案が出された。「江南地方を売買するものが、𧴩子（タカラガイ）をたずさえて雲南に来て、いろいろな物産と交換している。売買をするものが秘かに〔雲南の物産を〕持ち去ることは禁止したが、江南地方で市舶司（海上交易を司る役所）ではタカラガイが滞留しており、〔江南の商人がタカラガイを〕携えて雲南に来て、金や馬に交換して儲けさせてもよいだろう」。

皇帝から「そのようにせよ」との聖旨があり、昨年はタカラガイを持って行くことを許した。

そのときに現地の役人が言ってきたところによると、「雲南でタカラガイが流通している地域は交鈔と同じように狭く、もしタカラガイが大量に流入したら物価が上昇するだろう。地元の人民の生活に影響がおよぶ。〈腹裏〉（後述）がタカラガイを持って、ここ（雲南）に来ることは、まさに禁止すべきである」という。

二つの見解は一致しない。そこで〔中書省は〕「そこの多くの役人はそれぞれ、ケレイトと一緒に協議した上で、あらためて報告せよ」という内容の文章を与えた。いま、衆議の結果、「〔タカラガイを〕持って入ることは、当を得ていない。物価が高騰し、人民の生活に影響が出る。人民が搬入するのも、役人が持って来ることも禁止し、合わせて禁じさせるべきである」という報告が上がってきた。

私（中書省）が検討した結果、「持って入らせないようにしたらいかがか」と上奏したところ、「持っていかせることを中止させよ」との聖旨があった。

タカラガイを江南から搬入してもよいのではないかと上奏したケレイトは、怯来と表記されている。山西省の太原の出身で、当時は雲南行省の事務官の任にあった。その弁によると、雲南には江南の市舶司に滞留していたタカラガイが持ち込まれていたという。ところが、雲南の生え抜きの役人たちは、その弊害を申し立てた。タカラガイが大量に流入すると、貝貨の価値が下がり、雲南の人民の生活に影響を与えるのだという。

法令の解釈

私は先行論文のなかでこの条項を引用したあと、きわめて単純に「元朝は経済の安定の観点から、タカラガイを勝手に持ち込むことを禁止した」と述べた。安木氏は別の解釈を出している。私の解釈は、確かに安易であった。

安木氏は次のように述べる。「ケレイトの上奏にもとづいて腹裏にも同じ貝があったので、腹裏から雲南に貝を輸送しようとしたところ、雲南行省の官僚が、腹裏から貝がもたらされると供給過多になり民間が困る、と報告してきた。ケレイトは江南の貝を持って来ることで一儲けしようとたくらんだが、予想外に、従来の江南ルートではなく、華北ルートから貝が流入することになったので、江南と雲南の貝貨関連商人と彼らから利益を得るはずの官僚たちはあわてて、なんとか華北からの貝の流入を阻止した、というのが事の真相であろう」「モンゴル統治以前からタカラガイを供給している江南商人や、こうした江南商人から賄賂などを得る官吏の利益を守るために、タカラガイの私的な売買を禁止し、流入経路の管理を行ったとみるべきであろう」としている。

安木氏の解釈に基本的には賛同するものの、私には一つの疑問がある。史料に現れる「腹裏」とは元朝の直轄地として中書省が管轄する行政区域で、現在の山西省・河北省・山東省を範囲とする華北地域なのであるが、そこに雲南の貝貨の価値に影響を与えるほどの量のタカラガイが滞留していたのか、という点である。

はたして、どのように解釈したらいいのだろうか。

わかりやすい日本語に翻訳したが、実は、この『通制条格』の漢文は、モンゴル語などの影響を受けた文体で、意味を読み解くことが容易ではない。モンゴル帝国の官界で用いられた、ピジン中国語であった。たとえばケレイトの提案の冒頭部分の原文は、「江南田地裏、做売買的人毎、将着趴子去雲南。是甚么換要有」となる。また雲南の役人が異議を申し立てたところは、「腹裏将趴子、這里来的、合教禁子有」となる。単語をみるといまの中国語とも近いが、しかし語順は異なる。「将」は漢文であれば、「××をばもって」と前置詞的な働きをするが、ここでは「××を持って」と動詞的な意味があると考えられる。

「江南田地裏」は「江南という土地」という意味で、「将着趴子去雲南」は「タカラガイを持って、雲南に行く」となり、「将」という動詞の主語は、売買をする人、ということになる。同じような語順である「腹裏将趴子、這里来的」は、「腹裏」を「華北から」と場所として読むのではなく、主語として読み、「華北出身者がタカラガイを持って、ここにやって来る」と読むべきものであろう。

深読みすると、「腹裏」とは暗に山西出身のケレイト本人を指しており、彼が江南にネットワークを有する商人と結託して、江南の市舶司に滞留していた大量のタカラガイを持ち込もうとしていることに対し、雲南に帰属意識を持つ官僚達が阻止しようとした、これが事実に近いのではないか。

元朝の法令『元典章』巻二〇は、「禁販私趴」として、禁止条例が記載されている。「私趴」として記されているのが、秘かに雲南に持ち込まれたタカラガイである。そこには有力者が賄賂を受け取ってタカラガイの密輸を手助けしているとあり、取り締まりは困難であったものと考えられる。

雲南の行政機関の立場から見ると、江南から大量のタカラガイが持ち込まれ、貝貨が暴落すると、徴税の際に徴収した貝貨の価値が下がるという恐れがあった。人民の生活を安定させることを表に掲げてはいるが、その本質は雲南における税制の維持にあったと考えることができる。

元代のタカラガイ供給地

それでは江南からのタカラガイ流入を禁止した雲南には、どこからタカラガイが供給されていたのであろうか。マルコ＝ポーロは、大理を訪ねた箇所では「インディエからやってくる」と述べているが、インディエの範囲は現在のインド亜大陸だけを指しているわけではない。

マルコ＝ポーロは一二九〇年末か翌年の初めに、ザイトンと記される福建の泉州を出帆し、南シナ海・インド洋を経て一路ヴェネチアを目指す。この帰路の記述が始まるところで、「ここにインディエの巻はじまる」とあり、海路で結ばれる海域アジア全体を「インディエ」と呼んでいる。

帰路の途中で現在のタイの南部に位置するロカックの物産を述べたところで、「前にお話ししたように、あらゆる地方で使われるタカラガイはすべてこの国から行く」とある。このロカックは、漢籍に現れる〈羅《ら》斛《こく》〉に比定されている地域で、現在のチャオプラヤー河中流域のロッブリー地方であったとされる。

ポーロの記載は、漢籍の記録からも裏付けられる。少し時代は下る。一四世紀前半に二度にわたって南シナ海からインド洋を航海した商人の汪大淵《おうたいえん》は、『島夷誌略』として知られる地理書を著した。一三五〇年ごろに完成されたとされている。各地の地形や風俗、そして航海の動機ともなる特産物について詳しい記載が見られる。そのなかで〈羅斛〉の物産の一つとして「𧵳子」を挙げている。また、スコータイを示す〈暹《せん》〉の項目では、「𧵳子はシャムを通して銭として使用している」としている。

これらの記録からみると、一三世紀後半から一四世紀なかばにかけて、タカラガイの供給地の一つが、タイの南部であったという可能性がある。タイ沿岸で集められたタカラガイは、第六章で言及する盆地世界ムアンを結ぶ交易路を経て、スコータイ、ランナータイなどの領域を経て、雲南に持ち込まれたと考えられる。

羅斛は、宋代から中国とのあいだで通商を行っていた。一一〇三年、宋の徽宗崇寧二年のこと、泉州の市舶司は劉著という人物を使節として羅斛国に派遣し、交易を行うようになった。南宋になってもこの関係は継続され、一一一五年〈政和五年〉には、羅斛国が使節を派遣して貿易を振興している。こうした関係に基づいて、羅斛からタカラガイが海路で福建の市舶司にもたらされた可能性は高い。

元朝とのあいだでは、一二九六年〈元貞二年〉から毎年のように羅斛国は朝貢している。ケレイトが江南から商人がタカラガイを雲南にもたらすことを容認することを提案した年は、この元朝への朝貢が始まる二〇年も前、一二七五年であった。こうした時期を勘案すると、江南の市舶司に滞留していたタカラガイとは、元朝が成立する以前の、宋・南宋の時期に福建の市舶司に羅斛から持ち込まれたタカラガイであったと推定される。なお、羅斛はのちに暹国に併合され、以後、タイの政権は漢籍では暹羅国《せんらこく》と表記されるようになる。

イブン＝バットゥータの大旅行

『世界の記』のマルコ＝ポーロ、『島夷誌略』の汪大淵は、いずれも中国から西へと航海を行った。彼らとは逆に、西から航海に乗り出し、中国を目指したイブン＝バットゥータは、タカラガイについてまた別の情報を残している。三〇年間におよぶ大旅行について、一三五五年に口述筆記を経て著された旅行記『諸都市の新奇さと旅の驚異に関する観察者たちへの贈り物』のなかにおいてである。この旅行記は『三大陸周遊記』あるいは『大旅行記』などのタイトルで、日本に紹介されている。

一三〇四年に現在のモロッコのタンジェで生まれたイブン＝バットゥータは、二一歳のときにメッカ巡礼の旅に出かけたその足で、東へと足をのばし、イランなどを経て、一三三四年にインドのデリーに到着。当時、インドで強勢を誇っていたトゥグルク朝のスルタンに気に入られ、一三四二年まで約八年間その地に留まった。トゥグルク朝はデリーを首都とするムスリム王朝、歴史教科書ではデリー＝スルタン朝の一つに数え上げられ、一二〇六年に始まる奴隷王朝、一二九〇年創建のハルジー朝を継いで、一三二〇年に成立した。

バットゥータがデリーに到着したころ、トゥグルク朝の支配はインドの大半におよび、ヒマラヤを越えてチベット高原にも遠征するなどその最盛期を迎え、西方から多くのムスリムが来訪していた。そのなかでバットゥータは、メッカ巡礼を成し遂げ、イスラーム法学者としての学識を有していたため、ときのスルタン＝ムハンマドの要請でデリーの法官として務めることとなったのである。

一三四二年にデリーのスルタンのもとに、元朝皇帝トガン＝テルム（廟号は順帝）から使節が送られてきた。スルタン＝ムハンマドが行ったチベット遠征で、派遣軍はチベットの深部のチベット仏教寺院を破壊した。元朝はその地に寺院を再建することを認めるよう、多くの贈呈品を携えて求めてきたのである。スルタンはこの使節に対して「イスラームの信仰に照らすならば、これを完全に遂行することは許されぬが、人頭税（ジズヤ）を支払う者に限っては、イスラーム教徒の地で寺院を建てることが許される」という返書を作成し、莫大な返礼品を携えた使節を元朝支配下の中国に派遣することになった。この贈呈品の管理責任者に、バットゥータが任命されたのである（家島彦一訳、2001）。なお使節がデリーに到着したころ、中国では元朝の支配を根底から揺るがす黄河の大氾濫が発生していた。

新たな旅への門出とデリーを勇んで出発したバットゥータであったが、その使節団の前途は災いにたたられていた。反乱軍に襲われ、バットゥータ自身も捕らわれてしまう。なんとか九死に一生を得て危機から抜け出し、ほうほうの体で港に到達する。いざ出帆しようとしたときに、嵐が襲い、船は座礁し贈答品の大半が失われる。バットゥータはその責任をスルタンに追及されることを危惧し、デリーには戻らず、インドの南西海岸を二年ほど歴訪したあと、海を渡りモルディブ諸島に渡るのである。ここでタカラガイ交易の実態を身近に見聞することとなった。

タカラガイに関するイブン＝バットゥータの記録

家島彦一氏の翻訳を引用しよう。なお、訳文に「子安貝」とあるものは、「タカラガイ」に置き換えた。

この群島の住民の売買貨は、〈ワダウ〉（タカラガイ）である。タカラガイとは海中から彼らが採集した生き物であり、彼らがその貝をそこの海岸の穴のなかに置くと、その生き物の肉がなくなって、白い骨だけが残る。彼らは、タカラガイ一〇〇個を〈ステヤーフ〉、七〇〇個を〈ファール〉、一二〇〇個を〈クッター〉、一〇万個を〈ブストゥー〉と呼ぶ。島では四ブストゥーの価値が金貨一枚として買われるが、ときにはもっと安くなって、一〇ブストゥーが金貨一枚で取引されることもある。島民たちは、タカラガイと交換でベンガル人から米を購入する。それは、タカラガイがベンガル地方の人々の売買貨でもあるからである。

バットゥータはモルディブに約八カ月滞在し、妻をめとったり法官として裁きを行ったりしたのち、ベンガルへと渡る。ここでは東ベンガルからメグナ川をさかのぼってシルヘットまで足を延ばしている。

珊瑚の環礁からなるモルディブ諸島では、作物は栽培できない。ココヤシの繊維から作られる紐縄とタカラガイとをベンガルに輸出して、主食となる米と交換で輸入していたのである。紐縄はインド洋を航行するダウ船の板を縫合するために用いられた。タカラガイはベンガルからイエメンへと輸出され、さらにスーダン、アフリカ大陸へとムスリム商人が運んだ。また東に向かっては、雲南へタカラガイが運ばれた。その通過点の一つが、バットゥータも訪れたシルヘットである。ここからアッサムを経て、峠を越えてミャンマーのミッチナーを経由して雲南に向かう路が続いていた。それは古代の西南シルクロードとも重なるルートである。

マルコ゠ポーロやイブン゠バットゥータ、さらに元代の漢籍資料を総合して推測すると、モンゴル帝国がユーラシアの大半で勢力を誇っていた一三世紀の八〇年代から一四世紀なかばにかけて、雲南にタカラガイがもたらされるルートは、三つあったことになる。

一つは、タイランド湾で採集されたタカラガイを、タイ王国南部のロッブリーなどからスコータイを経由して、インドシナ半島の盆地の一つ一つを経て雲南南西部のシプソンパンナーに至るルート。もう一つは、インド洋に浮かぶモルディブ諸島で集められた貝を、ベンガルに船で運び、そこからミャンマーを経由して雲南西部の徳宏に至るルート。

そしておそらく元朝は認めていない、福建などに置かれた市舶司に滞留していたタカラガイを、中国の内地を経て雲南に持ち込む密輸ルート、この三つである。

これら三つのルートのなかで、いずれが主要であったのかは、明らかにするすべはない。しかし、元朝に替わって明朝が雲南を支配するようになると、タカラガイ搬入ルートは、一本に絞られるようになるのである。

第四章

明朝と琉球王国

モンゴル帝国の負の遺産

雲南では元代に続く明代においても、タカラガイは貝貨として広く流通していた。早い時期の記録としては、『明実録』洪武二八年（一三九五年）九月乙未の条に、戸部尚書に朱元璋が下した上諭として「岷《みん》王の国である雲南は糧食が不足するので、その王国には年ごとに米六百石を与えよ。金銀は王府に蓄え、銭・鈔ならびに海肥は、布政司に送って支出に備えさせよ」とある。

この上諭が出された時期、雲南は明朝の勢力下に組み入れられてからまだ十数年しか経ておらず、支配が安定していなかった。雲南に封じられた王族も当地で自給することはできず、食糧が送られていた。行政を担当する役所である布政司に対しても、南京を首都とする中央政府の指示に従って、中国内地から銅銭や鈔（紙幣）とならんで、タカラガイが送られ、現地での支払に対応させようとしていたのである。

ここで前章の元朝のもとでのタカラガイに対する方針と、明代の政策とのあいだに、大きな違いがあることに気づかれたことだろう。

元朝は雲南での貝貨の価値が下落し、雲南での徴税に差し障りが生じることを危惧して、中国内地からのタカラガイ持ち込みを禁止した。この禁令は元代を通じて繰り返し出されていることをみると、密かに内地から搬入するものがあとを絶たなかったと思われるものの、しかし、建前としては厳禁されていた。それに対して、明朝は政策としてタカラガイをその支配下の地域から正規に搬入させたのである。

なぜ元朝と明朝とでは、雲南のタカラガイをめぐる方針に違いが生じたのであろうか。また、明代に雲南に持ち込まれたタカラガイは、どこで採取されたのであろうか。この問いに答えるため、貨幣という視点から、モンゴル帝国の成立期までさかのぼって検討していこう。

真の意味での世界史の始まりはいつか、つまり地球上のそれぞれの地域で存在していた文明が、有機的な一体性をもつようになるのはいつからか、という問いに対して、近年はモンゴル帝国が転機であったという学説が強くなってきている。

一二世紀半ばにモンゴル高原でチンギス＝ハンが建てたモンゴル帝国は、モンゴル高原を統一したのち、東に女真族の金朝を攻める一方、西にイスラーム王朝のホラズム＝シャー王国を破り、帝国の範囲を高原の外に広げた。その過程で内陸の交易を担っていたウイグル人が帝国に参入し、交易のノウハウを伝えるとともに、経済や情報などの面で帝国を支えるようになった。

オアシスを結んで交易していた商人たちは、モンゴル帝国が中央ユーラシアの統一的な政権となることによって、その領域内で安全に交易を行うことが可能となる。モンゴルの統治者と、ウイグル人などの交易者とは、互いに持ちつ持たれつの関係となった。チンギス゠ハンの後継者は帝国をいっそう拡大し、一二三四年に金朝、一二五八年にアッバース朝を滅亡させた。第五代皇帝フビライ゠ハーンは中国に元朝を建て、中国の華中・華南を支配していた南宋を攻略して滅ぼし、中国を支配下に収めた。

元朝が南宋を攻略する過程で、華南を拠点に海の交易を営んでいたムスリム商人と接点を持つようになる。また南宋が抱えていた艦船や造船の拠点を引き継いだ。高原で生まれたモンゴル帝国は、このときに海に乗り出すこととなったのである。二度にわたる日本への遠征、東南アジア海域への軍事的進出などは、こうした機運を反映している。また、インド洋沿海地域も、モンゴル帝国の勢力下におかれたために、中国のジャンク（中国式木造帆船）はインド洋にも進出していったのである。

東シナ海・南シナ海・インド洋にまたがる海域アジアは、中国系海洋商人が活躍する舞台となっていく。元朝は海洋商人の活動を支えるために、市舶司の管理に意を注いだ。その一端は、前章で利用した『通制条格』「市舶司」の項からもうかがうことができる。

モンゴル帝国の時期の海域アジアについては、一三三〇年代から四〇年代にかけて、泉州から海に乗り出した汪大淵が著した『島夷誌略』から、その一端をうかがい知ることができる。この著作に取り上げられている地域は、〈彭湖〉（台湾海峡に位置する澎湖島）・〈琉球〉（沖縄ではなく台湾を指す）から始まり、〈交趾〉（ベトナム北部）・〈暹〉（タイにあったスコータイ）・〈羅斛〉（チャオプラヤー河中流域のロッブリー地方）・〈旧港〉（パレンバン）などの東南アジア島嶼部の諸地域、さらに〈高郎歩〉（スリランカのコロンボ）・〈天堂〉（メッカ）などインド洋・紅海沿岸の諸都市など、九九もの港市が掲げられている。興味深い点は、各地の風俗などを記述したあとに、たとえば〈爪哇〉（ジャワ）の条には、

銅銭を使用する。一般には銀・錫・鉛・銅や巻貝の大きさほどの屑鉄を、銀銭と呼んで銅銭の代わりに用いている。その土地の産物は青塩で、これは天日干しで作る。胡椒は毎年一万斤を産する。薄手の染め物の布、綿羊、オウムの類も産するが、薬物は他国からきたものである。〔中国から交易のために持ち込む〕貨物は、金銀・緞子・絹織物・青花白磁の器、鉄器である。

などと、中国商人にとって価値のある産品、中国から持ち込む商品、さらに交換手段が記されていることである。海洋商人にとってもっとも重要な情報が、こうした取引される物産や取引の方法であったことがわかる。

銀の大循環

海上の交易が活発になるなかで、モルディブ諸島から大量のタカラガイがベンガルにもたらされ、さらにビルマを経由して雲南に至ったのである。

内陸と海洋とをめぐる交易のネットワークは、銀を価値の基準とする経済システムによって動いていた。元朝が支配する中国の交易の拠点で、商業税や塩税のかたちなどで徴収された銀は元朝の中枢に集められ、そこからユーラシアの各地に展開したモンゴル帝国内の領主や貴族に送られた。

銀はムスリム商人やウイグル商人が運営するオルトクと呼ばれる商社に投資され、絹織物や陶磁器などの中国物産を購入するために用いられた。中国の地域で産する物産を購入するために、銀は中国に還流する。この銀を元朝は再び商業税などの形で、中央に集中し、さらにユーラシア各地に分配した。この循環のなかで、元朝を盟主とするモンゴル帝国が維持されたのである。

ここで展開された交易のメカニズムについては、杉山正明氏が銀の大循環として描いている（杉山正明、1995/2010）。ここで確認しておくべきことは、銀が計数貨幣ではなく、品位と重量で価値が計られる秤量《ひょう》貨幣であったという点である。

ユーラシア全体を俯瞰すると、東ユーラシアでは銅銭という鋳造貨幣、西ユーラシアでは銀貨・金貨などの打刻貨幣が用いられ、雲南やインドシナではタカラガイという貝貨が、計数貨幣として用いられていた。モンゴル帝国はこうした各地域の権威や慣習に支えられた計数貨幣を温存しつつ、それとは質的に異なる秤量貨幣をユーラシア全域に通用する通貨として用いた。銀という貴金属そのものの価値に支えられ、広く循環することによって、その価格がある一定の変動の幅のなかで均衡する。

モンゴル帝国は陸と海との二つの領域において、交易の障壁を取り除き、循環の速度を上げることに成功した。交易にたずさわり、そこから利益を得る人々は、どこの地域の住民か、どの政権の国民かということを問わず、大循環をもたらしたモンゴル帝国の施策を歓迎したに違いない。モンゴル帝国があのような世界史上空前絶後の支配領域を維持できた理由は、こうした支持基盤を獲得できたところにある。

一四世紀なかば、銀の循環が滞り始め、交易システムそのものがほころび始める。そのプロセスは、経済と政治、そして社会それぞれの領域での変化が、連鎖しながら進む。変化の結果が変化の原因にフィードバックされるという、システム論的な変容の過程であったが、あえて「終わりの始まり」を定めるとしたら、フビライの曾孫でありながらハーン位継承では傍系であったイェスン＝テムルが、第一〇代の皇帝（ハーン）に即位した一三二三年になるだろう。みずからの権力の基盤が弱かったため、即位前からその周辺にいたムスリムから支持を得るために、ムスリム商人に対して税の支払を減免したのである。フビライが創り上げた銀の大循環は、比喩的に言うならば、元朝の中枢がポンプであることで成り立っていた。そのポンプの機能が、イェスン＝

テムルの治世で低下したと考えられる。

銀大循環の崩壊

モンゴル王族や貴族への富の分配が滞ると、元朝の求心力が弱まる。ハーン位継承をめぐる諸勢力のあいだの確執が深まり、イェスン゠テムルが一三二八年に死去したあと、宮廷内の抗争が激化する。ハーンはめまぐるしく交替し、こうした混乱が、さらに銀の循環を停滞させることにつながる。銀は秤量貨幣であるから、品位を下げて増発するということはできない。品位が下落すれば、その価値も下落する。財政破綻にともなうハイパー・インフレは、銀ではなく、宝鈔《ほうしょう》と呼ばれた紙幣で発生した。銀に裏付けられない紙幣が大量発行され、経済を混乱に陥れた。紙幣を印刷する版木が、有力者の手元に渡り、それぞれ勝手に増刷するようになったのである。

モンゴル帝国の「終わりの始まり」をハーン位継承に求めたが、本当の原因は銀の価値上昇に求められるかも知れない。一四世紀のユーラシアには、経済統計は存在しないので、論証することは不可能であるが、次のような事態が進展したのではないだろうか。

モンゴル帝国のもとで商品の流通がある限度を超えて活発になると、必要とされる通貨の量は増えていく。そのときにユーラシア世界に存在した銀の絶対量では、いくら循環する速度を上げても必要とされる通貨規模をまかなえなくなり、銀の価値はじわじわと上昇したに違いない。その価値が均衡点を超えると、手持ちの銀で商品を購入するよりも、手元に留め置いた方が得になる。銀の死蔵が銀の不足を加速させ、秤量貨幣に支えられた経済循環が瓦解する。

この仮説の根拠は、一六世紀なかばに銀を軸とする世界経済が息を吹き返したところにある。一六世紀前半に日本で石見《いわみ》銀山が発見され、続いて一六世紀なかばにボリビアでスペイン人がポトシ銀山の採掘を始めた。加えて石見銀山での灰吹き法、ポトシ銀山での水銀アマルガム法の導入という製錬技術の飛躍的な向上とあいまって、ユーラシアに対する銀の供給量が増えた。このことが、銀価値の下落傾向を生み出し、一四世紀なかば以降、ユーラシアで死蔵されていた銀を、交易の場に引きずり出し、銀使いの経済が息を吹き返す。一六世紀以降は、アメリカ大陸をも巻き込んだ地球規模の通商となって。モンゴル帝国がユーラシア経済に織り込んだ遺伝子が、よみがえったと私は考えている。

バブル経済と金融危機、長期のデフレと予期されるハイパー・インフレに苛まれている現代の私たちは、地球規模の交易規模を過不足なくまかなう通貨の量をコントロールできないという、モンゴル帝国の負の遺産を引き受けているといってもよいのかも知れない。

元朝が大都を放棄して、モンゴル高原に退いたあと、明朝が成立する。明朝を創建した朱元璋は、銀にたよらない国際的な交易のしくみを作ろうとした。それが朝貢というメカニズムである。

明朝は朝貢貿易で入手したタカラガイを、大量に雲南に持ち込むようになった。それが本章の冒頭で言及した事態である。タカラガイについて述べるまえに、明朝が成立し、雲南が明朝の版図に組み込まれるまでの経緯を説明する必要があろう。

元代から明代へ

前節で史料に基づく証明が不可能という、実証史学の世界では許されない暴言を吐いた勢いで、中国文学の研究者があきれる仮説を述べてみたい。

日本でもマンガやゲームでなじみのある「三国志」の原作となった『三国志演義』は、定説では元代の末期から明代の初期のあいだに、元代に成立した『三国志平話』などを骨格として、史書の内容を加えて羅貫中が著したとされる。しかし、その実は、明朝が成立してかなりの時間を経たのちに、朱元璋による建国の過程や、一三八〇年代に行われた明軍の雲南攻略の実話を脚色して三国時代に仮託して書かれたものが、いまに伝わる『三国志演義』であったのではないか。

『三国志演義』の最古のテキストは、明代後期の嘉靖元年（一五二二年）であり、その版本以前にさかのぼる成立の過程は、いまだに明らかにされていない。元代の『三国志平話』と比較すると、『演義』の記述は詳細をきわめる。『演義』全編を貫く儒教的な世界観は、元末明初に成立したとするには、あまりにも完成度が高い。

『演義』に先立つ『平話』は、漢の建国の功臣が冥界で裁判を受け、現世に生まれ変わるという幻想的な物語から始まり、次いで魏の曹操は天の時を、呉の孫権は地の利を、そして蜀の劉備は人の和を、それぞれ得ているという主題が語られる。三国の色分けは、それぞれの政権の特徴を際だたせている。しかし、そもそもなぜ三国が抗争するのか、その理由は冥界において定められた運命として与えられているに過ぎない。

『演義』は、三国の抗争の理由をどのように提示しているだろうか。『演義』は、次の一節から始まる。「そもそも天下の大勢、分かれて久しくなれば必ず合一し、合一久しくなれば、必ずまた分かれるのが常である（説天下大勢、分久必合、合久必分）」。『演義』のモチーフは、「天下の大勢」を描くというところにある。

「天下」とは何か。儒学の経典『大学』のなかに、「修身、斉家、治国、平天下」という実践の原理が記載されている。『大学』は、もともと『礼記』の一篇であったものを、朱子学を創始した朱熹が抜き出し、四書の一つとしたもの。明代に朱子学が国学となると、国家のイデオロギーの根幹に据えられた。『演義』における劉備および蜀の変転は、劉備が身を修め、劉備・関羽・張飛などが構成する擬制的な家を斉しくし、親族原理にもとづいて国を治め、そして天下を平らかにしようとするプロセスとして描かれている。漢族が生みだした文明の及ぶ範囲を広げる役割を担うという点で、モンゴル帝国に替わって中国の皇帝を頂点とする東ユーラシアの国際秩序を創成しようとした朱元璋のヴィジョンと、『演義』とは重なり合う。

そして、『三国志演義』の具体的な叙述には、『演義』が下敷きにしたとされる陳寿の正史『三国志』にも見られない情報が盛り込まれている。『演義』の多くのエピソードは、時期と場所と登場人物の名称を替えると、そのまま明朝成立の過程と重なるのである。

一四世紀の「三国志」

一三三〇年にモンゴル帝国第一五代ハーンとなったトゴン＝テルムは、中国史のなかではチベット仏教の性的な秘技に耽溺して政治を顧みない支配者とされるが、こうした人間像は漢籍で描かれるものであり、誇張がある。実際はトクトという有能な人物を登用して、傾きかけていたモンゴル帝国を立て直そうとした。

一三四四年に黄河が氾濫する。トクトが中心となって、大規模な河川改修の事業に取りかかる。ところが土木工事に徴用され、人々が集まったのを機に、白蓮教の門徒が決起する。これを歴史教科書では紅巾の乱と称する。紅巾軍は元朝が支配する華北と、元朝の財政基盤であった江南地域とを分断した。ここに宗教結社の反乱で弱体化した王朝に対抗する三つの勢力が並び立ち、『演義』と類似した三国鼎立状態となるのである。

その一つは、塩の密売集団を起点として蘇州を中心に成立した張士誠。張は一三五四年に大周と称して政権を創る。第二の勢力は、紅巾軍から分派した陳友諒で、長江中流域で勢力を伸ばし、一三六〇年に大漢とする政権を建てた。そして元末明初の三国演義の主役となったのが、紅巾軍の中核部分を掌握した朱元璋である。

乞食僧から身を起こし、一三五一年に紅巾軍に身を投じた朱元璋は、人を魅する力を備えていたのであろう。優れた軍人であった同郷の徐達が一三五三年に、容貌魁偉で勇猛果敢な盗賊あがりの常遇春、智謀に優れた李善長が、それぞれ翌五四年に、朱元璋のもとに集まる。配役とするならば、さしずめ『三国志演義』の張飛の役を常遇春が、関羽の役回りを李善長が、それぞれ相務めることとなろう。そして諸葛亮孔明の大役を果たしたのが、字の伯温で知られる劉基であった。

劉基の人生は、『三国志演義』に描かれている諸葛亮を彷彿とさせる。

一三一一年に浙江省の山間の青田という盆地で生を受けた劉基は、幼くして神童ぶりを発揮する。中国の文献では「七行倶下」とある。漢文の七行を同時に読んで理解し、記憶してしまうほどの才覚を発揮したとされるのである。二三歳になった一三三三年には元朝のもとでの科挙に合格して進士となり官界に入るものの、綱紀が弛緩した役人の世界は彼の意に反するものであった。何度か役職を得るが、短期間で嫌気がさしたのであろう、郷里にもどって読書三昧、文人達との交際を楽しんだり、親友の要請を受けて家庭教師をしたりという生活を送っていた。

そのころ朱元璋は、着々と政権を固めていた。一三五六年に南京を得て応天と名を改め、みずからの政権を呉国とし、国家の形態を模索し始める。五九年には、劉基の郷里が含まれる浙江省の盆地地帯を支配下に収めた。政策の顧問となる知識人を必要としていた朱元璋は、そこで広く人材をもとめたのである。翌六〇年、劉基は朱元璋に招かれることとなったのである。

劉基は天下平定にいたるプロセスを、はっきりと認識していた。浙江省の山間地域は、風水術が発達した地域であり、劉基はその術に精通していた。また伝説では、超自然的な能力を発揮して、主君の天下取りを助けたという。

元末の群雄たちの抗争は、『三国志演義』を彷彿とさせる知略と戦術で彩られている。朱元璋のもとで戦略を立案した劉基は、張士誠に天下統一の野望がないことを見破り、まず西の陳友諒を破ることを進言した。陳と朱との決戦は、一三六三年に鄱陽湖《はようこ》で行われる。

陳は水軍を編成し、六〇万とも伝えられる軍勢を擁して江西の南昌を攻略した。朱は二〇万の軍を動かし、陳を鄱陽湖に誘い込むとともに、湖の出口を封鎖した。湖面を埋める陳の巨艦に対し、朱は東北風に変わるのを待ち、火薬を満載した小舟を送り込む。決死隊は風に乗じて火薬に点火すると、身動きのできない陳の艦船に次々と引火する。陳の大軍は、もろくも壊滅する。陳は敗走する途中、朱があらかじめ伏せておいた兵士により殺された。

明朝の建国

このようにして陳友諒の勢力を滅ぼした朱元璋は、ついに自立した政権であることを示し、呉王を名乗り、官僚機構を整えるまでにいたった。張士誠政権に対して、朱元璋はまず長江以北の領地を奪い取り、次いで蘇州を取り囲み持久戦ののちにそれを破る。一三六七年のことである。張士誠を滅ぼし、元朝を中国の地から駆逐して王朝創建への階梯を、一気に駆け上ることとなる。

一三六七年に始められた北伐は、順調に進んだ。すでに江南からの物資の供給を受ける道を失っていた元朝支配者にとって、もはや中国を支配し続けることにはさほどの未練があったわけではない。その祖先の土地、モンゴル高原にはまた一つの世界が広がっていた。元朝の首都・大都は、一三六八年の西暦九月に元朝皇帝によって抛棄され、その四日後、朱元璋の軍勢によって大都は接収された。北伐が進んでいる至正二八年、西暦一三六八年一月二三日、朱元璋は皇帝となり、国号を「大明」、年号を洪武とし、新たな王朝の成立を宣言したのである。

劉基と諸葛亮は、伝承のなかでしばしば重なる。朱元璋が中国を統一したとき、劉基に宮城の場所を確定するように命じた。南京の地勢は風水的に観ると、帝都を開くに十分な広がりがある土地があるものの、その北側に長江が流れ、その南に鍾山などの辺りを圧する山がそびえている。風水的には、南北が逆転しているのである。劉基は風水学の権威者の力も借りながら、努力の末に唯一の穴を見いだす。そこは鍾山から西に延びた富貴山の南麓であり、当時は燕雀湖という湖沼があった土地である。それこそ宮城をおくべき正穴だと、劉基は主君に献策した。湖は埋め立てられ、ここに明の宮城が造営されたのである。

劉基のまえに、南京が風水上の適地であり、帝都を置くべき土地であることを見抜いたとされる人物がいる。諸葛亮である。三国時代、諸葛が孫権と長江流域の地勢を視察したとき、この地が「鍾阜（鍾山）に龍が蟠し、石頭（清涼山）に虎が拠している。これはまさに帝王の宅である」と看破したとされる。その後、孫権がここに都を置き、清涼山に城壁を築いたのである。

『三国志演義』の雲南攻略

歴史を顧みると、モンゴル帝国は南宋を滅ぼすためにまず雲南を押さえた。これは、この西南の地域が、軍事的・地政学的にみて中国攻略の要地であったことを示す。中国を保持するためには、雲南を勢力下に収める必要がある。雲南攻略は、朱元璋にとって帝国の総仕上げとも喩えられる一大事業であった。中国史のなかで、この雲南攻略は辺境における軍事行動として、あまり重視されていなかったように思われる。しかし、ユーラシア大陸の歴史プロセスのなかで、これは一つの転機であり、明朝にとっても帝国の全力を挙げた軍事活動であった。

当時の雲南は、フビライの直系の子孫であるバサラワルミによって統治されていた。一三八一年に朱元璋によって、雲南は攻略される。雲南攻略のために動員された軍隊は、騎兵・歩兵を合わせて三〇万ともいう。同年の冬、明朝の主力軍は、バサラワルミの軍隊一〇万を白石江で破り、昆明を占領した。こうして、明朝は雲南を勢力圏に組み込む糸口をつかんだのである。

しかし、明朝が雲南の支配体制を整えることは、容易ではなかった。

雲南では、高山や渓谷が形づくる複雑な地形のもとで多くの民族が分居し共存していた。各民族の伝統を無視した政治は反感を醸成し、明朝の軍隊が通過すると、その背後で現地の民族が虚を突いて反攻する事態となったのである。明朝の軍隊は、形の上では雲南を制圧したとはいえ、相次ぐ反乱に苦しめられ、撤退することもできず一三八四年まで続く泥沼の持久戦に追い込まれていった。

明軍の兵士を苦しめたものは、モンゴル帝国に郷愁を寄せるゲリラの反攻、生活圏を脅かされた先住民族の抵抗だけではなかった。熱帯熱マラリアなどの風土病も、多くの兵士の生命を奪ったのである。

この明朝にとって苦難の体験が、『三国志演義』のエピソードに加えられていると、私は考えている。諸葛亮が行った南蛮への遠征、すなわち「七擒七放《しちきんしちほう》」の挿話。正史『三国志』で南蛮征伐に関する記述は「諸葛亮伝」において、ただ「南中に軍を率いて行って半年で平定した」とあるのみである。『演義』では第八七回から第九〇回までの四回を費やして、諸葛亮が四川から雲南へと軍を進めた遠征の模様が事細かく描かれる。

諸葛亮は自らが軍を率いて南下する理由について、「南蛮の地は、国を離れることはなはだ遠く、人、多く王化を習わず、収伏はなはだ難し」と述べている。ここに見える「王化」という言葉は、中国の外側に住む民族に、中華文明の秩序原理を受け入れさせ、安定した関係を結ぶ、という意味である。

雲南への遠征のなかで、諸葛亮は執拗に抵抗する孟獲《もうかく》を、捕らえること七度、解き放つこと七度におよんだ。その理由を諸葛亮は、「心から降伏させてこそ、おのずと平定するというものじゃ」（第八八回）と解き明かす。これは自分の歴史的な役割を諸葛亮が認識していた、という描かれ方である。

七度目になって、孟獲はついに屈する。諸葛亮は占領した地域を孟獲に返還し、もとどおり支配することを認める。地方官を派遣することも行わなかった。これは元代から清代なかばにかけて雲南で行われた土司制度を、あきらかに反映している。土司とは、先住民が多い地域で現地の領主の世襲的な支配を認める制度で、中国の王朝は間接的な統治を行ったのである。

瘴気

諸葛亮の雲南遠征については、興味深いエピソードがある。孟獲に与した洞主の朶思《だし》がもたらした情報のなかに、「この洞への道は二筋しか有りません。……西北の山道は、夕方には毒気（原文「煙瘴」）が立ちこめて、巳・午の刻まで消えませぬ。そこを通るには、未・申・酉の三つの刻だけです」というものがあった。

吉川英治『三国志』では、この毒気を「沸《に》え立った硫黄が噴く」と解釈しているのであるが、どんなものであろうか。火山性の有毒ガスだとすれば、なぜ、未から酉の時刻（午後一時から午後七時ごろ）になると通行が可能となるのか。一つの推定ではあるが、この「煙瘴」とは、雲南・ミャンマー一帯の風土病であったマラリアではないか。マラリアは、湖沼で繁殖するアノフェレス属の蚊（ハマダラカ）によって媒介される。マラリアは「悪い（mal）空気（aria）」という語源を有し、かつてヨーロッパの人々は、沼地から発する湿った瘴気が、この疫病の原因だと考えた。中国でも南方のマラリア多発地域を瘴癘《しょうれい》の地と呼ぶ。特に、熱帯に分布していた熱帯熱マラリアは、激烈な症状を示し、感染したヒトは間断なく高熱が続き、しばしば死に至る。熱帯熱マラリアを媒介する蚊は、夜間から冷気が残る午前中に主に活動するとされており、雲南や東南アジアに居住する民族は、夜から午前中は、けっして湿度の高い土地に入らない。低湿地における農作業も、太陽が頭上高く昇り、暑さのために蚊の活動が鈍くなる時間帯に行うのである。『演義』に登場する「煙瘴」が午後に消えるというあたりから、私はそれがマラリアではないかと考えている。

筆が滑り、延々と本題のタカラガイから話がずれてしまった。ここらでタカラガイにもどることにしたい。

明代の雲南

雲南の東南部に建水という町がある。ベトナム北部ハノイを潤す紅河の上流部である元河の流域に位置し、雲南からベトナムにいたる交通の要所である。二〇〇六年にこの地を訪ねたとき、中国西南の小天安門と呼ばれる朝陽楼に登った。この楼閣の一角に開設されていた郷土文物資料室において、明代前期の漢族の墳墓から出土した大量のタカラガイを目にしたのである。

朝陽楼は北京の天安門に先立つ一三八九年（洪武二二年）に建設されたもので、三層の楼閣である。明朝の権威を雲南の住民に示すために、雲南制圧から間もない時期に、建てられたものである。建設にたずさわった人々は、明軍とともに雲南に入植した漢族であった。

雲南で聞き取り調査を行うと、しばしば「私の祖先は南京の柳樹湾の高石坎《こうせきかん》から来た」という答えが戻ってくる。この回答は、漢族だけではなく少数民族の村でも得ることがある。現在の南京には、柳樹湾や高石坎という地名を発見することはない。しかし、史書を調べてみると、明初にこのように呼ばれた場所が確かにあった。

柳樹湾は南京で皇帝が居住する皇城の外、東南角に位置していた。朱元璋は、皇城を守るために、もっとも信頼が置ける部隊をこの地に配置していた。そこから南に数百メートル離れたところに、高石坎があった。二つの土地は、のちに城壁によって隔てられるまでは、連続していた。雲南攻略戦争に従軍し、その後に数度にわたって編成された雲南派遣軍は、おそらく柳樹湾と高石坎に結集して、軍団を編成したものと考えられる。その兵士のなかで、少なからざる人々が雲南に屯田させられた。その子孫は、部隊編成の土地であった南京を、その出身地として記憶したのである。

屯田した漢族は、「千戸」制に基づいて編成されていた。明代の統治は、「戸」を単位として住民を把握した。この制度はモンゴル帝国で用いられたアイルによる遊牧民の編成原理を、中国古来の戸籍制度に取り入れたものである。建水には明代に五つの千戸所が置かれ、各千戸からは兵卒一二〇〇名を徴用し、そのうちの三割を防禦のため、残る七割を地域の開発に従事させたとされる。私が目にしたタカラガイは、こうした入植者の子孫の墳墓から出土したものと考えられる。

明代のタカラガイ

タカラガイは明代を通じて、貝貨として流通していた。『明実録』をひもとくと、毎年の最後の項目に、その年の財政統計数字が掲げられている。一例として一四〇二年を見てみよう。『実録』では洪武三五年という実際は存在しない年号が掲げられている。これは朱棣《しゅてい》が永楽帝として即位する前、史書に「靖難の役」として記されるクーデタによって倒した第二代皇帝の事績をすべて抹殺しようとして、本来の年号であった建文四年を消し去るために、洪武という年号を用いているからである。

その項目を引用すると、

この歳、天下の戸数は一千六十二万六千七百七十九、
人口は五千六百三十万一千二十六、
税糧は三千四十五万九千八百二十三石、
布帛は五万六千七百四十四匹、
絲綿は二十六万九千四百斤
綿花は一万四千八百二十一斤、
課鈔（紙幣）は四百六十一万六千八百一十六錠、

銀は八千三百五十四両、
銅は二千一百二十八斤、
鉄は七万五千二百五十二斤、
鉛は一万七百五十三斤、
朱砂（水銀）は四百八十両
海肥は四万八千八百九十四索
茶は百六十五万九千一百一十七斤
塩は百二十九万一十九引。

とある（『大明太宗文皇帝実録』巻之十五）。一四〇二年に徴収した海肥、すなわちタカラガイの個数は、一索を八〇個とすると四〇〇万弱となる。その後の記録を見ると、多くの年は三三万索から三四万索であるが、年によっては一桁少なく、三万索とする。こうした数字がどこまで信頼が置けるかは不安があるものの、莫大な個数のタカラガイが徴収されていたことは間違いない。

一四八一年の記事には、雲南では鈔（紙幣）の流通量が少ないので、海肥一索で鈔一貫から三貫の幅で代納することが、戸部が上奏して認められている（『大明憲宗純皇帝実録』巻之二百二十二、成化十七年十二月癸亥）。

一五〇三年の記事では、工科左給左事中の張文が銅銭鋳造について論じた文章が採録されている。戸部が弘治通宝を鋳造するに当たり、全国的に銅銭を普及させるべきだという提案を行う。張文の意見は戸部の提案に反対する内容で、銅銭一万貫を鋳造するには銀十両を必要とし、天下に普及させようとすると莫大な費用が掛かる。それればかりではない、

私が思うに、土貨（地域内で流通している貨幣）が特殊であれば、交易の実態も異なる。雲南では海肥を用い、四川や癸酉《きゆう》では茴香《ういきょう》の形をした特殊な銀や塩・布が使われ、江西や湖広（湖北・湖南）では、米や銀・布が、山西や陝西ではしばしば毛皮が通貨として用いられ、銅銭が普及していない。にわかに変えようとしても困難である。

と述べている（『大明孝宗敬皇帝実録』巻之一百九十七、弘治一六年三月戊子）。

明代末期にいたっても、タカラガイは貝貨として流通していた。一六一九〜二一年に雲南に赴任していた謝肇淛《しゃちょうせい》が著した『滇略』には、次のように記載されている。

海内（中国内地を指す）では交易にみな銀と銅銭を用いるが、ただ雲南だけでは貝を用いる。貝も小さいものは、福建や広東で産する。近くからもたらされる貝は、ラオス方面の海中から、千里を遠きとせず梱包されてもたらされる。俗に〈肥〉という。用いるにあたっては、一枚を一〈粧〉となし、四粧を一〈首〉（四枚）となし、四首を一〈緡《びん》〉（一六枚）あるいは

〈苗〉といい、五緡を一〈卉《き》〉（八〇枚）となす。卉はすなわち〈索〉である。タカラガイを数える単位は先に紹介した元代の単位と漢字表記は異なるものの、一致している。タカラガイが民間の経済活動のなかで実際に使用されていたことは、契約文書の記載からも明らかである。崇禎一一年（一六三七年）の年号を有する山地の売買契約書には、大麦の耕地を九〇〇索で売却し、売り主はその土地の小作を行い、小作料を毎年三石五斗納めるとある。

タカラガイの供給地

それでは明代を通して雲南で貝貨として流通していたタカラガイは、どこからもたらされたのであろうか。

雲南では先住民の首領をそのまま王朝の官職に任命し、世襲することを認めた土司と呼ばれる在地勢力が存在していた。明朝に支配されていた土司が官署へ上納するときに、タカラガイで納めることになっていたのであるが、一部の地域の土司はタカラガイを入手することに苦労していた。

永楽九年（一四一一年）六月、雲南〔省臨安府〕の渓処甸《けいしょでん》長官司副長官の自恩が〔都である南京に〕朝貢しに来たとき、馬や金銀の器を貢納し、下賜品を規定通りに受け取った。その機会に自恩は次のように述べた。「私は年ごとに海肥七万九千八百索を納めてきたが、〔そのタカラガイは〕本土〔雲南〕で産出する物ではない。ぜひ〔タカラガイを集める苦労を除いて〕簡便にするために銀・鈔で納めることを懇願する」。戸部は洪武年間からの定額なので代納は認めがたいとすると、皇帝〔永楽帝〕は「無いものを取るというのでは、人民を苦しめることになる。いわんや彼は遠方の夷族である。恩恵を施して苦労を取り除くように」と言った（『明史』列伝第二百一、土司四、雲南土司一）。

ここにある臨安府は、インドシナと結ぶ交通の要衝であり、南シナ海産のタカラガイがここにもたらされていた。この地域を治める土司が、タカラガイ入手の困難に直面していたとなると、モンゴル帝国期に雲南にタカラガイを供給していたルートが、断絶していたと推定される。交易ルートに替わってタカラガイを供給したのは、明朝そのものであった。

『明実録』永楽元年（一四〇三年）正月戊子の条に、雲南の大理に封じられていた汝南王に対して、一年間の俸禄として鈔二万錠とならんで、海肥十万索が下賜されている。中央政府の指示に従って中国内地から雲南に送られたタカラガイは、明朝が朝貢貿易によって海外から獲得した貝であったと考えられる。実録の記載からは、雲南に赴任した官僚の俸給も、タカラガイで支払われていたことがわかる。

一四三七年に戸部は次のような上奏を行い、裁可されている。

雲南は辺境の地であり、地方官員の俸給は、鈔のほかに海肥、絹織物などの現物で給付したい。現在、南京の倉庫には海肥が大量にある。もし戸部が遅配した場合には、報告させて人を派遣して支払うことにしたい（『大明英宗睿皇帝実録』巻之三十五、正統二年一〇月辛未）。

また、一四四五年に戸部は次のように上奏している。

雲南で毎年徴収している税糧の数量は少ない。都指揮などの役人の俸給は、現物の米を支給するほかに、海肥に換算して支払っている。これからは米一石を減じて、代わりに支払う〔タカラガイの個数を〕追加したい。以前は米一石あたり海肥を七〇索で換算していたが、現在は米価が高騰しているので、〔削減した米一石につき〕三〇束を増やすべきである（『大明英宗睿皇帝実録』巻之一百三十四、正統十年十月辛丑）。

この上奏も裁可された。

雲南に封じられた皇族や赴任した官僚に対して、明朝政府はタカラガイを給付している。そうした支出に対する裏付けとして、南京の倉庫には大量のタカラガイが蓄えられていたようである。そのタカラガイは、明朝が展開した朝貢によって獲得されたものであった。

明朝の朝貢メカニズム

秤量貨幣の銀に支えられたモンゴル帝国の交易のシステムが崩壊したのち、明朝建国の朱元璋は銀を用いないで外国との交易を行うために、朝貢と貿易を組み合わせた仕組みを作った。明朝は中国に朝貢してきた各地の政権の長に、王侯君長などの爵位を与えて身分の序列を作った。その序列に基づき、朝貢に参加した政権は、貿易の交渉、遭難者の送還などの実務的な交渉を行うことが期待されていた。国家の統制のもとで貿易を行うという経済的な側面もあわせ持っていた。それぞれの国の朝貢使節は、指定された港に来貢することが義務づけられた。この朝貢メカニズムを維持するために、民間の交易は禁止された。

明朝は一三六八年に建国するやすぐに、国境を接する高麗と安南（現在のベトナム北部）に朝貢するように呼びかけた。一三六九年には日本、占城（チャンパー、現在のベトナム南部）・爪哇（ジャワ）など、翌一三七〇年には現在のタイ領域内にあった暹羅斛（アユタヤ）および真臘（カンボジア）、東南アジア島嶼部の三仏斉（スマトラ南部のパレンバン）、渤泥（現在のブルネイ）に使節を派遣し、朝貢を促している。さらに洪武五年正月には、琉球に使節が送られた。なお先に紹介した『島夷誌略』では、暹と羅斛はそれぞれ別の国として記載されていた。一四世紀前半までは、暹とはスコータイ、羅斛とはロッブリーであったが、明代には一三五一年に成立した新興のアユタヤを指すようになる。

日本はいわゆる南北朝の混乱のなかで、朝貢に応じる国王を見いだすことができないという状況であったが、それ以外の諸外国は、明朝の呼びかけに応じて陸続と朝貢使節を中国に送り出し、朝貢関係を成立させている。

中国の王朝に朝貢することは中国の属国になることだ、とする発言が、しばしば登場する。しかし、これは誤解、あるいは曲解というべきものであろう。朝貢は中国の皇帝を中心として、朝貢国のあいだで儀礼的な序列を形成し、国際的な交流を円滑に行うメカニズムであった。また朝貢を行うことで、王権が強化されてその地域の統合を促すといった側面もあった。その典型例が、沖縄本島での動きである。

琉球国の成立

モンゴル帝国が東ユーラシアの陸と海とをめぐる交易を盛んにしていたころ、沖縄はまだ歴史の表舞台には登場していない。中国の史書では、『隋書』に「琉求国」が記載されているが、これは中国の東南に存在する島を漠然と指した呼び名であり、主に台湾を指している。一四世紀なかばの沖縄本島では、按司《あじ》と呼ばれる豪族がグスクという城を拠点に勢力を競い合っていた。しだいに統合へと動き始めたときに、明朝から朝貢の呼びかけがあったのである。

朝貢に応じたのは浦添《うらそえ》を中心として勢力を拡張しつつあった按司の察度、今帰仁《なきじん》グスクを拠点としていた按司の怕尼芝《はにじ》、糸満を中心としていた按司の汪応祖《おうおうそ》であった。なお汪応祖は代々襲名している承察度の名義で朝貢している。明朝によってそれぞれの朝貢使節が受け入れられ、交易が認められると、これら三つの按司は権威と勢力を強化することが可能となった。沖縄史のなかで三山時代と呼ばれる時期に突入する。

三山のなかで頭一つ抜け出したのが、中山である。察度の息子の武寧は一四〇四年に朝貢したとき、永楽帝から中山王に冊封された。この中山王の爵位を簒奪したのが、南山の佐敷按司であった尚巴志である。彼は一四〇六年に武寧を急襲して破り、自分の父の尚思紹を中山王に即位させて、明朝に朝貢するのである。首里を拠点とすると那覇港を整備し、中国のみならず東南アジアの国々や日本とのあいだで盛んに交易を展開した。中継貿易の利益によって実力を蓄えると沖縄の統一を目指し、一四一六年に北山を攻略する。一四二一年に尚思紹が死去したあと、尚巴志が中山王として明朝から冊封され、一四二九年に南山を滅ぼして琉球王国の基を築くのである。

明朝側から見た琉球王国については、明朝の法例をまとめた正徳『大明会典』巻一〇五、朝貢の項目で、次のように記載されている。

琉球国

太祖が定めた原則では、大琉球国（沖縄）からの朝貢は常に受け入れる。王子および陪臣の子は、みな太学（中国の官僚養成機関）に入れて読書させる。儀礼と待遇ははなはだ厚くすること。小琉球国（台湾）は往来することがなく、いままで朝貢してきたことはない。

按ずるに、琉球国には三人の王がいた。洪武初には、中山王の察度、山南王の承察度、山北王の怕尼芝が、それぞれ使者を遣わし外交文書を提出し、馬などの物産を貢納した。一六年（一三八三年）には、それぞれに鍍金銀印を下賜した。一二五年（一三九二年）には、中山王が子姪を派遣してきたため国学に入れた。その国と往来して朝貢するために、閩《びん》人三十六姓のよく船を操る者を派遣した。

永楽以降は、国王が代替わりするごとに、いずれも冊封するように求めてきた。のちになると中山王だけが来るようになる。中山王は代々尚氏と称している。二年ごとに一回の朝貢、毎船百人を基準とし、多くても一五〇人を超えないとし、朝貢使節は福建閩県を経由するものとする。

貢ぎ物は、馬・刀・金銀酒海・金銀粉匣・瑪瑙・象牙・螺殻・海肥・擢子扇・泥金扇・生紅銅・錫・生熟夏布・牛皮・降香・木香・速香・丁香・檀香・黄熟香・蘇木・烏木・胡椒・琉黄・磨刀石。

右のなかで象牙などの物は宮廷に納め、硫黄・蘇木・胡椒は南京の当該の倉庫に搬入する。馬はそのまま福建において駅逓で使役し、磨刀石は福建の役場の倉庫に蓄える。

貢納品のなかに海肥すなわちタカラガイが挙げられており、前後の項目とつきあわせてみると、おそらく螺殻（ヤコウガイ）などとともに南京の倉庫に搬入されることになっていたものと想像される。象牙や降香・蘇木・胡椒などは、沖縄では産しない。後述するように東南アジア諸国との交易のなかで、入手したと考えられる。硫黄や赤銅は日本の物産であろう。

明朝から下賜された鍍金銀印は、金印を渡された日本や朝鮮より、琉球国が一段階下の序列であることを示す。

中継貿易国の琉球

琉球は島国であるが、遠洋航海に長けていたわけではない。明朝は朝貢を促すために、琉球に対して遠洋航海用のジャンクを用意するとともに、福建（略称は閩）から造船や航海の技術者を、明朝との外交に関する事務処理ができる人材と合わせて派遣した。彼らの子孫は「閩人三十六姓」と総称され、那覇港に面した浮島に集住した。その区域は久米村と呼ばれている。久米村では正規の外交文書を書くために必要な教育が行われ、朝貢の実務を担える人材が育てられた。

琉球王国の外交文書の控えを編集したものが、『歴代宝案』である。王城に保管されたほかにもう一部が作成され、久米村の天妃宮で保管された。いずれも関東大震災と第二次世界大戦の戦火で実物は焼失したが、写本が残っていた。これは海域アジア史を探るうえで、貴重な情報を含んでいる。たとえば三仏斉国宝林邦（パレンバン）との文書の往来を例としてあげてみると、一四二八年から四〇年までのあいだに交わされた一二通の書簡が収められている。その一つを紹介しておこう。

三仏斉国のパレンバンの粧次本頭娘が、ご挨拶いたします。春の良い日に、琉球国の国王の宰相におかれましては、譴責もせず、こちらからのいたらなさをあげつらうことなくお返事をいただき、そのご厚意に感謝申し上げます。宣徳五年（一四三〇年）一二月一一日にお手紙を頂戴し、遠慮なく受け取りました。心より感謝申し上げ、貴公に福が多いことを願っております。〈大夏〉（中国、ここでは明朝）の庇護を仰ぎ、なおまた宮廷（琉球王府）を仰ぎ奉ります。……いま〔琉球国から〕来た人々と船の売買も終わり、季節風に乗せてそちらに行かせます。乱筆をお許し下さい。苾布《ひふ》を二匹、長文節智を一塊、頂子を一匹、沈香を十斤、送ります。

宣徳六年（一四三一年）一月三日、本頭娘が再拝して書を奉ります（『歴代宝案』巻四三）。

この書簡は、琉球国の宰相である王懐機に宛てて出された。王懐機は琉球国に仕えて外交に携わった中国系の人物である。朝貢メカニズムに属している国のあいだで、〈大夏〉つまり明朝の整えた秩序のもとで、使節を互いに送りあい、物産の交易を行っている様子が窺われる。使用している年号が、明朝の年号であることにも、注目する必要があろう。

パレンバンから送られた物産のうち、苾布は『島夷誌略』の〈朋加剌〉（ベンガル）の条にも見られ、また『瀛涯勝覧』の〈榜葛剌国〉（ベンガル）の条には〈華布《ひふ》〉とある。薄手の綿布と考えられる。パレンバンで産した物ではなく、ベンガルの産品を中継して琉球に送っている可能性もある。こうした東南アジア諸国との交易のなかで入手した沈香などの物産の一部は、明朝に貢ぎ物として朝貢使節に託された。

追加分のタカラガイ

『歴代宝案』によると、一四三四年の朝貢に際して琉球の使節はタカラガイの規定の量五五〇万個と、追加分として三八万八四六五個を福建に持ち込んでいる。二年に一回と定められた朝貢のたびごとに、これほどの量を貢納できたのかは不明ではあるが、明代の後期までは貢納品のなかにタカラガイが含まれていたことは確かである。

一四三六年に、タカラガイをめぐりちょっとしたトラブルが生じている。

琉球から来た朝貢使節が、つぎのように申し立てたのである。「福建に入ったときに、貢物だけを報告し、私が持ってきた海肥や螺殻については報告することを失念していたところ、ことごとく役所に没収されてしまいました。そのため往来する費用に事欠くことになっています。ぜひ憐憫を賜らんことを願います」。皇帝は規定通りの代価を支払うように命じた。その翌年、朝貢使節が浙江に到着したとき、応対する役人がまたその持ってきたものを没収したいと申請した。皇帝は「番人（未開人）は貿易することで利益を得ている。二物（タカ

ラガイとヤコウガイ）を没収して何になる。すべて返却するように」と指示した（『明史』二二〇巻、列伝、外国四・琉球）

朝貢貿易では貢物のほかに、使節が官許の商人に売却する物産を携えてくることが許されていた。没収されかけたタカラガイは、使節が用意したものであった。『歴代宝案』にある追加分とは、販売用のタカラガイであったと考えられる。

貢納品としてのタカラガイ

琉球国に属していた島々では、タカラガイはごくありふれた貝であった。沖縄の言葉ウチナーグチでは、ハナビラダカラは「シビグワー」、キイロダカラは「チールーシビグワー」と呼ばれている。「シビ」がタカラガイ全般を指し、「グワー」とは小さいものに親しみを込めて呼ぶときの接尾辞、「チールー」とは黄色の意で、貝の色に由来する。タカラガイの代表がハナビラダカラである。朝貢にともない、正式の貢物と売却用のものをあわせて大量のタカラガイが必要となっていた。このことは、発掘からも確証することができる。

琉球王国は朝貢のために往来する進貢船が停泊する那覇港の小島に、御物城《おものぐすく》という貯蔵施設を設けていた。石灰岩の基盤のうえに北東方向に開いたアーチ門が、残っている。アメリカ軍の軍港の敷地内にある御物城趾で、一九七七年に行われた発掘調査では、城内敷地の北側の一角を一・五メートル四方のピットを設けて掘り下げたところ、青磁・白磁・天目などの貿易陶磁とともに、大量のタカラガイが出土した。白磁のなかには一三世紀末から一四世紀ころのものが含まれ、青磁の多くは一五世紀に福建の竜泉窯で作成されたものであるという（新田重清、1977）。

同じく那覇港にあった渡地村《わたんぢむら》の跡地の発掘調査では、タカラガイ二三種、八〇一八点が確認された。なかでも一四世紀後半から一五世紀前半の層、すなわち明朝の洪武から永楽までの時期の層からは、五五九三点が出土、その内訳はハナビラダカラが六九パーセント、ハナマルユキダカラ（学名 *Cypraea caputserpentis*）一九パーセント、一五世紀後半から一六世紀前半の明代中期の層からは、六八三点中、ハナビラダカラは六〇パーセント、ハナマルユキダカラ三一パーセントとハナビラダカラが多数を占めているものが、興味深いことに近世期の層では五一九点中、ハナビラダカラ四六パーセント、ハナマルユキダカラ四四パーセントと、比率が下がっている（那覇市、2012）。なお、ここで紹介した発掘調査の文献は、琉球史研究者の渡辺美季氏よりご教示いただいた。

ハナマルユキダカラは大型の貝で、成長したものは黒褐色の地に美しい白い斑点が現れる。貝貨に使用することはない。緊急発掘であるため遺跡の全貌をつかめない。しかし、ハナビラダカラが主に貝貨として使用する雲南に供給されるものだと考えると、傾向として一六世紀後半以降、その重要性が低下したとも考えられる。

一六世紀後半の海域では、ポルトガル貿易商人や明朝の民間貿易の禁令を無視した中国商人などが、東南アジアと中国・日本とを直接に結んで交易を展開する時期に相当する。中継貿易で栄えていた琉球と東南アジアとの交易が衰退し、それまで琉球からの貢納品とされていた瑪瑙や象牙などの物産の入手が困難となり、琉球王府は明朝に懇願して二年一貢の定例の朝貢に際して、貢納品を馬一〇匹、螺殻三〇〇〇個、生硫黄二万斤のみにしてもらっている。このときにタカラガイも貢納の負担が軽減された可能性がある。しかし、これで琉球から中国へと向かうタカラガイの流れが途絶したわけではない。中国商人が船主となっている民間の貿易船が、タカラガイを搬送していた。

朝鮮漂着船のタカラガイ

一七世紀前半のモノとヒトの動きを示す歴史的なエピソードの一つとして、一六一一年に朝鮮半島の南西の済州島に漂着した船が思い当たる。すでに琉球史・朝鮮史の研究者のあいだではよく知られているエピソードであり、伝説が生まれていくプロセスとして検討を加えた研究として、松原孝俊氏の業績などを上げることができる（松原孝俊、1999）。漂着したその船は海域アジア史の一面を示している。

秀吉による朝鮮侵略（壬辰丁酉《じんしんていゆう》の倭乱）の記憶がまだ薄れていない時期に、済州島に日本人を乗せた一艘の船が漂着した。済州島を治めていた地方官は、それを賊船とみなして戦ったところ、その船は中国の商船であり華人が乗り組んでいたという。ところが翌年、地方官の報告に偽りがあったと、司憲府から弾劾される。

〔済州島の地方官は〕前年に「倭」を捕らえたということで報償を得たが、船の乗組員は南京の人と安南の商人であり、貨物と貝を合わせて載積し、海を漂って漂着したものであったという。その船はきわめて大きく、一艘に十あまりの帆を並べて立てている。これは明らかに倭寇の船ではない。はじめのうちは漂着者を地方官は優遇したが、歓待が日を重ねるとともに、船に満載された宝物に目を奪われ、財物をせしめようとの心を生じ、乗組員を虐殺して貝と貨物を没収した。無辜の者百名の命を奪い、証拠を隠滅するために船を焼き払った（『李朝実録』光海君四年二月）。

この弾劾に対する応酬が繰り広げられる。弾劾された側が「日本人と中国人とはいうものの、すでに倭寇と船に乗り合わせて交易を行っている以上は、不逞な輩であることは疑いを得ない」と申し立てたところ、琉球の使節という新たな要素の存在が明らかとなる。

船には琉球の使節が乗り合わせていた。年の頃は二五、六歳、漢文に巧みであり、地方官に渡した書の文言は、悲痛なものであった。中国商人数十名は、日本人のみを殺して中国人は命を全うさせてほしいことを申し立てたが、結局は全員が殺害されて口封じされた。その船に積まれていた貨物は、黄繭糸が百五十石、明珠・瑪瑙などで、数量は千百にのぼる（『李朝実録』光海五月正月丙戌）。

その後、時間を経るなかで、「琉球使臣」が乗り組んでいたという記載から、「琉球国王子がタカラガイを満載してきた」という記述へと変化する（『李朝実録』仁祖三年正月丁巳）。この伝承の変化は、漂着という出来事が、日本の幕藩体制に琉球が組み込まれる「島津入り」からわずか数年後であったために、朝鮮側の琉球に対する同情に起因すると推定される。

その船が実際に何を積載してきたのかは、貨物が強奪されたばかりか、船舶そのものが焼却されたために、確実な情報ではないかも知れない。しかし、少なくともタカラガイを満載していたという風評がたったということからみて、当時の認識として琉球に関わった海洋船とタカラガイとが結びあわされていたことは、確かであった。

一七世紀の海域アジア

済州島に漂着した船は、この時期の海域アジアの様相の一端を垣間見させてくれる。その船には華人・安南人・倭人・琉球人が乗り組み、貨物として黄繭糸・真珠・瑪瑙・タカラガイなどが積載されていた。船舶は中国商人の持ち船であり、漂着した季節は旧暦六月から七月であった。

この当時、海域アジアでは平戸に拠点を持つ李旦（泉州の出身）などが海域世界で勢力を誇っていた。日本の有力者が発行した朱印状を獲得し、ベトナムのトンキンやルソンなどに船舶を派遣し、交易を展開するとともに、台湾へも朱印船を派遣した。中国と日本とのあいだの中継点として台湾を活用するための布石を打っていた。その一方で、琉球が日本の幕藩体制のなかに組み入れられるなど、海域アジアは一六世紀のアナーキーな状況から陸の政権によって管理される一七世紀の状況へと移行しつつあった。

貨物の産地と目的地とを整理してみると、仮説として次のような関係が想定できよう。

黄繭糸＝安南↓日本（平戸）

真珠・瑪瑙＝東南アジア↓中国（福建）

タカラガイ＝琉球↓中国

季節風と貨物との関係から、この船はベトナムで日本向けの生糸や中国向けの瑪瑙などを積み込んで出帆、島津入りの傷が癒えていない琉球に立ち寄ってタカラガイを満載した後に、日本に向けて航行している途中で、何らかの理由により漂流し、済州島に着いたという想定が成り立つ。もし漂流するという不運がなければ、日本に寄港した後に中国へと向かったのではないだろうか。

海域アジアでは造船・航海の技術の向上に裏打ちされて、多角的貿易が行われており、そのなかで取引された物産の一つにタカラガイがあったとも考えられよう。

第五章
タカラガイ通貨の崩壊

貝貨の崩壊

銀一両あたり貝貨タカラガイの個数は、どのように変遷したのだろうか。明代以降のさまざまな史料から集めたところ、次のようになっている（方国瑜、1997、Vogel, Hans Ulrich, 1991）。なお一両は、三一グラム強の重さである。（　）内に換算のもとになった情報の出典を記す。

一五二四年　七、二〇〇個（楊慎『滇程記』）
一五四〇年　四、四〇〇個（『騰越州志』巻五）
一五四八年　七、二〇〇個（馬徳嫻「明嘉靖時用貝買楼房的契紙」『文物』一九六三年第一二期）

一五九一年　七、五四七個（寺に寄進されたことを記す碑文。方国瑜論文）
一六一〇年　一〇、四〇〇個（閔洪学『撫滇奏草』巻四）
一六一五年　一三、六〇〇個（『広西府志』巻四）
一六二五年頃　一三、三三九個（謝肇淛『滇略』巻四）
一六二六年以降　二八、〇〇〇個（崇禎『鄧川州志』）
一六四七年　五六、〇〇〇個（康熙『新興州志』巻五）

前章で紹介した謝肇淛が著した『滇略』の記載で、一六二〇年代までは確かに貝貨は流通していた。その後、まもなくして貝貨の価値が暴落して、タカラガイに替わって銅銭が流通するようになる。そして明朝に替わって中国を支配することとなった清朝が、雲南を直接に統治するようになった一六八〇年代に入ると、タカラガイがもはや貨幣として用いられることはなくなる。なぜタカラガイは貨幣であることをやめ、銅銭に取って替わられたのであろうか。

銅銭が鋳造されたために、貝貨が姿を消したのだろうか。実は、そんなに単純ではない。明代を通じて、しばしば銅銭を雲南などに流通させようとする政策が提案されている。これも前章で紹介した史料からであるが、一五〇三年に銅銭「弘治通宝」を鋳造する際に、雲南などにも流通できるほどの数量を造るかどうか議論されたとき、雲南の貝貨は地域に根ざしているために銅銭を流通させることは困難だとして退けられている。

当時、もっとも多くの銅を産出していた雲南の銅山は、露天掘りであったため、効率的に銅の鉱石を採掘することができた。雲南で採掘され、精錬された銅は、インゴットの形で毎年、雲南から東の貴州省を経て、北京と南京において銅銭に鋳造していた。この仕組みが明代後期から変化し始める。一五五三年（嘉靖三二年）に、銅の価格が上昇したために輸送コストを軽減する必要が生じ、湖北省まで運んで岳州において銅銭に鋳造されるようになる。さらに、雲南で鋳造することが試みられた。このときに雲南でも「嘉靖通宝」が鋳造されたのであるが、ほどなくして中断、雲南で流通することはなかった。

一五七六年（万暦四年）には、明朝の財政再建をと息込んだ宰相の張居正が、質の高い銅銭を大量に鋳造して、私銭（民間で勝手に鋳造した銭貨）を取引から駆逐し、官吏の給与を銅銭で支払う比率を上げて、一気に銅銭を普及させようとした。このときに雲南巡按の郭庭梧《かくていご》が「国初には都に宝源局、各省には宝泉局という鋳造局があったが、嘉靖年間には鋳造を止めてしまい、民間では銅銭の不足が深刻である。雲南では銅を産するが、銅銭を鋳造せず、多額の費用を費やして海肥を購っており、不合理である」と述べている。こうした意見を受けて、明朝は鋳造局を開設して銅銭「万暦通宝」を発行した（『明史』巻七五、食貨五）。

銅銭の経済論理

万暦通宝の発行を取り上げて、黒田明伸氏は中国の銅銭の経済論理を解き明かしている（黒田明伸、2003）一五七四年、七五年のころ、中国は銅銭の不足に直面していた。新たに銅銭を発行するには、経費が高くついた。銅銭五文を鋳造する費用は銀一分であるが、当時の相場では銀一分は銅銭七文に相当した。銅銭五文を鋳造するのに二文の持ち出しとなる。

私たちの常識に照らして考えると、銅銭の供給が通貨需要に見合わないのであれば、需要に合わせて軽量化したり混ぜ物を多くしたりするなどして、銅銭の素材価値を落とし、大量に発行すればよいことになる。しかし、明朝はこうした方策は取らず、一五七六年に良質の銅銭を発行するのである。

その理由について、黒田氏は中国銅銭の特質を指摘する。「それはなによりも空間的には画一性、時系列的には一貫性を保とうとした」。二〇〇〇年の長きにわたり歴代王朝が鋳造し続けた銅銭は、一枚の重量が一銭（四グラム弱）を標準とし、品位はおおかた銅八割以上という画一性を保持し続けていた。この重量と品位を、銅銭の鋳造費用や需要量の変動に合わせて、王朝が変えることは困難であった。

零細額面通貨は、いったん散布すると回収することは難しい。民間には先行する諸王朝が発行してきた銅銭の大きな在庫が存在することとなる。かりに質の悪い銅銭を発行したとしても、民間の側が在庫の旧銅銭を選好するに終わる。したがって、王朝は安易に貶質銅銭を発行することができなかったのである。

一五七六年に発行された万暦通宝は、はなはだ良質な通貨であった。しかし、この施策は失敗に終わる。銅銭が普及する前に、銅の価格が上がり、鋳造を続けることが困難になってしまったのである。一五八〇年には雲南での鋳造が停止された。

明代における銅銭普及の試みは、相次いで失敗している。この点から考察するに、一七世紀に入ってから、銅銭がタカラガイ貝貨に取って替わることができた理由は、銅銭鋳造の政策にあるのではなく、タカラガイが貝貨として受け入れられる条件が変容したところに求められる。

貝貨崩壊の原因

一七世紀なかばごろまではタカラガイは貨幣として流通はしていたが、一六一〇年ごろに対銀比価が低下し始め、まもなくして貝貨の価値が暴落して、タカラガイに替わって銅銭が流通するようになる。そして明朝に替わって中国を支配することとなった清朝が、雲南を直接に統治するようになった一六八〇年代にはいると、タカラガイがもはや貨幣として用いられることはなくなる。タカラガイは貨幣であることをやめ、銅銭に取って替わられた。

貝貨崩壊の原因として、雲南に対するタカラガイの供給が途絶した可能性を挙げることができる。一七世紀前半には東ユーラシアのタカラガイ供給地であったモルディブ諸島と琉球をめぐる環境は激変した。インド洋では一六世紀にポルトガルがモルディブを一時的に影響下に置き、タカラガイをその交易品に加えてはいた。しかし、直接に喜望峰を回って大西洋に至るポルトガル船の数は少なく、ポルトガル商人は従来のムスリム商人が担っていた交易の一部を肩代わりしたに過ぎず、タカラガイをめぐる交易を根底から変える力はなかった。

一七世紀に入りポルトガル勢力に取って代わったオランダ東インド会社は、モルディブからスリランカ南端のガレを経由して、タカラガイを大西洋側に直接に搬出するようになる。これらのタカラガイは、西アフリカでの奴隷買い付けのために主に用いられたと考えられている（Hogendorn, Jan & Johnson, Marion, 1986）。タカラガイはもっぱら西に向かうようになり、モルディブからベンガルを経てインドシナ半島から雲南に至る数量が激減したとみられている。西アフリカにタカラガイがどのようにして運ばれたのか、詳しくは終章においてあらためて取り上げることにしたい。

雲南へのもう一つのタカラガイ供給地・琉球は、一六〇九年の島津入りを契機に、日本の幕藩体制のなかに組み入れられた。琉球の激動は、タカラガイ輸出に何らかの影響を与えたと考えてもよいであろう。明朝向けの貢納品として大量のタカラガイを王府に収集する仕組みが、一七世紀前半には崩壊したと推定される。

『平戸オランダ商館の日記』の一六三九年八月三〇日の記載によれば、商館は琉球産タカラガイを入手しようと薩摩に派遣した人物から、その交渉がうまくいかなかったという報告を受けている。同年一一月一七日の記事では、商館が薩摩に派遣した人物に対して、琉球の使節が「タカラガイのある浅瀬または海底は、だいたい掘り尽くされていて、今後はもう得られない」と回答したと述べている（永積洋子訳、1970、なお訳文には「ばい貝」とあるものがタカラガイの誤訳であることは、真栄平房昭氏が論じている（真栄平房昭、1991）。

供給が滞ったタカラガイに替わって、王朝が鋳造した銅銭が雲南で流通し始めるのである。なぜ銅銭がタカラガイに取って替わることができたのかについては小結で論じることとし、ここで少しタカラガイから離れ、雲南における銅銭展開の歴史を、古代にさかのぼって訪ねていくことにしたい。

雲南の銅都

中国には、「銅都」と称される町が二つある。ひとつは安徽省銅陵であり、この地における銅の採掘は、春秋時代にさかのぼる。そしてもう一つの銅都は、雲南省東部、四川省との省境に近い会沢である。明清時代に東川府が置かれ、史書には「東川」として記されている。さらに古代にまでさかのぼると、堂瑯《どうろう》と呼ばれていた。

歴史をたどってみると、雲南省東川の銅採掘は安徽省銅陵よりも古く、しかも一貫して近代まで続いている。中国銅都のなかでも、その第一に位置づけられるのが、東川（会沢）だといえよう。なお銅採掘の地理的範囲と現在の行政区画とは必ずしも一致しないので、本書では史書に登場する地名に従い、以下では「東川」と記すことにしよう。

雲南を中心とする交易の歴史を記した拙著『東ユーラシアの生態環境史』（上田、2006）のなかで、私は以下のように東川の銅採掘の様子を記している。

〔雲南の〕銅山には、硐𥗋《どうそう》と明𥗋《めいそう》という二つの種類があった。明𥗋とは露天掘りの鉱山、硐𥗋は地下に延びる鉱脈に沿って坑道を掘り進める鉱山である。雲南銅山の代表格である東川の湯丹が、露天掘りの銅鉱であった。

この銅鉱は耕作に適さない荒れ地にあり、しかも鉱脈が地表から深くない。銅鉱の近くに貯水池を造り、周囲から水を引き入れる。地面を掘り下げて鉱脈を露出させると、まず火で岩盤を加熱したあとに、貯水池の水門を開いて水を注ぎ込む。岩盤の亀裂に浸透した水が急激に水蒸気になり、爆発する。粉砕された岩石を集めて精錬するのである。水蒸気では崩せない硬い岩石は、火薬を用いて発破した。

露天掘りは、効率的に採掘を進めることができ、労働者一人あたり一五～二五キログラムの鉱石を採掘できたという。ただ大雨のあとの排水は、つらい作業であった。

湯丹という地名の由来は、露天掘りのために注ぎ込んだ水が沸騰し、黒色であった銅鉱石が赤く変色するところから、その名が付いたとされている。

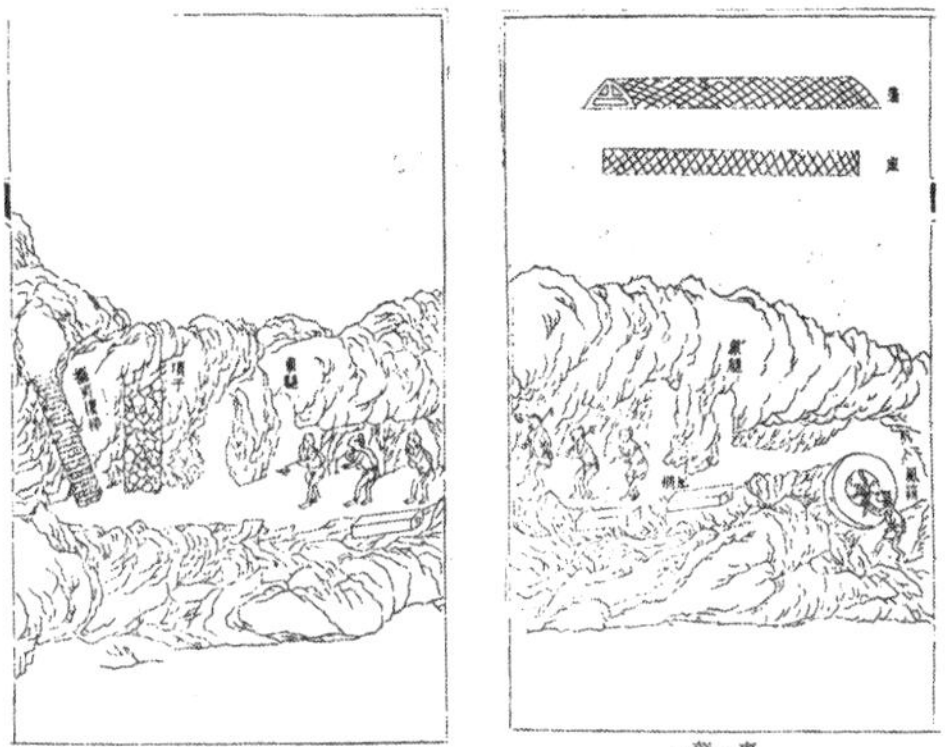

図１　銅採掘（呉其濬『滇南砿廠図略』）　図右下には坑道に送風している労働者が描かれている。

また、銅の精錬について、溶鉱炉に鉱石四〇キログラムと木炭一五〇〇キログラムほどを、交互に層を成して重ね、火を入れると一昼夜をかけて作業をする。経験を積んだ職人が火口を観察し、炉内の温度を管理する。溶けた銅は炉の底に溜まる。ときに閃光を発しながらたぎる。頃合いを計って、米のとぎ汁を振り掛け溶解した銅の表面が固まると、鋏で取り上げて米糠で覆い、荒熱をとったあと水中にいれると紫色の板銅となるのである。

この書を出版した直後、私は自らが言及した銅採掘の歴史を確認するために、東川を目指して旅立つことにした。

中国古代青銅器と雲南銅

二〇〇六年五月二日、ゴールデンウィーク期間でごったがえす雲南の省都・昆明の東に位置する東菊バスターミナルから午前九時半発の客運バスに乗り、東川（会沢）に向かう。

東川の町に到着したのは、一五時半になっていた。

この町に滞在すること三日、駆け足ではあったが銅都として繁栄した痕跡を各所で見ることができた。その町とその近郊で見聞したことを、本書では銅採掘の歴史に即しながら述べていきたい。なお執筆に際しては、卞伯沢『会沢文化之旅――堂商文化篇』（2008）、楊徳昌『会沢文化之旅――銅馬古道篇』（2008）を参考にした。

東川の銅都としての起源は古い。これを実証しているのが、近年になって急速に精度を上げている遺物に含まれる鉱物を分析する技術である。

商代殷墟において紀元前一二〇〇年ごろに死去したと推定される婦好の墓から、大量の青銅器が出土した。婦好墓からタカラガイが出土したことは、第一章で述べた。殷墟の墳墓のなかで、唯一、盗掘を免れた墓として知られる。

この青銅器に含まれる銅の産地を特定するため、一九八四年に中国科技大学の金正耀氏が鉛の同位元素の解析を行ったところ、その比率がきわめて低いところから、その銅の産地は華北の銅鉱山や安徽省銅陵などではなく、雲南であることが明らかとなった。この解析結果は、いまから三〇〇〇年ほどまえには、すでに雲南での銅の採掘が始まり、しかも現在の雲南省から河南省にいたる交易が行われたことを示している。

しかし、この時点では、雲南のどの地点の銅鉱脈で採掘されたものであるかは、特定されなかった。ところが、解析技術の進歩にともない、より精密な分析が可能となってきている。中国社会科学院考古研究所が殷墟婦好墓から出土した九一件の青銅器の合金成分を分析した結果、その銅の産地は東川周辺の銅鉱山の一つである巧家であることが突き止められた。

さらに東川で産出した銅は、華北に運ばれただけではない。一九八六年に四川省広漢市の三星堆で発掘が行われた遺跡からは、瞳が飛び出した巨大な仮面など独特な青銅器が大量に出土した。用いられた銅の総量は、八トンを優に超えると見積もられている。銅に含まれる鉛の同位元素の比率を調べたところ、きわめて低いことが明らかとなった。このことから、三星堆出土の青銅器もまた、東川周辺の巧家や湯丹などの銅鉱脈で採掘されたと考えられている（李天祜、2011）。中国における銅の主要な供給地は、春秋時代以降になると、中原に近い安徽省銅陵山や湖北省銅緑山へと移るものの、東川周辺での銅採掘が途絶えたわけではない。

銅製洗面具——堂琅洗

伝世品・発掘品として、数百件もの「堂琅洗」と呼ばれる後漢代に作成された銅製の洗面用具の存在が知られている。そのうちで三六件には銘文が記されている。一九六五年に雲南省昭通で出土したものには後漢代の年号で「建初元年堂琅造」とあり、西暦七六年に作られたものであると考えられている。堂琅とは東川に置かれた行政区画の名称であり、紀元一世紀なかばから百年ほどの期間に、良質の銅の採掘を背景として、銅製品が多く作られて後漢の領域内の各地に運ばれていたことをうかがい知ることができる。

堂琅洗はその産地の墳墓からも出土している。町から西北に約三キロメートルのところに水城漢代墓群がある。この遺跡は一九九〇年に村民が水路を掘削しようとしたときに偶然に発見し、二〇〇二年から学術的な発掘が行われた。滞在すること三日目に町から郊外に出かけたとき、水城漢代の墳墓に立ち寄った。すでに発掘されている四三基の墳墓からは、鉄器や銀器、瑪瑙などの装飾品とともに、一〇個の銅製洗面具が出土した。

出土品のなかで深く印象づけられたことは、明器（副葬品）として荘園の様子をかたどった陶器の家畜小屋・井戸などが出土していること。婦人の墓と推定されるものからは、陶製の竈の模型なども出土している。荘園の明器は中庭を有する形で、天井や家屋、竈《かまど》、ブタ・ウマ・ウシなどから成り、当時のこの地域の経済力の高さを示している。こうした荘園を支えた要素の一つに、製銅産業があったと考えられている。

後漢「堂琅洗」のあと、東川の製銅産業の動向を示す遺物は、明代にいたるまで、姿を消す。東川で採掘された銅は、現地で製品に加工されることはなく、貴州省の鎮遠を通過して、湖南に運び込まれた。荊・楚（湖南・湖北）から銅がもたらされたと、史料に記載されているものの、その大半は雲南産のものであった、と考えられている。東川で銅製品が作られなくなった一つの背景として、雲南が中国内地の交易圏から距離を持ち、南詔国・大理国の勢力圏としてまとまりを持ちつつ、インドシナ半島との交易が優勢になったという状況を挙げることができる。

明代銅銭鋳造の試み

先に言及したように、明代の嘉靖三二年（一五五三年）に、銅価格の上昇にともなって雲南で鋳造することが試みられた。

空白の時代を経て一六世紀に、銅都・東川を象徴する遺物が登場する。直径五八センチメートル、厚さ三・七センチメートル、重さ四一・五キログラムという巨大な銅銭である。その表に「嘉靖通宝」の四文字が鋳込まれている。「嘉靖」とは明代後期の年号で、一五二二～六六年に相当する。

明代においては雲南での銅銭鋳造は、王朝支配の動揺もあり停止されたり再開されたりと安定しない。清代になると銅銭鋳造が本格的に行われるようになり、東川府に宝雲局と呼ばれる鋳造所が開設され、年間三億枚以上の銅銭が作られた。

清代に東川の製銅産業を担った江西商人が、当地における経済・政治・文化的な活動の拠点として壮麗な会館を建設した。今も残る会館を訪ねたとき、奥の展示室に、明代に鋳銭所が設けられたことを記念して造られたとされるこの巨大な「嘉靖通宝」の実物が、無造作に置かれてあった。添えられていた説明書に拠れば、世界最大の銅銭であり、二〇〇二年にはギネスブックに世界最大の通貨として登録され、専門家の鑑定を経て、国家一級文物とされている。この銅銭は銅都の象徴となり、バスターミナル近くの公園には、この銅銭をかたどった巨大なモニュメントが置かれていた。

図2　嘉靖通宝

この巨大な銅銭の来歴は、しかし、不明な点が多い。一九三〇年代に、東川の有力者であった劉治康は、鉛とニッケルの工場を設立したものの、有力な鉱脈を発見できず、苦境に陥っていた。そうした時期の年の暮れ、劉が郷里に戻り町を歩いていたところ、店先で偶然にこの「嘉靖通宝」を発見した。すぐさま購入して家に持ち帰り、机の上に置いて焼香し酒を供えることを日課とした。ほどなく半年となろうとしたとき、劉の開削した鉱山から有望な鉱脈が発見され、莫大な利益が上がるようになったのだと伝えられている。伝世品であるため、いつ、なんのために作られたものか、特定することは難しい。

「嘉靖通宝」誕生の背景を尋ね、まず『明史』を開いてみると、巻八一食貨志の項に、銅場として、次のように記されていた。

銅場。明初、……四川の東川府会川衛山で青緑、銀銅を産出するものの、外番〔少数民族〕と境を接しているため、〔鉱山開発を進めることで〕軍人や民間人が流入して混乱を引き起こすことを恐れ、〔鉱山開発が〕禁止された。成化一七年（一四八一年）には、雲南路南州の銅坑が閉鎖された。……正徳九年（一五一四年）になり、軍士の周達が雲南の各所の銀鉱の開発を要請、それにともない銅、錫、青緑の採掘を求めた。詔にて許可されると、以後、次第に開発が進んだ。嘉靖・隆慶・万暦年間には、銅銭の鋳造が始まり、雲南各所の製銅所が開設された。久しくしてその生産量はしだいに減少する。

東川は明代、四川省に属していた。ただし嘉靖三年には東川は四川省の中心である成都から離れているため、雲南から兵備副使が派遣されて管轄するようになっていた。

嘉靖通宝の鋳造

清代に編纂された『明史』は、明代の銅山管理の変遷を簡潔にまとめている。その記事から、明代半ばまでは雲南では、銅山開発が抑制されていたこと、嘉靖年間にいたって初めて銅銭の鋳造が始まり、万暦年間（一五七三〜一六一九年）まで続いたことをうかがい知ることができる。

明朝にとって雲南は、統治が困難な土地であった。もともとモンゴル帝国の一翼を担っていた雲南は、明朝を建てた朱元璋が派遣した大軍によって攻略された。その支配は安定せず、しばしば少数民族の抵抗が起きている。明代初期にこうした少数民族を刺激することを避けるために、彼らが生活する山間地域や辺境地域での鉱山開発は禁止されたのである。

雲南における銅銭鋳造の開始については、『明実録』嘉靖三四年四月戊寅の条に、次のように見える。

兵科給事中の殷正茂が建議したところでは、「いま財政が不足しており、ただ銅銭を鋳造することのみで国庫を救うことができます。ただし北京と南京で鋳造するのでは、銅の価格が高く、とても費用をまかなうことができません。雲南の銅は、四川を経由して湖南の岳州府城陵磯に運ぶべきです。その地は商人が集まり、多くの物資が安く、また南北の中心に位置しており、ここに鋳造局を開設すれば、銅の価格で運搬などの諸経費をまかなうことができるでしょう。……」。

この建議に対して、戸部は重ねて次のように上奏した。「城陵磯は五つの方角から雑多な人々が集まってきます。この地で鋳造することにすると、不正が起きやすくなります。雲南は僻地で素朴です。ここの鉱山の近くで鋳造する方が適切だと思われます……」。皇帝は戸部の建議に従った。


このようにして、嘉靖三四年に銅が採掘されている雲南東川での銅銭を鋳造することが決定され、嘉靖通宝三三一二万文が鋳造される運びとなったのである。鋳造の費用は、雲南で産出される塩の専売で得られる収益でまかなわれた。雲南では明代においても、タカラガイが少額貨幣として使用されており、銅銭が普及する時期は、雲南で銅銭の鋳造が始まる嘉靖年間であったと考えられている。

雲南の社会と経済とを激変させた銅銭の鋳造を記念して、巨大な「嘉靖通宝」が鋳造されたと考えられる。ただし、それを裏付ける史料は、管見の限りでは見当たらない。

清代における銅都の繁栄

この町には、清代に建てられた各地の商人グループの会館が多く残っている。町に着いた翌日、点在する会館を訪ねる。手始めに、市街地の西に位置する江西会館を目指すこととした。会館の

図3　江西会館

入り口を見つけ、門票八元を払って入る。裏口であったようだ。角を曲がって正面に、会館の舞台。木を装飾的に積み上げた壮麗な造り。どこかで見たような、と考えていたら、江西の南昌にある万寿宮を模したようである。東川の町にみられる壮麗な会館は、清代の銅業政策の変転と密接に関係がある。

清代の雲南における製銅に対する政策は、民業の促進から規制強化、その後に段階的な規制緩和という流れをたどった。

清代の初期には、満州族が広大な中国を支配する体制が整っておらず、鉱山を開発すると不逞の輩が集まり社会混乱の原因となることを恐れ、鉱業を原則として抑制する政策を全国的に採った。しかし、雲南の情勢は異なる。清朝政府が直接に雲南を支配できなかったためである。華南攻略の先達を務めた呉三桂が、平西王に任命されて雲南を支配していた。呉の政権は、雲南において鉱山開発を進め経済的にも独立を目指した。そのため、銅業は活況を呈していた。

一六七三年（康熙一二年）に「三藩の乱」と呼ばれる内乱を経て、清朝はこの華南の軍閥を排除した。その二年後の一六七五年（康熙一四年）には、全国的な鉱山開発を容認する。「銅・鉛を開採する法例」を出し、「およそ各省の銅および白鉛・黒鉛を産するところの住民が採掘を申請すれば、〔その省を管轄する地方官である〕総督・巡撫は、すぐに官を派遣して採掘を監督する」という体制となった。一六七九年（康熙一八年）には、採掘された銅・鉛の二割は官に納めることとされた。採掘権はその鉱山の土地の地主に属するものとされ、地主に開発する力がない場合には、地元の州県の住民だけが開発することが認められる。治安を維持するために、原則として製銅業の労働者は近隣の州県からしか雇うことができなかった（『清朝文献通考』）。

民間に開発を行わせるという方針は「聴民開採」と呼ばれ、一六八二年（康熙二一年）に雲貴総督（雲南省と貴州省を管轄する長官）に着任した蔡毓栄《さいいくえい》のもとで、推進される。彼が提出した雲南統治の基本方針『籌滇十疏《ちゅうてんじつそ》』のなかの一条「鉱硐《こうどう》宜開」（鉱山を開くべきである）のなかで、

> 雲南は僻地であるとはいえ、鉱物資源が豊富である。……広く（鉱山開発を進めるものを）呼び集め、地元の富裕で有力な家や、富商・大賈には、自ら鉱山を開くことを認め、一〇分の二を税として徴収する。清廉な役人に委ねて徴収することとし、規定額以上に収奪したりするような弊害を断絶する。役所では商人を募集して鉱山を開き、納税額が一万両を超えたものは任官を許し、鉱山開発をした商人で、納税額が三〇〇〇から五〇〇〇両になったものは、顕彰して開発を奨励する。

二割を税として納めたほかの八割は、鉱山開発者が自由に売買することが認められ、民間の積極性を引き出そうとしたのである。

銅買い上げ政策の失敗

しかし、こうした努力にもかかわらず一七世紀後半になると、銅銭の銀錠に対する相対的な価値が高騰した。清朝の貨幣制度は、海外貿易や遠隔地交易に用いられる「銀錠」と呼ばれる銀のインゴットと、地域内で循環する銅銭という二重通貨であった。銀錠は秤量されて使用される。この二つの通貨がバランスを保つことが、経済の安定には必要であった。ところが一七世紀末になると銀錠と銅銭とのレートは、アンバランスなものになった。制度のうえでは銀一両あたり銅銭一〇〇〇文と定められていたのに、実勢価格は七八〇文から八〇〇文となったのである。

一つの理由として、台湾に拠点を持つ鄭氏政権の財政基盤を奪うために行っていた「遷界令」と呼ばれる海上封鎖を、一六八四年（康熙二三年）に解除したことが挙げられる。抑圧されていた交易が一気に加速され、生糸や陶磁器、茶葉の輸出が増大し、その代金として大量の銀が中国に流れ込んだ。このために銀の価格が下落し、相対的に銅銭の価値が上昇した。第二の理由は、地域経済の成長に銅銭の供給が追いつかなかったことがある。

銅銭の相対的な価値が上昇すると、地域経済の側から見ると外部から入ってくる商品の価格が低下、逆に地域から移出する産品が滞ることになる。そのために地域経済はデフレ傾向を示すのである。経済のレベルは異なるが、現代日本経済で「円高」が国内のデフレの一つの背景となることと、同じ理由である。

さらに銅銭の価格上昇は、銅銭の密造を引き起こす。清朝は厳罰で「私鋳」という密造を取り締まったが、効果が上がらなかった。

銅銭鋳造の利益を国が確保し、密造根絶のために銅の流通を管理する必要から、一七〇五年（康熙四四年）に清朝は、「放本収銅」と呼ばれる政策に転じた。これは強制的に国家が銅鉱山の経営者に資本を支給し、精錬された銅の二割をこれまでどおりに税として取り立てるだけではなく、残りの八割も資金を国が出したから、という理由で「官銅」として低い価格で官僚が買い上げることとしたのである。

雲南の省都・昆明に、「官銅店」が設立された。これは、雲南で産出された銅を専門的に買い取る機関である。官銅店は、雲南各地から運ばれてきた銅を、その初期には一〇〇斤に対して三〜四両で買い取った。買い上げた銅で、銅銭を多く鋳造することを考えたのである。また、資金の供給量を官側がコントロールすることで、銅の産出量を安定させ、銅銭を鋳造するのに必要な原料を安定的に確保するという効果も期待された。さらに雲南の銅をすべて官が買い取ることで、銅銭密造の原料を枯渇させようとしたのである。

ところが清朝が行った「放本収銅」の政策は、かえって雲南の銅山を衰退させることとなった。銅山の経営者は、資金に困ってもいないのに、強制的に政府の資金を受け取らなければならない。その支給額は固定され、銅山の周囲の樹林が少なくなり精錬のための炭の価格が上昇しても、また労働者が多く集まるために食料価格が高騰しても、増やしてくれない。官僚たちは税を取り立てるときに、銅の品質が悪いなどの口実を設けては、多くむしり取ろうとする。しかも、生産された銅を自由に販売することも、許されない。嫌気のさした経営者は、銅鉱脈が枯渇したなどの理由を付けて、銅山を閉鎖するようになったのである。

さらに銅業地域では、正規に銅を官銅店に納めずに、「私銅」(密売される銅)が取引される闇市場が横行するようになった。官憲は闇銅を扱っている現場を取り締まり、銅を没収、取引に関わった人を厳罰に処してはいたが、根絶することはできない。さらには政府から資金を受け取ったあと、「硐老山空」(鉱山が老朽化して、鉱脈が枯渇した)と申し立てて、資金を返さずに行方をくらましてしまう悪辣な山師も、数多く現れることとなったのである。

規制緩和

政府は「放本収銅」政策を実施したがために、かえって銅銭鋳造に必要な銅を確保できなくなってしまった。減少した雲南産の銅を補ったのが、日本から輸入された銅である。ところが一八世紀になると、日本の江戸幕府は銀や銅といった鉱山資源の輸出を制限するようになる。別子などの主要な銅山において、当時の採掘製錬技術の水準のもとで生産が頭打ちになったこと、また日本国内の経済を維持するために、国内での銅銭の鋳造が必要となり、輸出に回すことができなくなったことなどが、日本からの輸入量減少の背景に挙げられる。清朝は国家財政の基盤となる銅を、市場実勢価格に応じて引き上げることは難しい。日本からすれば、希少価値の高まる銅を輸出しても、利益はほとんど上がらないということになる。こうして日本から中国への銅輸出が制限されると、清朝は銅銭の原料を確保するために、雲南の銅山に対する政策を変更せざるを得なくなることとなる。

まず一七二三年（雍正元年）には官銅を収買するときに、手数料などを求めることを厳禁し、一七二七年（雍正五年）から一七六二年（乾隆二七年）までのあいだに五回、段階的に官銅の購入価格を引き上げた。この調整期に雲南布政使という行政長官となった人物が陳弘謀である。彼は一八世紀なかば、雍正から乾隆期にかけて、現地調査に基づいて地方行政を各地で行った有能な官僚として知られている。

陳弘謀は、一七三八年（乾隆三年）に購入価格を一〇〇斤あたり五・一五二八両に引き上げるとともに、次のような通達を出している（上田、2010、Rowe, T. William, 2001を参照のこと）。

雲南省の銀・銅・鉛・錫などを産出する廠（作業現場）では、硐民《どうみん》（鉱業労働者）は元手を費やし労力をかけて、大きな成果をあげてきた。しかし、役所に利益を奪われたり、あるいは廠の不正を調査するという口実で脅されたり騙されたりしている。さまざまな悪だくみは、徴税を妨げ、民を苦しめている。ちかごろ総督・巡撫は廠の弊害を深く理解し、厳禁令を出した。

本司（雲南布政使である陳弘謀）は、廠に関する業務を統括し、ただ廠を盛んにして弊害を断ち、国に納める銅を増やし民に利益を与えようと考えている。〔布政使の役所は鉱山から離れていて〕監視が及びにくいとはいえ、〔鉱山に対する〕配慮は周到でなければならない。漫然と無自覚に監視して、悪だくみに惑わされてはならない。特に軽々しく査察のために人を派遣して、詐欺が起きないようにする必要がある。無法者が本司の家人・親友や胥吏の名目を騙って、廠の硐民に対して恐喝・詐欺・搾取を行うことを恐れている。

以下のように布告する。客長（鉱業労働者の班長）・課長（鉱業の現場主任）は硐民などのあいだを巡回し、今後、もし本司によって廠を視察のために派遣されたと騙るものがいれば、詐欺や搾取の有無にかかわらず、汝らが廠官（採掘を役所から請け負った責任者）に密かに通報し、身柄を拘束することを許す。……（陳弘謀『培遠堂偶存稿』文檄巻二）。

雲南の鉱山開発には、多くの硐民と呼ばれる労働者が集まった。資本は官庁から特権を与えられた客商が提供し、廠官と呼ばれる請負業者が布政使から採掘許可証を受領して鉱山を開発した。現場の総責任者は頭人と呼ばれ、客長や課長など七長と総括される鉱山の各部門の責任者が、採掘から精錬までの作業、精錬に必要な木炭や坑道の支柱の供給を分担したのである。この布告で取り上げられた問題は、鉱業を管轄する布政使が派遣した視察官であると騙って、搾取を行う輩がいたことである。

陳弘謀は人員を派遣するのではなく、自ら鉱山に赴いて現状を調査し、労働者が請負業者である廠官の苛酷な管理に苦しみ、現場に投下される資金が少ないことを知る。そこで官庁が支給する資金を増やすとともに、生産された銅についても国家に納めるノルマを果したあとは、残りの銅を客商が市場で販売することを許した。この施策が実施されると、客商は利益を求めて盛んに投資し、新しい鉱山が次々と採掘され、雲南における銅生産額が飛躍的に伸び始めた。

銅生産量の一部の販売を許すという、陳弘謀が試みた規制緩和は、一七七三年（乾隆三八年）に制度化される。生産量の一割を「通商銅」とし、自由に販売することを経営者に認めたのである。

政府の規定に基づくと、この通商銅は必ず銅銭を製造する鋳銭局に運んで銅銭の原料とすることし、また売却で得た収入から政府に対する借金を弁済した残りだけが、銅業主の利益となるということになっていた。ところが生産量の一割を自由にできるという規定は、堤にあいたアリの一穴であった。銅業主は規定量以上の銅を通商銅として販売、監督する役人の側も、見て見ぬふりをした。銅業は贈収賄の温床となり、たとえば一七八一年（乾隆四六年）には雲貴総督の李侍堯などは、度を過ぎた賄賂を求めたために、民衆の怒りを買い、ついには免職、家財没収されている。しかし銅銭の原料を確保しなければならないという状況の下で、官民癒着は進み、銅生産量は飛躍的に伸び、一七七〇年代に頂点に達して、年産一四〇〇万斤（約八三五五トン）となった。

銅業の繁栄

銅業の繁栄は、東川に各地の商人を呼び込んだ。商人は出身地ごとに会館を作った。銅都繁栄の痕跡を訪ねて東川（会沢）の町を歩く。

町歩きの起点とした江西会館は、万寿宮とも呼ばれ、一七一一年（康熙五〇年）に建てられた。兵火にあって焼け落ちたが、乾隆二七年に再建された。次いで川陝会館を訪ねると、かつて会館が建っていた場所とおぼしきところは、福禄寺となっていた。寺の脇に興味深い石碑が残っていた。「秦」というから、まさに陝西省の出身者が関西会館を建てたという内容の碑で、「乾隆辛丑年閏五月」（乾隆四六年、一七八一年）の日付が刻まれている。これも炎天下でくらくらしながら筆記する。碑文はほとんど摩耗しておらず、読みやすい。会館設立の由来の前半を訳すと、次のようになる。

関西会館碑記

我が国家の平和であること一〇〇年あまり、南北・東西の人は互いに往来し、あの領域、この境界などと分け隔てることもなく、そのために四方へと赴き集まるところには、おおむね会館を建て、同郷の人が集まり、もって親睦の意を述べ、丈夫の志を強くしている。四方にあって名誉と利益とを求めようとすると、どうして郷里で生涯を終えることができようか。〔異境で生涯を終えるのであれば〕すなわち、他郷に客寓することと故郷で年老いることとは、なんら異なることはない。ただ、秦（陝西）から滇（雲南）の東川に至るまでは、楚（湖北）・黔《けん》（貴州）を通過し、隴《ろう》（甘粛）・蜀（四川）を経由し、その距離は数千里ともなる遥かなる道程である。会館の設立は、けっして思いつきででたらめな行いではない。

……下略……

地図を頼りに福州会館を訪ねると、すでに崩壊。会沢第一中学校の敷地には、財神廟が残っている。これは、あるいは雲南会館かも知れない。炎天下を歩き疲れて江西会館にもどり、日陰を求めてなかに足を踏み入れると、壁に埋め込まれた石碑と対面することになった。読み取れない字が多いが、分かる範囲で碑文を書き写す。仁廉蕭大老爺と呼ばれる人物が、東川から北京へ銅を運送する負担を肩代わりしたことを顕彰しているもので、碑を立てた発起人の名簿のなかには、科挙身分を持つ紳士のほかに、運送業の「行頭」や実際に荷を運んだ「脚戸」の代表が名を連ねている。

東に進んで豊楽街。清末に建てられた施姓住宅、楊氏住宅など風格のある民居が点在する。楊氏住宅の門の中を覗くと、麵を中庭で干しているところであった。東直街を横切ると、街路の名は「銅匠街」となる。その昔、この路の両脇には銅細工の工房が並んでいた。少し迷った末にたどり着いたのが、寿福寺とも呼ばれる湖広会館。修復したもので、どこまで本来の建物の遺構を残しているのか不明ではあるが、しかし、その規模は壮大であった。

二つの鋳銭局

清代、東川には、二つの鋳銭局が置かれていた。

一七三三年（雍正一一年）、陝西省で銅銭が必要量を大きく下回り、「銭荒」という銅銭の高騰が社会的な混乱を引き起こした。清朝政府の銭荒を沈静化させるため、翌一七三四年に、東川の府城東門外に「宝雲局」という鋳銭局を設けた。炉の数は二八座であった。銅鉱山の近くに設けられた鋳銭局は、効率的に銅銭を鋳造できる。

東川での鋳造量は増え、一七五三年（乾隆一八年）に雲南省の兵士への俸給に充当する銅銭を鋳造するため、府城外の東南角に「宝雲新局」として、五〇座の炉を擁する鋳造局が新設された。新局は面積八六〇〇平方メートル、大門の前には照壁が威厳を保ち、大門と儀門が並ぶ。敷地のなかには、炉房三〇〇間をはじめ、炭房・木匠房・鉄匠房などの作業場、鋳造された銅銭をしまう倉庫、管理事務所と警備員詰め所などが建ち並んでいたという。

町について入手した案内を見ると、この新局跡地に銅銭鋳造の炉が復元されているという。その場所をさがして町のなかを歩き回ったが、なかなか分からない。ようやく看板を見つけてその敷地に入る。となりのアルミサッシ工場の資材置き場・製品置き場となっていた。まあ、炉も復元したものだし、もともと精錬工場なのだから、銅がアルミに変わっただけだと言えば、精錬所跡地が活用されているとも言えようか。

復元された炉が、確かにあった。送風口が胴の中間に開けられていて、吸風口が胴体の両側にある。横に据え付けられた鞴《ふいご》を押してみて、引いても押しても送風できるという仕組みであったことがよく分かる。

東川で産出された銅は、当地で銅銭に鋳造されたほか、北京に置かれた中央政府直轄の鋳銭局である宝源局（工部所轄）と宝泉局（戸部所轄）に送られた。「京運銅」と呼ばれる。

東川銅業黄金期の頂点は一七八五年（乾隆五〇年）で、年一六〇〇万斤に達した。その後、有望な鉱脈の枯渇、精錬に必要な木炭の価格上昇、さらに清朝の統治機構の動揺などが原因となり、東川銅業は衰退する。

図4　復元された炉

華中・華南諸省の清朝からの独立という形で一九一二年に清朝が滅びると、雲南軍政府は財政的な基盤を強化する必要に迫られ、東川の銅産業の再生に取り組む。この再生事業に、二人の日本人の名が刻まれている。
そのうちの一人は、山口義勝である。その編著『鉱床学』（一九一二年）の緒言には、「編者、近頃、鉱床学を人に授くるに方《あた》りて、斯学の参考書を問はること、屢《しばしば》なり。而も之に答ふべき適当なる邦語の著作無きを憂ひ、一般採鉱家にも亦其要求あるべきを慮《おもんぱか》り」、先人の知見や欧州の著作に基づいてテキストを編纂したとある。近代日本の鉱床学の確立に貢献した人物であることを、この緒言からうかがい知ることができる。

山口は東川鉱業股份有限公司（雲南軍政府と民間資本家の合弁会社）に招聘され、一九一三年（民国二年）に東川に赴き、東川銅山区域を半年にわたって踏査した。その詳細を究めた調査の成果は、「東川諸鉱山関係位置略図」ならびに『調査東川各鉱山報告書』にまとめられ、雲南軍政府に提出された。

東川銅業の再生に寄与したもう一人の日本人は、冶金技師の石盛志郎である。彼も東川鉱業股份有限公司に招聘され、一九一三年に冶銅反射炉を設計した。この炉は耐熱レンガで造られ、コークスを用いる近代的な炉であり、その効率は伝統的な炉の十倍にも達したとされている。

日本人ともゆかりの深い銅都・東川の周辺には、山口が踏査した銅鉱山が点在する。また、北京に向けて「京運銅」を馬の背に積んで運んだ「銅馬古道」と呼ばれるルートも、山と谷を縫うように続いている。産業史を刻むこれらの遺跡を、いずれ機会を得て訪ねたいと思っている。

タカラガイを過去にさかのぼってたどるなかで、少し寄り道をして貝貨に取って代わった銅銭というもう一つの貨幣の供給を支えた銅業の歴史を見てきた。ここで記憶にとどめていただきたいことは、清朝という帝国が、銅銭を持続的に供給し続けてきたということだ。

なぜそこまでして銅銭を鋳造し続けたのか、第一部の小結のなかで検討してみたい。

小　結
タカラガイの経済理論

希少性と均一性

タカラガイの経済理論を考えようとしたとき、私の知人が目にした情景から始めるのがいいであろう。

その知人が数年前にチベットに友人を訪ねに赴いたとき、沖縄の土産物屋で安価で売っているタカラガイの土瓶敷きを手土産に持っていった。およそ一〇〇個のハナビラダカラを糸で連ね、らせん状に丸くした円盤状の敷物であったという。この手土産をチベット人に渡したところ、とても喜び、その場でつないでいた糸を切り、タカラガイをバラバラにしてその場に居合わせた人々と、個数を計って均等に分けたという。タカラガイを受け取ったチベット人は、宝物を得たように押し頂いて、持ち帰ったのである。

この情景から、何が読み取れるであろうか。一つはタカラガイを容易に入手できる沖縄と、なかなか目にすることも難しいチベット高原における、貝の価値の相違であろう。沖縄では希少性が低いために安価な土産物となっていたタカラガイが、チベットでは希少性が高いために大いに喜ばれたのである。

次に着目される点は、一〇〇個ほどのタカラガイが均一であったため、選り分ける必要もなく均等に分けることができたということである。違う種類のタカラガイが混じっていたり、大きさにばらつきがあったりしたら、それぞれの貝の価値を見定めて分けることになり、一手間も二手間も余計に掛かったであろう。均一であるために、容易に個数を計ることができたのである。

この希少性と均一性のバランスのなかで、タカラガイは経済的な財として振る舞う。東ユーラシアの各地でタカラガイを見る機会を得たが、その多くがハナビラダカラで殻長が二五ミリメートル前後と均一であった。インド洋全域から太平洋のミクロネシア海域までを分布域とするハナビラダカラは、潮間帯の岩礁や珊瑚礁など藻類に覆われた岩礁に多数棲息する。その殻長は世界的には八・九ミリメートルから三七・四ミリメートルと、かなりの幅がある（池田等・淤見慶宏、2007）。タカラガイの供給地で、すでに均一なものを選んで採取し、それが遠方まで運ばれているのである。

タカラガイを産する珊瑚礁に囲まれた島々では、均一な貝が膨大に存在するために、その希少性は高くない。モンゴル帝国の時代のタカラガイを述べたところで取り上げたイブン゠バットゥータは、モルディブで結婚式の場に大量にタカラガイが敷き詰められたと記している。これは第二部で紹介することになるのであるが、東南アジアの島嶼部ではタカラガイはゲームの駒として用いられている。

それが産地から離れるにつれて、希少性が増すとともにタカラガイの価値も上がっていく。インドシナ半島に入ると貝貨として使われ、さらに雲南の山奥に分け入ると、女性の晴れ着を飾るようになる。チベット高原では宗教的な儀礼の場に登場し、さらに産地から遠く離れたモンゴル高原やツングース系民族の世界では、シャーマンの儀礼の服や呪物に添えられるのである。

古代の中原の墳墓から大量に出土するタカラガイは、威信財なのか、あるいは貝貨なのか、論争がある。しかし、均一性と希少性とのバランスのなかで、貝の価値が変わり、用いられ方が変わるとしたら、こうした二者択一的な議論の立て方は意味を持たない。均一なタカラガイは、希少性の程度に応じて、儀式を華やかにいろどる飾り、ゲームの駒などから始まり、入手が困難になるにつれて価値を増し、日常の売買に用いる貝貨となり、賠償や寺院への寄付に用いる貝貨、晴れ着の飾り、お守り、威信財、宗教的な聖俗を分かつ標識として用いられ、さらには呪物としてわずかな数のタカラガイが使われるのである。貝貨としてのタカラガイは、ある幅の希少性のなかで初めて存在しうる。

貝貨の特質

貝貨の特質を、他の貨幣と比較してみよう。黒田明伸氏は、多様な貨幣の姿を理論的に分類している（黒田明伸、2014）。最初に取り上げている貨幣が、穀物などの消費財が通貨として用いられる商品貨幣である。穀物などはもろもろの財のなかで誰もが必要とするものであり、販売可能性の高い財であるから、貨幣としての媒介機能を果たすことができる。しかし、消費財に媒介機能を託すと、その受給が逼迫したときに当事者が、自らの消費に備える必要から売り出さないために取引が成り立たなくなる。穀物を代表とする商品貨幣は、それ自体が消費されて流通から退出する。

商品貨幣とは異なり、それ自体の消費がまれで、半永久的に流通するものを、手交貨幣と呼んでいる。物理的な移動を伴う手交貨幣を、移動を伴わない預金貨幣から区分し、地域の範囲内の取引に用いられている現地通貨、地域を越えた兌換《だかん》性を体現する地域間決済通貨と呼ぶ。

現地通貨を考察する際に、黒田氏はカルタ的貨幣の存在から説き起こす。事例として、第二次世界大戦後のドイツで、ドイツの通貨の使用が忌避され、少額の決済のさいに紙巻タバコがやり取りされたという現象を紹介している。このように貨幣素材の実質的な価値によらず、国家的保障なしに記号のような額面を持つ貨幣が、カルタ的貨幣である。限定された空間に集積した財の販売可能性を実現するために、臨機応変に設定されるものだという。

中国など東ユーラシアで広く見られた銅銭や鉄銭などの卑金属通貨と、地中海から西欧にかけてみられた金銀貨という貴金属通貨とを区分する。日常の取引では、貴金属通貨では尺度の目盛りが大きすぎて間尺に合わない。そのために、商品価格の変動は、一単位当たりの価格を上下させるのではなく、通貨一単位で購入する商品の量の方を調整せざるを得ない。

黒田氏の貨幣の分類でタカラガイ貝貨を分析してみると、その特質が明らかとなる。黒田氏はインドのベンガルとオリッサで流通していた貝貨を、超零細額面貨幣と位置づけている。黒田氏が挙げている目安として、銀貨一ルピーが貝貨五一二〇個という比価に基づいて、銀価格が一グラム六〇円強で換算すると、同時期の一ルピーが一一・三グラムであるところから、タカラガイ一個は〇・一三円となる。確かにこの価格は「超零細額面」としてもよいだろう。しかし、先に試みたマルコ＝ポーロの記載に基づく一三世紀後半の数値では、三円程度ということになった。この価格も零細だとは言えようが、要は時代と地域が異なると、タカラガイ貝貨の価値は大きく異なるということを、これらの比価から見て取ることができる。

インドの貝貨の価格の記録をイギリス東インド会社の職員が残した一九世紀前半には、雲南ではすでに貝貨としてタカラガイが用いられてはいなかった。したがって同時期で比較することはできないのであるが、もし、同時期でベンガルと雲南とで貝貨の価値を比較したとしても、おそらく雲南の価値はベンガルのそれの数十倍になっていたことであろう。

モルディブ諸島からベンガルまでは、船に積んで大量に運ぶことができる。しかし、ベンガルから雲南までは河をさかのぼり、ビルマの山を越え、雲南の高原まで運び上げなければならない。当然、雲南のタカラガイは希少性が高くなり、その価値は高く評価されたに違いない。すなわち、産地から離れたところでは、零細額面貨幣ではなく銅銭と同等の価値をもつ可能性も、タカラガイは秘めている。南詔国でタカラガイが寺院に寄進されるような事例では、その価値は高く、威信財に近い価値を有していたと考えられる。

タカラガイは、商品貨幣という一面も持ち合わせている。その希少性が低ければゲームの駒として、価値が高ければ盛装の飾りや威信財として使われる可能性を持っているからである。しかし、穀物などと異なり、威信財として墳墓に埋められる場合を除いて、貝貨として再び流通の場に復帰することもあり得る。女性の服飾に大量に縫い付けられたタカラガイは、背面が削り取られてボタンのように使われており、糸をほどけばそのまま貝貨となる。沖縄土産の土瓶敷きを解体して、個々のタカラガイとして計数されたように。

タカラガイは条件によっては、現地通貨であるとともに、遠隔地交易用の通貨でもあった。元朝が中国内地からのタカラガイ持ち込みを禁止したことを、先に紹介した。これは内地の商人が雲南の馬などの物産を買い付けるために、タカラガイを持ち込もうとしたためである。明代に琉球の朝貢使節が、王朝への貢物のほかに個人的にかなりの量のタカラガイを船に積載していた。また、明代後期に明朝の海禁政策が緩められ、民間の海洋商人が海域を行き来するようになると、その商船にタカラガイが積まれることは、済州島に漂着した悲劇の中国船の事例からも推測することができる。こうした貢物ではないタカラガイは、民間商人が雲南の物産を購入する目的で、遠路はるばる運ばれたと思われる。

千年続いた雲南の貝貨

雲南にもたらされたタカラガイは、その地で現地通貨として用いられた。他方、雲南からタカラガイがより希少で高く評価されるチベット高原に、運び上げられることもあったであろう。タカラガイとは逆方向に、高原の物産、たとえばジャコウジカから採った麝香《じゃこう》、冬虫夏草などの薬物が、高原を降る。ここに雲南で千年以上の長きにわたって、タカラガイが貝貨として使われ続けた理由がある。

インドシナやインドから雲南を見ると、大きな標高差がある。雲南のなかでも、南部の標高二〇〇〇メートル程度の盆地から、北部の三〇〇〇メートルほどの高地まで、起伏に富んだ立体的な地勢が続いている。標高の差は生態環境の違いを生み出し、生態環境の違いはそれぞれの地に根ざした文化の多様性を造り出す。こうした環境のなかで、わずかな距離を運ぶだけで、タカラガイの希少性が増すことになる。タカラガイは生態環境の違いから成立する交易を支えるには、格好の素材であったのである。

タカラガイが貝貨として用いられ続けるためには、その均一性と希少性のバランスが一定の範囲に収まっていなければならない。一つの仮説に過ぎないが、一七世紀前半にこのバランスが保てなくなったことが、貝貨崩壊の理由なのではないだろうか。

一六二〇年代、雲南に対するタカラガイ供給のルートは、タイランド湾産タカラガイのラオスを経由するもの、モルディブ産タカラガイの広東を経由するもの、琉球産タカラガイの福建を経由するもの、この三つが考えられる。このなかで琉球からのタカラガイが、途絶した可能性がある。一六〇九年に江戸幕府の承認のもとで、薩摩藩の島津が琉球を攻略した。いわゆる「島津入り」である。一〇〇年あまりの日本の戦国時代を生き延びた島津の軍勢の前に、琉球国は抵抗できずに、その支配を甘受せざるを得なかった。

済州島に漂着した中国船に乗り合わせた琉球の齢《よわい》二五、六の青年が、本当に琉球から明朝への使節であったとしたら、薩摩の苛斂誅求を訴え出ることが目的であったかも知れない。薩摩の琉球制圧ののち、琉球は日本から中国への交易の窓口の一つとして、朝貢貿易を継続することとなるが、少なくともこのメカニズムが安定するまでは、琉球からタカラガイを中国に送り続けることは困難であったに違いない。

さらに一六四〇年代には、明朝は反乱に苦しみ、ついに皇帝は自害、その直後に満州族の清軍が中国に侵入し、明清交代の激動の時期を迎えることになる。清朝成立後に雲南を支配したのは、清軍を中国本土に引き込んだ呉三桂であり、のちに清朝に対して決起し、三藩の乱と呼ばれる戦乱を招いた。明清交代期に、雲南に安定的にタカラガイを供給するのは、困難を極めたことは、想像にあまりある。

貝貨崩壊の理由

雲南へのタカラガイ供給ルートが途絶し、タカラガイの希少性が増せば、タカラガイの価値は上がるはずである。タカラガイが少額貨幣として流通していたベンガルでは、オランダやイギリスの東インド会社がモルディブ産タカラガイを、ヨーロッパに運び、品薄になるとタカラガイの価値は急上昇している。

ところが雲南では、逆の現象がみられる。実際は第五章の冒頭で示したように、一六一〇年ごろに銀に対するタカラガイの価値が下落しはじめ、一七世紀に貝貨としての使用は停止する。この貝貨崩壊の過程から、均一性・希少性に加えて、もう一つの要素が貨幣の条件であることが明らかとなる。

それは、持続性である。

貨幣となるモノが将来にわたって供給され続けられる見通しが失われたとき、そのモノは貨幣であることを止める。持続性は売買が成立するその瞬間から、将来にわたってそのモノが供給され続けられるという見通しである。持続するという見通しが疑われたとき、そのモノは貨幣として受け取られることを拒否される。換言するならば、貨幣を支えるシステムに対する信用とすることもできよう。

供給が滞れば希少性は上昇する。しかし、そのことを見越した人々は、さらに価値が上昇することを期待して貨幣として使用することを控え、退蔵する。貨幣としての利便性が失われ、供給量の増加が見込めないという認識が広がると、そのモノの貨幣としての地位が動揺する。貨幣となり得るモノがそれしかない場合には、おそらくそのモノの価値は高騰し、インフレとなるであろう。ところが雲南ではタカラガイに替わるモノとして、安定的に銅銭が供給される体制が整っていく。その結果、貨幣としての地位から転落したタカラガイの貨幣としての価値は下落し、ついには貨幣であることを止めるのである。

元・明・清と三代にわたって生起した帝国は、みずからの領域の貨幣の持続性を維持するために、その領域外に広がる勢力圏からもその物資を輸入し続けようとする。元朝という帝国のもとでは、モルディブなどがその供給地となり、その地の環境から特定の規格のタカラガイが大量に採取されることとなった。明朝のもとでは、琉球が供給地として位置づけられたため、琉球の海浜のタカラガイは一七世紀前半ともなると、掘り尽くされたとも表現される事態に至った。帝国が領域外の環境を間接的にではあれ、改変したことにより、清朝は銅銭供給の持続性を保つために、雲南での銅鉱開発を進め、そのことが雲南の森林の劣化をもたらす結果となったのである。

他方、銅銭に貨幣の地位をあけ渡したタカラガイは、雲南に大量に滞留していた。このタカラガイはその後、雲南から流れだし、古代のカウリーロードを逆流して北へ、西へと向かっていく。貝貨崩壊後のタカラガイを訪ねる旅は、第二部で。

第二部

場をめぐる旅

第六章
ムアンと呼ばれる小宇宙――タイ系民族の世界

歩く歴史学

極私的なことになるが、数年前に急死した母に感謝していることがある。「かわいい子には旅をさせよ」という格言を、そのまま実行してくれたということなのである。

高校に入ったころ、私はいらだっていた。親から自分は自立できるのだろうか、客観的に分析できるいまだからこそ言葉にすれば、こういうことになる。特に母親の呪縛から逃れられるのか、甘ったれた私は母から自立するためには母殺しをしなければならないのかも知れない、というイメージが脳裏に浮かぶこともあった。

こうした息子のいらだちを察したのか、母は「一人で旅に出たら」と、旅立ちのお膳立てをしてくれた。想えば、まったく甘ったれた「私」なのだが、最初の一人旅は浜名湖で、それ以来旅が私の人生にとって、重要な部分を占めるようになった。
「旅」は、自分で目的地を決め、自力で段取りを組み、そして旅立ち、思いも掛けない体験を重ね、そしてあらたな人と出会う。一人で歩む、という経験は、自律的な人生を形づくる自信を生み出す。私の人生は、こうして「旅」とともにあった。だから、私の歴史研究は、「歩く歴史学」とならざるを得なかった。

人生の偶然なのかも知れないが、私が大学で歴史を学ぼうと決心した契機は、一九七八年に出版された網野善彦の『無縁・公界・楽』を教養学部から専攻を決定するタイミングで読んだところにあった。その発想に魅せられ、中国史で網野流の社会史をやってみよう、と思ったのである。

網野が、「歩く民俗学者」として知られる宮本常一の影響を強く受けていたことは、彼が宮本の代表作の一つである『忘れられた日本人』について『宮本常一「忘れられた日本人」を読む』などを著していることからも知ることができる。中世史研究では、大規模な現地調査に基づいて一向一揆の研究を飛躍させた井上鋭夫《としお》の研究を、網野が継いでいることも忘れてはならない。常民文化研究所が地方から集めた資料を、もとの持ち主に返す旅を行っていたことは、広く知られている。網野の代表作『無縁・公界・楽』・『異形の王権』などの成果は、こうした「歩く」ことを重視する旅する学者の系譜から生まれた。

実は、網野善彦は私の母の従兄にあたる。

昭和初期の革新官僚として、どちらかというと右翼のレッテルを貼られている私の母の父、つまり母方の祖父の川村茂久の評伝をいずれは書きたいと情報を集めていたときに、網野善彦は私の母と従兄妹の関係にあることを知った。祖父は山梨の名家である広瀬久政の四男として生まれた。久政は長男に家督を継がせ、次男以下の男子はすべて婿養子に出す。久政の次男は網野家の婿養子となり、その息子が網野善彦である。四男であった私の祖父・茂久は、三井の大番頭とされる川村貞次郎の娘と結婚し、川村姓を名乗ることとなった。その四女が、私の母である。

血が成せることなのか、時がなせることなのか、私の歴史学は常に「旅」とともにある。そして、二〇〇八年八月六日、タカラガイを探る旅が始まった。

旅の企画書

タカラガイ調査のために、タイ王国を経由して雲南に赴く。北京オリンピックの時期とぶつかるため、また、旅行計画の遅れから上海などを経由する航空券が手配できず、タイ王国バンコク経由での昆明入りとなった。一〇年ほどまえにはタイを頻繁に訪問し、タイ語を習得しようとしていた時期もあり、懐かしくもある。バンコクにはほぼ定刻に到着した。そのタカラガイ調査の旅は、福武学術文化振興財団の歴史・地理分野の研究助成を受けて行うものだ。

二〇〇四年度に一年間、雲南の昆明を拠点に中国各地を調査して回っていたときに、思いも掛けないところでタカラガイとの出会いがあった。その一つは、雲南省の民族博物館に展示されていた女性の、タカラガイをちりばめた民族衣装。そして青海省のレゴン（黄南チベット族自治州同仁県）の祭のさなかに、ふと人混みに紛れ込むようにして現れた乞食の、鼻先にタカラガイがぶら下げられていたフェルトの仮面。そして、たまたま手に取った博物館の図録に掲載されていた、中国東北部（旧満州）のツングースのシャーマンの、多数のタカラガイが縫い付けられた儀式服。

これらのタカラガイに出会うなかで、私の脳裏に浮かんだのはユーラシア大陸を南北に貫通してつながるタカラガイ文化の帯だった。この帯のなかの各地域を訪ねてまわり、タカラガイの路「カウリーロード」を踏査してみたい、こうした構想を抱いていたときに、福武学術文化振興財団が歴史と地理に特化した研究助成を公募していることを知り、申し込んだ。本書第二部で語ろうとする旅、その目的を私自身のなかでも再確認するために、その申請書から引用しておこう。

申請者がチベット高原東縁部を調査した結果、チベット系・モンゴル系およびツングース系の諸民族のあいだで、儀礼に不可欠な物品としてタカラガイが見いだされることが明らかとなった。従来、内陸アジアのタカラガイは琉球近海で採取されたものが、東シナ海交易朝貢交易によって中国に運ばれ、モンゴル高原・中国東北部に供給されていると漠然と推定されてきた。しかし、内陸にタカラガイ帯とでも呼ぶべき地域が南北に走っているところから、インド洋↓ベンガル湾↓インドシナ半島↓中国雲南↓チベット高原東縁部↓モンゴル高原という壮大なルートの存在が予測される。

図１（左） 青海省レゴンで出会った鼻先にタカラガイがぶら下げられている仮面
図２（左下・右下） ダフール族シャーマンの儀礼服　莫旗の達斡爾（ダフール）民族博物館所蔵

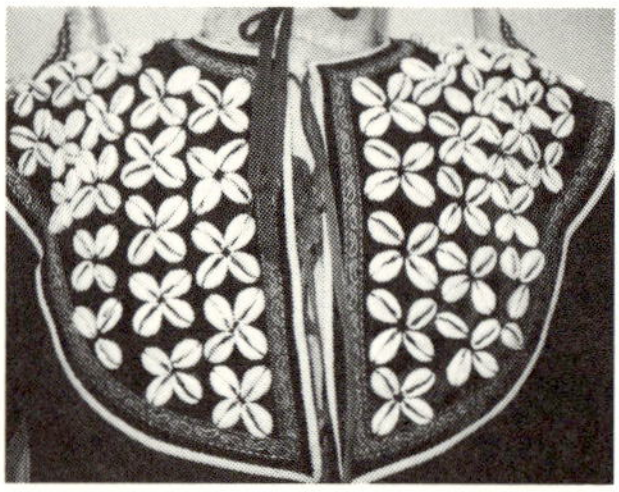

マルコ＝ポーロ『東方見聞録』では、元代の雲南においてインドからもたらされたタカラガイが通貨として流通していたとの記載がある。申請者は、モンゴル帝国成立から一九世紀アヘン戦争までの時期に、中国・東南アジア・インド東北部・チベット高原・モンゴル高原・シベリア東部および日本・琉球を包摂する広大な交易圏が存在し、モノとヒトと情報とが激しく交流していたことを明らかとし、その範囲を「東ユーラシア」と名付けた。今回、タカラガイ流通を文献史料の収集と分析、およびフィールドワークと発掘資料の確認など多角的な視点から解明し、この交易圏の生成プロセスを提示したい。

　タカラガイを貨幣ないし儀礼に用いる「タカラガイ文化」帯を仮設的に設定し、本研究助成にもとづく研究は、この文化帯の北東部に限定して進める。具体的には、中国四川省西部のチベット族・モンゴル高原東南部（内モンゴル自治区）のモンゴル族・中国東北部のツングース系諸民族を対象とし、現地を訪問して基礎資料の収集と、現地の考古学・民族学の研究者とのネットワーク構築をめざす。

　四川省に在住するガンバ－チベット族は、古くからキャラバンを編成してチベット高原をめぐる交易を担ってきた。その習俗をみると、チベット仏教の宝物として欠かせないホラガイとならんで、周縁的な部分にタカラガイを見いだすことができる。四川省甘孜《かんし》・康定などガンバ－チベット族居住地を対象として、仏教以前の宗教儀礼のなかに点在するタカラガイ使用の痕跡を探る。

モンゴル高原・中国東北部の先住民は、シャーマンを中心とする宗教儀礼を実践してきた。シャーマンの衣装には多数のタカラガイが縫いつけられている。その実物を現地研究者の協力を得て実測し、貝の種の同定を行い、その産地を推定する手がかりを模索する。

申請が採択され、いざ本格的に調査の計画を立てようと思っていたその矢先の二〇〇八年五月一二日、四川省アバ・チベット族チャン族自治州汶川《ぶんせん》県で、マグニチュード8規模の巨大地震が発生、九万人を超える犠牲者を出し、交通が寸断された。調査の中心をなす四川省のチベット族地域に、一外国人が足を踏み入れられる状況ではない。計画は変更を余儀なくされ、その詳細を詰め、旅の手配に取りかかる時期が遅れた。

図3　四川省チベット族の服飾
雲南省民族博物館所蔵

プランを変更し、雲南の瀾滄江（メコン川）流域と黒竜江省・内モンゴルのツングース系民族の居住地域を、重点的に訪問することにした。旅の始まりは、タイ王国の首都、バンコクということになった。

タイ王国から雲南へ

バンコクに到着した翌日、タクシーで国立博物館に向かうが、運転手がとぼけているのか、運賃をふんだくろうとしているのか、大回りをされてしまう。バンコクのタクシーには、乗りたくないものだ。博物館の一角に設けられた貨幣展示コーナーには、タカラガイが貝貨としてスコータイ王朝の時代（一三世紀〜一四三八年）に用いられていたとして、ならべられている。説明によれば、貝貨はアユタヤ王朝の時代（一三五一〜一七六七年）にかけて、少額貨幣として使われていたとある。

スコータイ王朝時代に使われ始めた主要な貨幣は、身体を丸めたコガネムシに似た銀のポット－ドゥアン貨幣。弾丸に似ているために、西欧人からは弾丸貨幣と呼ばれていた。スマトラ王朝の銀貨は、大きさも重さもまちまちだったが、アユタヤ王朝は国が管理して刻印を押して発行した。この銀貨の下位通貨として両王朝の時代を通して使われたのが、ピアとよばれるタカラガイ貝貨だった。民間の商売では、ポット－ドゥアン貨幣が使用されることは多くはなく、もっぱらタカラガイ貝貨が用いられた。数十個のピアがあれば、食料・日用品を購入することができたと

図４（上）　スコータイ王朝の貝貨　タイ国立博物館所蔵
図５（下）　陶製貨幣　タイ国立博物館所蔵

いう。

タカラガイは、外国商人がモルディブ諸島から持ち込んだ。一八世紀なかばのボーロムコート王（在位一七三三～五八年）の時代には、陶製の貨幣をピアの代替少額貨幣として使った（以上、チャーンウィット＝カセートシリ編集主幹、吉川利治編訳、2007）。こうした陶製貨幣が発行された背景には、第一部で述べた、オランダ・イギリスのインド洋進出にともない、モルディブ産タカラガイが、東ではなく西に大量に流れ出したために、タイにおけるタカラガイ供給の持続性が損なわれたことがあると思われる。

博物館の本館では、王族の身の回りの品々が展示されている。その中で、遊技用品を集めた部屋には、タカラガイがチェスの駒として用いられていた。

海域アジアのゲーム

凹みを木板にくり抜いた盤の上で遊ぶマックム（mak-khum）という遊技では、タカラガイが置かれていた。本来はタカラガイを用いるものではないらしい。解説によると、マックムはタイ王国南部の遊技である。遊具はトレイとマックム（タマリンド）の木の実。二人の遊戯者が互いに駒を動かす。トレイにはそれぞれ七つの二列の凹みと、一つの大きな凹みがある。

このときは、このゲームはタイ王国固有のものだと早合点していた。二〇一四年にインドネシアを訪ねたときに、たまたま博物館で、まったく同じゲームにタカラガイが用いられていることを知った。

インドネシア語ではチョンカック（congkak または congklak）という。この用語で検索してみると、インド洋沿岸地域からフィリピンまで、きわめて広い地域に流布していることが分かったのである。フィリピンではスンカ（sungka）、モルディブではナランジュ（naranj）などと、それぞれの土地でそれぞれの呼び名で親しまれ、多くの場合、駒にタカラガイが使用される。英語版のウィキペディアによれば、このゲームの起源は古く、四世紀ごろにローマ時代のエジプトで生まれ、一五世紀にアラブ商人やインド商人によって東南アジアに広まったという。

一枚のゲーム板と、九八個のタカラガイを使って、二人で競技する。ゲーム板には七つの小さな窪み（インドネシア語でアナック［子ども］）が二列と、左右に一つずつ大きな窪み（インドゥン

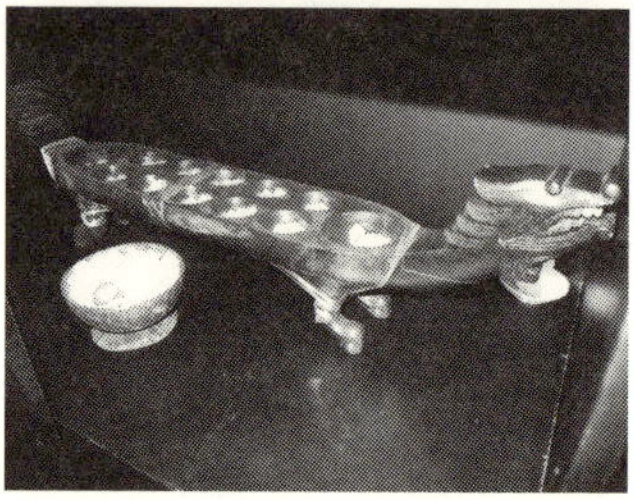

図６（上）　駒＝beer　タイ国立博物館所蔵
図７（下）　マックム（写真はインドネシア式Congkak）　インドネシア、リアウ博物館所蔵

［お母さん］）が開けられている。対戦者はゲーム盤を挟んで向かい合い、それぞれ手前の七つのアナックと左手のインドゥンを自分の領分とする。

ゲームを始めるときに、一四のアナックにタカラガイを同じ数（七つ）だけ入れ、左右両端のインドゥンは空のままにする。そして右端の穴から貝を全部すくい取り、時計回りに左に向かって一個ずつ穴に入れ、そのとき最初空だった左端の穴にも入れ、さらに相手の前の穴にも左から右へと入れていく。相手のインドゥンには貝を入れずに、素通りする。

すくい取って手のなかの貝の最後の一つが入ったアナックが、自分の側であろうと相手の側であろうと、そこにある全部の貝をすくい取り、また時計回りに窪みに入れていく。最後の駒が入った穴が自分の左端のインドゥンだと、自分の側のほかのいずれかのアナックの貝をすくってまた続ける。つまりインドゥンのなかの貝は、すくい取られることはなく、ゲームの進行とともに貝がたまっていくことになる。

相手側の空のアナックや相手側の左端のインドゥンのところに来たときには、いったん止まる。

ストップしたとき、相手が先にストップしていれば、相手に動きを譲って自分は相手が止まるのを待つ。最後の貝が自分の側の空いたアナックに入った場合は、その対称の位置にある相手の貝を全部取り、最後の一個とあわせて自分のインドゥンに加えるという権利が発生する。もし相手側の空のアナックに貝を入れるめぐりあわせとなると、休みとなり貝を相手のアナックに入れなければならない。

どちらかのアナックがすべて空になったときに、第一回戦は終了。自分の左側の穴に入った貝の数で勝敗を決める。

このゲームでは、タカラガイの数が重要となる。

タイ系諸民族の生きる世界

モンゴル帝国が東ユーラシア全域に影響力を及ぼしていた一三世紀後半以降、現在のタイ王国の領域から中国雲南省西南部に位置するシプソンパンナーにかけて、タイ系の民族がいくつかの王国を創り、緊密な関係を築いていた。このことは、スコータイ王国のラームカムヘーン王が密通の慰謝料として、大量のタカラガイを支払ったというエピソードを紹介するなかで、言及した。

タイ語には、「国」を指す言葉がいくつかある。少し寄り道になるが、タカラガイを用いた人々が、どのような世界を生きていたのか理解するために、タイ語にみる「国」のイメージを解きほぐしておこう。

タイ語ほど、ハイブリッドな言語はないのかも知れない。基底にあるものは、現在の中国南部からインドシナ半島に広がるタイ系諸民族に共通する言葉だ。中国の雲南省や広西チワン族自治州に居住するダイ族（傣族）、チワン族（壮族）の知人に尋ねたところ、タイ王国のタイ語を聴いて、七割ぐらいは理解できるという。

国境を無視してみれば、マレー半島の北部から、タイ王国全域、ベトナムの北部、ミャンマーのシャン高原、ラオスを経て中国南部へと、連続しながらそれぞれの特色を持つ言語の世界を発見することができる。

タイ王国のタイ語には、このタイ系民族の基底言語のなかに、インドのサンスクリットとパーリ語が取り込まれている。インド起源の言葉と概念を伝えたのは、ダウ船と呼ばれる三角帆の船に乗って、モンスーンの風を使ってインド洋を渡ってきた人々であったかも知れないし、あるいはミャンマーを経由して陸路で旅をしてきた人々であったかも知れない。いずれにせよ、人から人へと直接に伝えた言葉ということになる。

タイではサンスクリットと上座部仏教の経典に用いられるパーリ語は、日常生活のレベルにまで深く根をおろすことになった。日本でのサンスクリットの受容が、主に漢訳仏典を経由して行われたため、奈落（サンスクリットで「地獄」を意味するナラカに由来する）などいくつかの例外を除き、日常語に溶け込まなかったのとは、対照的である。

インド起源の言葉のほかに、アユタヤ時代にジャンクに乗って中国南部の潮州などから移り住んだ人々が中国語の方言を伝え、現代では英語などからもたらされた外来語も少なくない。タイ文字が表音文字だということもあって、タイ語は異質な言葉を吸収しながら成長してきた。

「国」を表すタイの言葉

タイ語を習い始めた初習者は、タイ語には「国」を表す言葉に三つあることを知る。一つはプラテーッ（pratheet）で、他の一つはムアン（muang）そしてバーン（baan）である。

プラテーッは、サンスクリットに起源を持つ言葉。

タイ語プラテーッの語幹にあたるものが「テーッ」（theet）で「国」を、「プラ」（pra）は尊敬を示し、美化するための接頭辞になる。タイ文字による表記をみると、「テーッ」の最後の「t」の音には、「s」を表す文字が割り振られている。インドのウッタル・プラデーシュ州などの州名に付くプラデーシュと語源は同じ。ウッタル・プラデーシュを直訳すれば、「北の国」ということになる。一九七一年に独立したバングラデシュの「デシュ」、インド独立の際に掲げられたスローガン「スワデーシー」（自国の）のなかにも、見いだすことができる。

テーッという言葉が含んでいるイメージは、「何らかの共通性・共同性を持つ空間的なまとまり」というものだろう。テーッを「国」としてまとめている力には、さまざまな形態が想定できる。プラテーッ－タイ（タイ王国）の場合には、「宗教の最高の擁護者」と規定された国王が実践する仏教的な法「タンマ」（thamma、達磨）である。近代法でテーッに対応するのは、「共通する意志を持った行為の主体」ということとなり、「主権」と対応させることが可能である。タイ王国は「ムアン－タイ」とも呼ばれるが、こちらには「主権国家」というイメージが欠けている。もともとムアンは、小さな土着的な「国」を示す。日本語でテーッとムアンとを書き分けるとしたら、「国家」と「くに」との違いといったら、近いのだろう。このムアンという言葉は、もともと盆地に根ざした社会のまとまりを意味した。

タイ系民族の歴史的な起源を、南詔国（本書第二章参照）に求める説があった。現在は南詔国をタイ系民族が支配する国だとする仮説は、否定されている。しかし、南詔国の勢力下にいくつかのタイ系民族が生活していたことは事実で、南詔国がムアンの原型をタイ系民族に示した可能性は十分にある。

南詔国の中心地は高い山に囲まれた洱海のほとりに広がる盆地で、タイ語ではムアン－ノーンセ（muang＋noong 沼＋se ヒルガオ科の植物）と呼ばれる。この盆地の生態環境をみると、山麓の丘陵部では牧畜が盛んでチーズなども生産され、盆地底部では山地から流れ出した河川の水を引いて稲作をしている。洱海では漁業が行われていた。いまは観光開発が進み、洱海の水質も悪化、かつての生活は失われつつある。

タイ系民族が「くに」を作り始めるのは、一三世紀ごろ。この時期にインドのアッサムやミャンマーのシャン州、ラオス、中国のシプソンパンナー、タイ王国の北部から中部にかけて、数多くのムアンが形成された。これは突如として出現したのではなく、南詔国などが先行して確立していた「くに」の伝統を、受け継いだものだろう。

盆地に根ざした王国

タイ王国北部のヨム川、ナーン川、ピン川の流域では、広大な可耕地を基盤に、有力なムアンが形成され、積極的にインド系の文化を受容した。一二二〇年ごろにヨム川流域にあった二つのムアンが連合して、クメール王朝の支配から独立し、タイ系民族最初の王朝、スコータイを形成した。一方、ピン川流域のチエンマイ盆地は、タイ王国最高峰のインタノン山から流れ下る豊富な水を利用して、豊かな稲作地帯が広がっていた。一二九六年に、この盆地でランナータイ王国が建てられた。

スコータイやランナータイは、「くに」の素型だとみることができる。一つ一つの盆地に成立したムアンは、連合したり、統合されたりして、大きなムアンとなり、その中心地は城壁都市となる。こうした城壁都市は、チエン（chiang）と呼ばれる。中国語の「城」（cheng）と共通する語源を有する言葉だろう。その代表はランナータイの中心地であったチエンマイ（chiang-mai「新しい城」）だ。アジアの歌姫テレサ・テン（鄧麗君）が死去したとして知られる町である。シプソンパンナーの州都は、チエンルン（chiang-rung「暁」または「虹」の城）で、現地の発音に移すとツェンフンとなり、中国語の地名表記では後者の発音に基づいて「景洪」（ジンホン）と漢字で表される。

チエンがさらに発展すると、クルン（krung）となる。河川流域に広がる大きなムアン型の「くに」ということだ。その代表例がスパンブリーとロッブリーという二つのムアンが統合して形成されたと考えられているアユタヤ王国。このクルン型の「くに」の特色は、海上交易に直結したところにある。クルンという言葉は、中国語の「宮」（gong）との関連性が指摘されており、もとは王宮の意味だった。それがやがて首都を示すようになり、国名にもなった。

クルンは現在のタイ王国のラタナーコーシン朝に引き継がれる。タイ王国の首都バンコクは外国人からの呼び名で、タイの国民はクルン＝テープ（Krung-theep）つまり「天使の都」と呼ぶ。

タイ語にはもう一つ、「国」と翻訳される言葉がある。タイ語の慣用句に、「バーン＝ケーッ、ムアン＝ノーン」（baan-keet, muang-noon）というものがある。これを直訳すると、「生まれたところの国（バーン）、寝るところの国（ムアン）」となり、一般にバーンとは「故郷」「郷里」を指す。

タイ語における「国」のイメージを論ずる際に注目に値することは、バーン＝ケーッとムアン＝ノーンとが、ときにずれが生じることがあるということだ。タイ国生まれのタイ人が「バーン＝ケーッ、ムアン＝ノーン」と言えば、タイ王国を指す。ところが、たとえば中国で生まれてタイで暮らす華人が「バーン＝ケーッ、ムアン＝ノーン」と述べた場合、バーン＝ケーッ（生まれたところの国）は出身地の中国を、ムアン＝ノーン（寝るところの国）はタイ王国を、それぞれ指す。ムアンは「生活しているところ」という意味なのに対して、バーンは「生まれ育ったところ」という意味になる。

バーンには家族・家庭・家屋、村落・集落といった意味もある。たとえばタイ語でティーバーン（thii「〜において」＋baan）と言ったら、配偶者を指す。よその人に夫が妻、妻が夫に言及するとき、この言葉が使われる。バーンという言葉には、親密な人と人との関係が生み出す「場」だというニュアンスが含まれる。日本語で無理に対応する言葉を探すならば、出身を問うときに口にする「おくにはどちらですか」の「おくに」ということになろうか。

ムアンからムアンへと運ばれたタカラガイ

タイ語におけるテーッ、ムアン、バーンという言葉は、いずれも「国・くに・おくに」となるのだが、三者の位相は異なっている。テーッは共同性に依拠する「国」で、国家統合の象徴を操作することで現れる。これに対してムアンは、盆地にみられる生態環境の空間的なまとまりということになる。比較的大きなムアンでは、国王が居住するチエンを中心にして貢納と下賜という交易の循環が、一つのまとまりを形づくる。そしてバーンは、親密な人的ネットワークが生み出す空間だ。強引にまとめると、テーッはイミの位相、ムアンはモノの位相、そしてバーンはヒトの位相に、それぞれ対応しているということになろう。

ムアンがつらなるタイ系諸民族が暮らす広い領域では、かなり古い時代からタカラガイが珍重され、威信財として、また貨幣として用いられていた。第一部でも述べたように、タイランド湾に臨むロッブリーなどの王国や、モルディブからムスリム商人などが持ち込んだタカラガイは、ムアンから次のムアンへと、リレー式に受け渡されながら奥地へ、さらに奥地へと運ばれていったと考えられる。

タカラガイが比較的に容易に入手できる南洋に臨む地域から、インドシナ半島の奥地に入れば入るほど、タカラガイの希少性は増す。一つのムアンのタカラガイを、さらに奥地のムアンに運べば、より高い価値で受け取ってもらうことができる。アユタヤでは少額貨幣でありゲームの駒という評価しか与えられていないタカラガイは、雲南にまで運ばれていけば、主要な支払手段として用いられる主要通貨の地位を与えられたのである。

一三世紀後半、モンゴル帝国は、東ユーラシア全域に衝撃を与え、各地にそれまでとは異なる政治的なシステムを生み出した。インドシナ半島から雲南にいたる広大な地域でも、ムアン的な盆地世界をいくつもまとめ上げる王権が生まれる。この王権が形成したのが、城壁都市チエンを中心とする国家であった。しかし、この王権は強固な中央集権的な政権ではなく、ムアン間の矛盾を抱えており、しばしば抗争が起きていたようだ。その典型を雲南省のシプソンパンナーに見ることができる。

帽子を彩るタカラガイ

バンコクの次の訪問地は、雲南西南部のシプソンパンナーとなった。シプソンパンナーという地名は、「一二の千の水田」の意味、のちに述べるようにこの地域名は、一六世紀の政治状況のなかで使われた名称である。中国語の行政区分では西双版納傣族自治州となる。

行政区画名にある「傣族」は、中華人民共和国が一九五二年に新たに制定した民族名。タイ王国のタイは中国では「泰」と表記され、有気音であるのに対して、中国の少数民族名の「傣」は無気音、日本語ではこの発音の区別がないので無理を承知でカタカナに置き換えると、泰はタイ、傣はダイと書き分けることになる。

「ダイ族」は、中華人民共和国の側が民族政策の都合に合わせて創った民族カテゴリーであり、雲南省に暮らすダイ族には、その下に異なる自称を持つエスニックなまとまりが九つあるとされている。シプソンパンナーに居住するダイ族は、ダイ－ルーという自己意識を持つ人々である。

二〇〇八年夏に訪れた昆明にある雲南省民族博物館のミュージアムショップで、一つの帽子を購入した（図8）。いま私の手元にある帽子を仔細に見ると、黒い布地に鮮やかな色彩の布を縫いつけ、刺繍を施し、ビーズなどで飾られている。まず目につくのが額の位置に下がる褐色のコインである。正面に縫いつけられた色布の周囲にも、同じようなコインが縫いつけてある。その数、左右それぞれ八枚。頭頂部に近いところにも一対の銀色のコインが縫いつけられている。帽子をかぶったときに左右の耳の辺りとなるところには、貝殻の頂部を削り穴があけられた二枚のタカラガイを組み合わせた飾りがついている。さらにコインを叩いて延ばした金属片も、同様につり下げられている。

総計で二一枚を数える褐色のコインには、表にヒトの横顔、裏にはONE / QUARTER / ANNA / INDIAとあり、年代は摩滅して読み取れないものもあるが、一八八六〜一九二八年の幅にある。銀色の一対のコインはミャンマーの二五ピャー硬貨で、一九五四年と一九五六年と記されている。そしてタカラガイは、四枚ともキイロダカラ（学名 *Cypraea moneta*）であり、背面が削り取られている。これらのコインやタカラガイが同時に帽子に縫いつけられたか否かを確認する術はないものの、いまある組み合わせができあがった時期は、一九五六年以降だということになる。

販売員が調べてくれたところによれば、一九八〇年代にシプソンパンナーのハニ族（自称はエニ〈僾尼〉族）の村で購買されたものであるという。

ハニ族は、羌人が分かれた民族だとされており、四世紀から八世紀にかけて雲南西南部に移動

図８（上・下）　タカラガイとコインの付いた帽子（雲南省民族博物館にて購入）

した。雲南東南部の紅河流域の山間地域から、さらに西に進んでシプソンパンナーにも定着した。タイ王国ではアカ族として知られている民族である。

紅河流域に住むハニ族が祖先から伝えてきた歌謡のなかに、ハニ族が新天地をもとめて山から山へと移り住む時代を語る叙事詩がある。ここにタカラガイと思われる一節がある。中国語の訳文と、それに基づく日本語訳を載せておこう。

先祖西斗見多識広
指着大山把話講
哈尼人、快看吧
天神賜給我們好地方
（中略）
選寨基是大事情
不是高能不能当
先祖推挙了西斗作頭人。
希望他献出智慧和力量
西斗拿出三顆貝殻
用来占卜凶険吉祥

祖先のシードゥ（Siildev）は見識が深く
大きな山を指さして語った
「ハニの人々よ、急ぎ見るが良い
天の神は我らに良い土地を与えたもうた」
（中略）
村の立地を選ぶのは重大事
高い能力が無ければ務まらない
祖先たちはシードゥを推挙して頭目とし
彼が智恵と力を出してくれることに期待した
シードゥは三つのタカラガイを取り出して
吉凶の占いに用いた

一顆是子孫繁衍預兆
一顆代表禾苗茁壮
一顆象徵着六畜興旺
貝殻寄託着哈尼的願望

貝殻立下一天
大風没有把它刮倒
貝殻立下両天
大雨没有把它衝歪
三天早上公鶏還没啼叫
西斗斗人来貝殻傍
昨夜老虎咬翻百馬鹿
哈尼的貝殻安然無恙
尊敬的阿波・阿巨
親親的兄弟姐妹
寨基選在這里

一粒のタカラガイは子孫繁栄の予兆
一粒のタカラガイは作物が実ること
一粒のタカラガイは家畜が肥えること
タカラガイにハニ族の希望を託したのだ

タカラガイを立てて一日が過ぎ
大風が吹いても吹き飛ばされない
タカラガイを立てて二日が過ぎ
大雨が降っても流されない
三日目の早朝、まだ雄鶏が啼く前に
シードゥはタカラガイの傍らにやってきた
「昨夜はトラが百ものアカジカを食い殺した
それでもハニ族のタカラガイは恙《つつが》ない
尊敬すべきアポー・アジュの神々よ
敬愛すべき兄弟姉妹よ
村を創る土地は、この地にしよう

哈尼的子孫会好　ハニの子孫は栄え
哈尼的六畜会多　ハニの家畜は殖え
哈尼的庄稼会旺　ハニの作物は稔るであろう」

（雲南省少数民族古籍整理出版規画弁公室編、1986）

タカラガイに相当するハニ語の単語は、heilxiqと表記されている。この歌謡では、タカラガイは希少な呪物として、占いの場に登場している。

図9　ハニ族の女性

ダイ族の村とハニ族の村

ハニ族の古謡に登場し、また帽子をコインとともに飾るタカラガイは、そもそも内陸の雲南に、さらに山地に住むハニ族のもとに、どこから、どのようにしてもたらされたのであろうか。このナゾを、シプソンパンナー（西双版納）自治州のムンハーイ（勐海）県の二つのマンライ（曼来）村において、二〇〇二年三月に行ったフィールドワークに基づいて、探っていきたい。

二つというのは山の上にはハニ族のマンライ村、山麓にダイ族のマンライ村があるから。この調査は、大崎正治《まさはる》氏（國學院大学名誉教授）を代表として、科学研究費の助成を受けたプロジェクトの一環として行われた。私は主に、歴史の視点に基づく聞き取り調査を担当した。

調査の成果は、比嘉政夫監修のもと大崎氏のほかに杉浦孝昌氏、時雨彰氏の共著として、『森とともに生きる中国雲南の少数民族』（2014）という著作にまとめられている。大崎氏は環境に配慮し伝統文化を活かした経済のあり方を模索し、示唆に富む多くの研究成果を発表されている。当該の書籍は、少数民族の伝統文化から、生態環境と共存する社会・経済とは何か、中国政府が進める環境政策が抱えている問題とは何か、現地調査から理論的考察へと発展させた研究となっている。

調査地となったムンハーイの「ムン」はタイ語のムアンに、マンライの「マン」は同じくバーンに、それぞれ対応する。タイ系民族の暮らす盆地世界の典型をここに見ることができる。

盆地底部に位置するダイ族マンライ村の裏手から始まる道を蛇行しながら急坂を登っていく。ハニ族マンライ村は盆地と盆地とをへだてるなだらかな山地の稜線に、亜熱帯の樹林に囲まれて広がっていた。ダイ族の村の周囲には水田が広がっていたが、ハニ族の村のまわりには、斜面に樹林を切り拓いた焼畑が点在している。現在では政府の指導も受けて、サトウキビの栽培が行われている。ハニ族の村とダイ族の村とは、生業も文化も異なるものの、二つの村で聞き取り調査を行っていくうちに、二つの村が関係していたことが分かってくる。

ハニ族マンライ村が成立した経緯について、ハニ族の村民と麓に住むタイ族の住民とでは、異なる伝承を持っている。

ハニ族の当時六八歳の山林巡視員は、次のように語る。ハニ族マンライ村は一〇〇年あまりの歴史を持ち、一八九三年に定住したという。シプソンパンナーのダイ族は、スリランカから伝来した上座部仏教を信仰している。この仏教の儀式の一つに、滴水式がある。しかしダイ族マンライ村の住民は、この儀式に欠かせない小さな壺を作ることができなかった。そこで作陶の技術を持つハニ族をダイ族のマンライ村の領域に含まれる山地に定住させ、陶器を作ってもらった。移り住んだハニ族は、分け与えられた土地で農耕を行うとともに、ダイ族に対しては壺などを貢納したという。耕地一区画あたり銀貨を半分、また季節ごとに果物や豆を届けた。豊かな樹林の恵みを祈念する神樹の祭のときには、ダイ族とハニ族とはいっしょに行事を担った。しかし、その神樹は、一九五〇年代に食糧大増産を目指した大躍進政策の時期に伐られて、いまはない。

他方、ダイ族の村では、複数の村民から、ハニ族はまず奴隷として、ダイ族に金六銭で買われてきたのだ、という話を聞いた。このハニ族は一三〇年ほど前（西暦で一八七〇年代）に、八キロメートルほど離れた村から最初の六世帯、のちに一戸が移り住んだのだという。当時、ダイ族マンライ村に迫っている山地は、深い樹林に覆われており、しばしばトラが出没していた。ダイ族は森林を深く恐れていたので、奴隷として来たハニ族には、山に居住地を与え、狩猟と森林の管理と伐採をさせた。ハニ族の人口が増えると、彼らはダイ族の息子の地位を求めるようになった。山住のハニ族マンライ村と、盆地底部に住むダイ族マンライ村のあいだには、しばしば山林の境界をめぐって紛糾が繰り返されてはいるが、相互に依存する関係にあったことは間違いない。

ダイ族マンライ村にも、その成立に関する伝承がある。一九三〇年生まれで文化的な素養を持つ老人から伺ったところによると、マンライという村名は、「ケイトウの村」という意味だという。ダイ族の言葉で「ライ」と呼ばれるその植物は、以前は村の周囲に群生し、八月になると深紅あるいは黄色い花を咲かせていた。村は一〇〇〇年以上も前に誕生したと、老人は語るが、これは具体的な時間の幅を表すと言うよりも、「今は、むかし」「はるか遠い過去」といった趣きで語られたものであった。

シプソンパンナーの歴史

村の伝承を紹介するまえに、このマンライ村を含むシプソンパンナーの歴史を、駆け足で紹介しておこう（加藤久美子、2000）。

この地にタイ系民族の国が生まれたのは、一二世紀の後半だった。先住民を勢力の下に置いた王権は、現在の景洪、ツェンフンに都を置いた。この土地はメコン河に臨み、タイ族系民族のムアンをつなぐ交易の要衝に位置する。ムン－ツェンフン、タイ語でいうムアン（くに）の成立である。王権はツェンフンを中心に勢力を拡大し、一三世紀前半には、ムンハーイなどの盆地の首領ツァオ－ムン（ムンの首領）たちを配下に置くようになった。ムアン連合の盟主といった位置を占めたのである。ちなみに「ツァオ」は、第一部で取り上げた南詔国の「詔」と共通だという説がある。

一三世紀なかば、フビライが率いるモンゴル軍が大理国を降伏させ雲南を勢力下に置き、さらにチエンマイを首都とするラーンナー国を攻略する際に、ムン－ツェンフンはモンゴル帝国の圧迫を受け、一二九六年には国王は土司として元朝に服属することとなった。土司とは、中国王朝が周辺民族の領主に与えた世襲的で名目的な官職で、元代から二〇世紀まで存続する。徹里軍民総管府の「総管」の称号を与えられた。明代にも引き続いて土司として、車里軍民宣慰使司の「宣慰使」の称号を明朝から授与された。

一三九〇年代から一四一〇年代に掛けて、ツェンフンは明朝の後ろ盾を得て、勢力を拡大し、内にあってはシプソンパンナーのムアンに国王の親族を封じるとともに、外に対しては、北はムンメーン（普洱）まで、南はランナータイ（タイ王国北部のチエンマイ）にまで影響力を伸ばそうとした。

繁栄の時代のあと、ツェンフンでは国王が弟に追放されたあとに殺害されたことが契機となり、二〇年間ほどムアンが分裂抗争する。ツェンフンの中央では先王の息子たちの一族が抗争するなかで、最終的にはムンハーイなど領域の西方に逃れていた先王の弟の子（つまり先王の甥）のスーロンファーが反攻に転じ、シプソンパンナー地域を統合した。この時期にはラーンナーや現在のミャンマー領域内にあったムアンが明朝に朝貢するときには、まずツェンフンに赴いて貢納し、承認を得なければならなかったとされる。

スーロンファーが一四五七年に死去すると、加藤久美子氏の表現を借りるならば、一五世紀後半から一六世紀前半にかけて、シプソンパンナーは潜在的内部分裂と相対的安定の時代を迎える。一五世紀にビルマで成立したタウングー王朝は、勢力圏を拡大し、一六世紀後半になると、この地域はビルマのタウングー朝に攻撃され、タウングー朝に従うことになる。一五六九年に即位した国王は、タウングー朝の王女を妃にし、里帰りに持たせる貢納品を集める単位として一二のパンナー（「千の水田」という意味）と呼ばれる行政区を定めた。これがシプソンパンナーという地域の名称の由来である。それ以降、一九世紀まで、このムンは中国ばかりでなくビルマの間接統治下にも置かれることになったのである。

タカラガイをめぐる交易

さて、ダイ族マンライ村の古老の語るところによると、村の開祖の名はタオホームフェイという、「手で火を扱うもの」という意味を持つ。昔、ムンラーという盆地を治めていた首領がツェンフンの国王に反乱を起こした。国王は敗北してムンツェに逃げ、ダイ族マンライ村から北東五キロメートルの村に駐屯したときに、開祖は国王のもとにはせ参じた。反乱者は自分を倒せるものは天神パーヤーインだけだと豪語していた。国王は天神の化身を探し、ついにイェンインという英雄を見いだす。この英雄が率いた軍勢は、反乱者を滅ぼし国王が復位した。

国王はムンツェの首領が支援したことに感謝し、このときワ族に悩まされていた首領のために、国王に仕えていた武将を派遣した。この人物が、マンライ村の開祖である。開祖は運搬のためにウシを飼育する役務を与えられた。飼育の場としてマンライの地を選び、平穏な時代となるとここに定住して村を創始したのだという。古老が語る反乱者や国王の名は、比定することが困難であるが、一五世紀前半の抗争が激化した時期の出来事を反映したものと推定される。

シプソンパンナーでは、ムアン連合が形成され、ときに離合集散を繰り返しながらツェンフンを中心とする王国が維持されていた。メコン河下流域からムアンからムアンへと運ばれてきたタカラガイは、ツェンフンの国王のもとにも届けられたであろう。ツェンフンの国王は明朝から土司の資格を与えられ、明朝に対しては地域の物産を貢納し、明朝からは工芸品などが下賜されていた。明朝が琉球王国から入手したタカラガイが、ツェンフンに与えられた可能性も考慮する必要がある。

ムンツェやムンハーイなどを治める首長たちとツェンフンの国王とは、貢納と下賜という交易に基づく緩やかな連合を形成していた。下賜品の一部に、威信財としての価値を持ったタカラガイが含まれていたと考えられる。威勢が盛んな時期には、南方のミャンマーのシャン高原やタイ王国のチエンマイなどのムアンとのあいだで、貢納と下賜の関係が形成されていたが、ここでやり取りされる物産のなかにタカラガイが含まれていたこともあったのではないか。

ムン（ムアンと同義）の首領から、軍務に服するウシなどを飼育する役割を与えられた村にも、おそらくタカラガイが与えられることもあったであろう。そのタカラガイは、麓から山道を運ばれ、タカラガイを呪物として珍重していた山住みのハニ族のもとにも、届いたに違いない。

手元のハニ族の帽子をあらためて見ると、タカラガイとともにインドとミャンマーのコインが付けられている。インドのコインで最新のものは一九二八年、ミャンマーのものでは一九五六年のものである。インドのコインは、ミャンマーがイギリスに統治されていた時代にインドからミャンマーに入ったものであると推定できる。もしタカラガイもこれらのコインと同じルートでシプソンパンナーのハニ族の村に流入したものだとすると、インドシナと雲南とを結ぶ交易路を経由して来たということになるであろう。

このルートでは雲南から茶葉や塩、ミャンマーやラオスからは頭巾などの布や衣類、石鹼などの日用雑貨が行き来した（加藤久美子、1998）。装飾用の小間物として、タカラガイも隊商の荷駄に積まれていたと想定しても、間違いはないだろう。

こうしたタカラガイをめぐる交易の仕組みが、ダイ族マンライ村の古老が語る英雄の時代から二〇世紀にいたるまで、タイ系民族が他の民族と共存するインドシナ半島から雲南にかけて広がる域圏のなかに存在したと考えられるのである。

第七章

棲み分ける諸文化――雲南山地の世界

ラハ村へ

タカラガイは、雲南からチベット高原には、どのようにして運び上げられたのだろうか。私は明清時代において、雲南西北部で暮らしていたナシ（納西）族が、重要な役割を担っていたのではないか、と考えている。

このように推測する契機は、二〇〇四年と〇五年の二度にわたって行った調査にあった。このときに中国雲南省の西北に位置する迪慶《てきけい》チベット族自治州、維西リス（傈僳）族自治県のナシ族のラハ（拉哈）村で、年に一度行われるアレ（阿勒）と呼ばれる芸能を観察する機会を得たのである。

ラハ村は辺境のなかの辺境である。ラオスやベトナムなどと国境を接する雲南は、中国で辺境

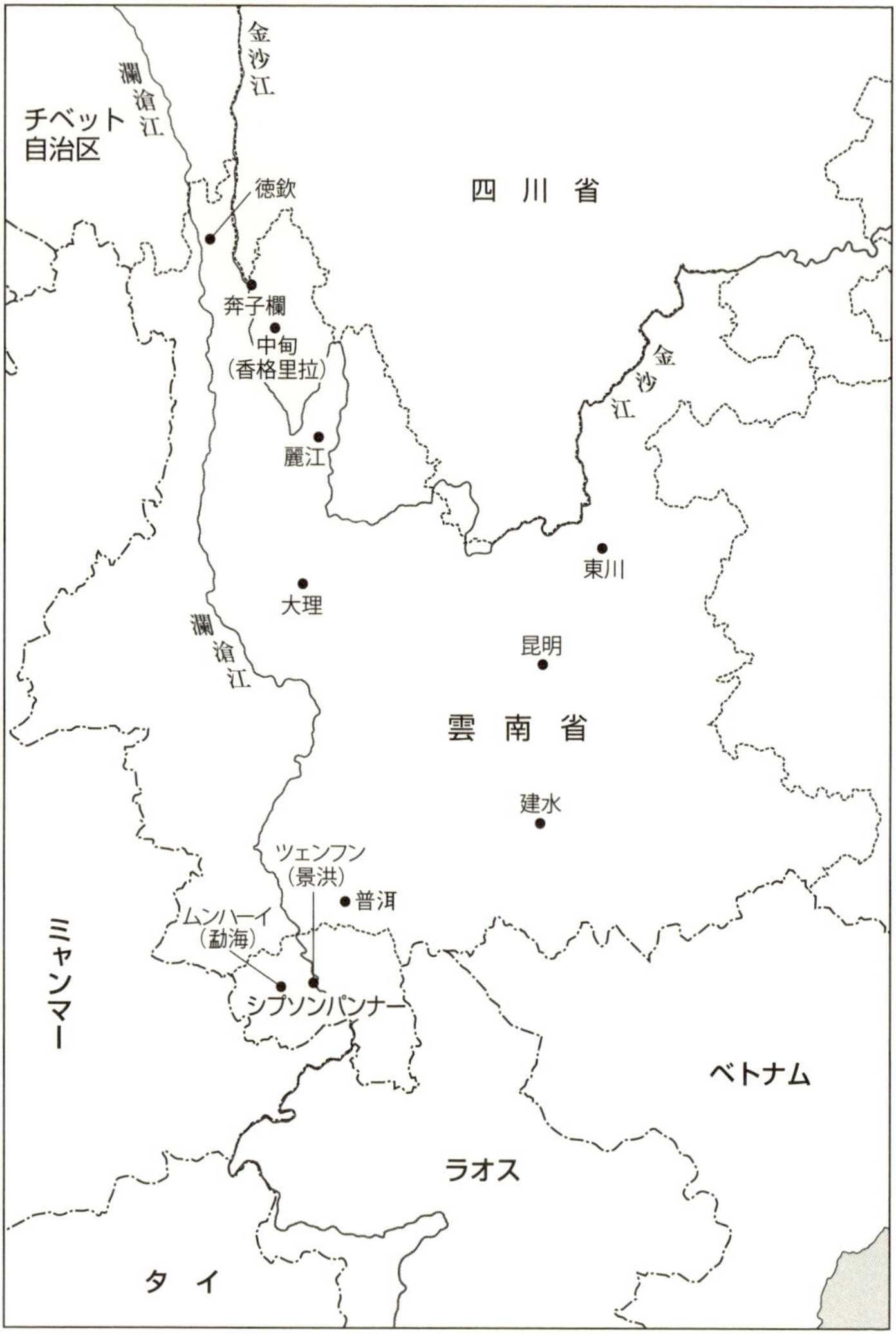
金沙江
瀾滄江
チベット自治区
徳欽
四川省
奔子欄
中甸
(香格里拉)
金沙江
麗江
東川
大理
昆明
瀾滄江
雲南省
建水
ツェンフン
(景洪)
普洱
ムンハーイ
(勐海)
ミャンマー
シプソンパンナー
ベトナム
ラオス
タイ

雲南省周辺地図

とされる。チベット自治区とミャンマーとに境を接する迪慶チベット族自治州は、昆明を省都とする雲南の辺境だとされる。さらに維西リス族自治県は、二〇〇二年に海外観光客を引きつけるためにシャングリラ（香格里拉）県と改名したかつての中甸《ちゅうでん》からみると、峡谷と高山との彼方にある辺境に位置づけられる。

ラハ村は、行政区画のうえで辺境であるだけではない。住民はナシ族に属する。ナシ族の文化圏として見た場合、その中心は麗江にある。この町は、元代から清代にかけて土司をつとめた木氏の拠点となり、交易の要衝として発達した。古い町並みは、一九九七年にユネスコの世界遺産に登録され、過剰な観光地化が進んでいる。ラハ村は、麗江のそうした喧噪からも、遠く離れる。

ナシ族はトンパ（東巴）教と呼ばれる独特なアニミズム的宗教を有し、その教典を象形文字の要素を多分に持つトンパ文字で記録してきたことで知られる。ナシ族の文化は、トンパ文化とも呼び習わされて、海外の研究者も少なくない。麗江には東巴文化研究所が置かれ、教典の翻訳を軸に精力的な研究が進められていた。こうしたトンパ文化の研究の蓄積があるにもかかわらず、ナシ族文化の研究者は誰一人として、ラハ村のアレという行事を知るものがいない。ラハ村はナシ族文化のうえでも、辺境に位置づけられるのである。

こうしたラハ村に、私は訪ねていった。

辺境とは何か

「歩く歴史学」によって描き出される空間は、メルカトル図法などで描かれた地図とは異なり、一日あたりの移動距離に基づいて体感される空間である。移動手段の変化によって、この空間は変容する。長距離を移動する人が、歩く速度を超え、馬などの家畜に乗り、船を操るようになってから、一日の移動距離が激変するまで、数千年にわたる歴史を必要とした。近代になり鉄道・汽船が登場したことで、その速度は急速に上昇し、自動車と飛行機の発達にともなって、一日あたりの移動距離は飛躍的に伸びた。近代になって「辺境」が固定化されるプロセスと、移動距離の増加とは、密接な関係がある。

人類史を通観したとき、文明の成立とともに辺境が生まれた、と考えることができる。文明の機能の一つに、その中央と地方とを結ぶ交通網の整備がある。交通網の整備とは、道を平坦にし、障害物を取り除くことで、一日あたりの移動距離を増やす事業である。移動距離が増えることで、中央と地方とのあいだで交わされる情報伝達の速度が増し、効率的に行政を行うことが可能となる。

軍隊が移動する速度が増すことで、地方が分立することを阻止することも可能となる。文明の盛衰と、交通網メンテナンスの頻度とは、それぞれを数値化するシステムが与えられるのであれば、おそらく正比例の関係になることが予測される。

交通網の整備は、必然的に幹線と支線との区分をもたらす。また、いかにその網の目を密にしたとしても、整備が及ばない土地が生まれる。国家が進める交通網の整備は、必然的に一日あたりの移動距離の格差を生み出す。交通の幹線に位置づけられる土地に対して、それから外れた土地こそが、「僻地」「辺境」と呼ばれる空間となる。

前近代では、馬の速度で結ばれる領域に対して、歩行の速度、多くの場合、急斜面を行き来する速度を超えられない土地が、辺境である。現代においては、中央と辺境との関係は、移動手段によって重層的になる。大型ジェット機で結ばれる主要都市、小型機しか離発着できない地方都市、鉄道の主要駅や高速道のインターチェンジと直結した町と、一般道のみの町、あるいは舗装路でアクセスできる村と林道を経なければならない村、自動車が入る集落と歩かなければたどり着けない集落など、前近代よりも現代の方が、空間の階層性が顕著である。

ラハ村にたどり着くときには、この現代的な階層性が痛感させられる。維西リス族自治県に入るためには、昆明からジェット機で迪慶空港に飛ぶ。時速は三百キロメートルあまりである。そこから車に乗り、高原から金沙江が大地に刻み込んだ渓谷へと降る。

ラハ村への道程

二〇〇四年六月、はじめてラハ村に向かったときの記録には、次のようにある。

車で朝九時三〇分に中甸を出発、一〇時四七分に黒陶の産地として知られるニーシー（尼西）を通過。ここで焼かれた陶器は、かつては馬の背に載せられてチベットまで運ばれていたと記録にある。道ばたの露店に、黒い陶器が並べられている。そこから徳欽に向かう道から分かれて、谷に下る。地名は湯堆（チベット語で Tang ＝窪地、tui ＝上）。アブラナが黄色く咲き誇る。一〇時五五分に湯満河（Tang ＝窪地、man ＝下）の湧水池。ナパ海の伏流水がここで地上に現れているとのこと。透明度が高く、水草が揺らいでいる。ここから道は湯満河が岩山に刻んだ渓谷に沿って高度を下げる。

金沙江の河岸に降り立ったのは、一一時二四分。チベット族の家屋は、壁が白く塗られ、美しい。この地域のチベット族は、水稲耕作をする。その門構えが、この土地の豊かさを教えてくれる。一二時二二分に金沙江に架かる橋を渡って、維西県の境域に入る。達磨が座禅を組んだと伝えられる聖地を通過。ナシ族の村が現れる。小麦が家屋の二階部分に干されている。一三時四七分に塔城。この町は、かつて雲南からチベット高原へと向かう、交易の中継地として栄えた。そこから、さらに川をさかのぼると、山の斜面に黒い樹皮の常緑樹が望める。近くに寄れないので何か正確には判らないが、スダジイに似ている。小麦の稔り。ハダカムギの畑が小麦の畑に交じる。

金沙江と瀾滄江との分水嶺の峠を越える。一四時五二分。峠のたわんだ地勢は牧草地となり、窪地の湿地にはサクラソウが花をつけている。峠を下り始めると、切り株に燃えたあと。

牧草地を作るために林を焼いたのかも知れない。数カ月前にできたばかりの新路に入る。中甸からここまでの時速は、平均して三〇キロほどであった。

新たに開かれた道は、山を越え一五時一一分にラバティ（臘八底）と呼ばれるリス族の村。山中の窪地に村が広がる。山中を通過する道が新たに開かれたことにより、リス族の居住域は激変している。もともとリス族は山住の民族であり、樹林における狩猟と畑作とを生計の基盤としている。新たな道路の開通にともない、沿道の民家は通過する車を引き込み、食品や物産を販売しようと、改築を急いでいた。

村域を通り抜けたあたりから、下りが急になる。一五時二五分に、通行止めの箇所に行き当たる。大規模な崖崩れがあったらしく、シャベル・ブルドーザーが土砂をどけている。急峻な山を切り開いた道により、それまで迂回していた経路が短縮された。しかし、この道には無理があり、随所に崩落の危険がある。作業が一段落つくまで待ち、一六時ちょうどにようやく作業地点を通過。山を下り県政府のある保和鎮に到着したのは、一六時一三分であった。距離は短いものの、時間を要した。待ち時間

図1　雲南西北部のリス族の服飾
迪慶州博物館所蔵

も算入すると、時速は一〇キロを下回っている。その日の夜、同行してくれた研究者の知人が宿舎を訪ねてきた。そのときの雑談のなかで、町の近くのナシ族村落で、チベット語による演劇と歌謡を伝承しているところがあるという話を耳にする。その村の名は、ラハ。

翌日の午後に、ラハ村を訪ねる。村は保和鎮の市街地から出たすぐの所にあり、前年に自動車道路が村を分断して開通したこともあり、伝統的な面影が失われようとしている。渓流を挟んで、斜面に家屋が建てられている。伝手をたどって村を歩き、ようやくアレを主導する木縫春氏（一九四三年生まれ）を探し当てる。

村長を務めた経験もある木氏によれば、ラハ村はもともとベタと呼ばれていた。ナシ語で「べ」とは「村」、「タ」には「照らす」という意味がある。維西が中国共産党の支配下に編入された一九五〇年代に、村名が漢字表記されたとき、音を漢字で置き換えることが難しく、「拉哈」あるいは「老好」などと表記されるようになった。現在の世帯数八三戸、人口三八〇人ほどの小さな集落である。すべてがナシ族の家族で、木姓が二〇戸あまり、銭姓が二〇戸ほど、そのほかに和姓・何姓などの住民が住む。　かつては、ナシ族とチベット族の集落とが隣接していたという。

ナシ族の行事

雲南西北部には、チベット族・ナシ族のほかに、リス族・イ族、さらに漢族文化の影響を強く受けたマリマサ族（中国の民族分類ではナシ族の一派とされるが、その系統には諸説がある）などが居住している。これらの民族は標高差の大きな地勢のなかで、居住域を住み分けている。維西にいたる経路で通過したラバティ村での聞き取りによれば、この村の枝村として、山地ではイ族、尾根や鞍部など傾斜が緩やかな山腹にはリス族が住んでいるという。

高原にはチベット族が主として居住し、低い河岸や盆地には、ナシ族が住む。チベット族の生業は牧畜と農業である。チベット族のなかには金沙江流域で見られたように、水田耕作を行う人々も見られる。ナシ族も農耕を主としながら、牧畜も営んでいる。生業が類似することもあって、ナシ族とチベット族の居住域は重なっている。

ナシ族は、現在の総人口が三〇万人あまりの民族で、雲南省西北部の高原地域の河川流域や盆地、丘陵部に主に居住している。言語学的に見るとナシ語は、チベット・ビルマ語族イ語グループに属し、イ族やリス族に近い。ラハ村の住民は世帯単位で見るとナシ族ではあるが、婚姻を契機として村に来た者のなかには、チベット族も少なくない。村の周辺にはナシ族村落が見られず、チベット族とリス族、イ族が主に居住する地域に飛び地的に立地しているため、通婚は民族の枠を越えている。これらの民族のあいだには言語や習俗のうえで差異が認められるものの、親族関係や交友関係を形づくる際に大きな障害にはなっていない。

中国の西部には、古代の羌《きょう》族の系譜を引くとされる民族が多く住んでいる。イ族・ナシ族や大理を中心に生活しているペー（白）族であるが、これらの民族に共通した行事の一つに、農暦

（中国の伝統的な太陽太陰暦、日本の旧暦とほぼ一致する）の六月に行われる「たいまつ祭り」（火把節）がある。ラハ村のアレ行事も、このたいまつ祭りの一つに位置づけることができる。

毎年、多くの村でたいまつ祭りが開かれているときに、アレも行われる。ただし、たいまつ祭りは一般に、農暦六月二十四日から始まるが、ラハ村のアレは一日だけ遅れて始められる。村の伝承によれば、たいまつ祭りの直前に狩りに村人が出かけたところ、獲物が獲れずに山中をさまよい、村に戻るのが一日遅くなったという。村人は、これも天の意であると見なして、一日遅れの二十五日から二十七日まで、三日間に夜を通して行う。

アレ行事の特色は、火神のアレを称える歌謡を、アレの先導者兼通訳のオレと村人とが掛け合いで歌うところにある。この歌謡の歌詞については、整理を加えて中国語に翻訳されたもの（和栄海等唱、楊浚・収集翻訳整理、2002）があるが、木縫春氏によれば、本来の歌詞と一致しないところが多々あるという。中国の一般読者に理解されやすいように改変され、オレをアレの夫人としている。しかし、それは間違いであり、オレはアレの家僕と解釈すべきであると木氏は指摘する。行事の途中に、チベット族の占い師であるツァンパ（倉巴）などが、仮面を着けて登場し、村の長老と言葉を交わす寸劇が加わる。

アレ行事の概要

私が二〇〇四年と〇五年に観察したところでは、次のように行事が展開する。

初日（農暦六月二十五日）は夕食後の六時以降から、村人が村域のなかでもっとも低い場所に設けられた広場に集まり、準備を始める。一本の柱を地面に挿して固定し、その周りに薪が集められて束ねられ、高さ二メートルあまりのたいまつが作られる。村人が集まってくると、このたいまつに花などを挿して飾り立ててゆく。歌い手の老女たちが、座椅子を持ってたいまつの周りに座る。北京時間で計られる刻みは、中国西南にそぐわず、日が暮れ始めるときには、時計が指し示す時間は二〇時を過ぎる。夏の日が沈み、一等星がまたたき始めるころ、ようやくたいまつに火がともされる。

ナシ語で「アレーズ」と呼ばれる「アレ迎え（接阿勒）」の歌謡が、この日には歌われる。この日は歌をはしょることは許されず、アレを迎える道筋をすべて歌う。二日目（農暦二十六日）ははしょってもよい。歌は二〜三時間続く。男女の二組に分かれて、掛け合う。歌の後、踊り。踊りの歌はアレとは異なり、ンマンダというナシ族のあいだで一般的なもの。この踊りは前年の行事で終わったところから始める。ンマンダは曲調の名称で、草刈などの日常生活の場でも歌う。男女に分かれて掛け合う。

二日目（農暦二十六日）はアレを称える歌。途中でツァンパの一家が登場する。まず「先生」（漢族）が現れる。村人が「誰か連れてきた人がいますか」と尋ねると、先生は「ツァンパの家族を連れてきた」、村人「ツァンパは何かできるのですか」、先生「踊りもできるし、占いもできる」、それでは村につれてきてください、ということで、先生に先導されて仮面をつけたツァンパが登場する。

ツァンパはインドからラサに礼拝に行く途中で、この地を訪ねたという設定になっている。「山を二つ越えてここに来た、山を二つ越えてもラサまではまだ遠い、山を三つ越えてラサに行く、ラサは黄金に輝く」とチベット語で歌う。ツァンパは、アプ（おじいさん）、アヅ（おばあさん）、ル（むすこ）、シリュ（露払い、シ＝人、リュ＝駆除する）の四名。村人が今年は豊作かどうか、家を建ててもよいかと尋ねると、ツァンパはチベット語で、祝福の回答をする。

三日目（農暦二十七日）は、ナシ語で「アレーブ」（ブ＝送る）あるいは「アレーグレーブ」（グ

図2（上）アレにおける歌い手の老女たち
図3（下）ツァンパ

レ＝上に、すなわち「アレを上（天上）に送る」の意味）と呼ばれる「アレ送り（送阿勒）」の歌謡が歌われる。歌は初日の順番とは逆に、はしょらずに歌う。そののちに踊り。興が乗れば徹夜で踊ることもある。

アレの行事には、一つの禁忌がある。農暦六月二十七日にアレの行事が終わったあと、新しい年を迎えるまでの半年のあいだ、アレの名を口にすることは許されず、アレの歌謡も口ずさむことさえ許されない。もしこの禁忌を破ったときには、村を災害が襲うのだという。このために、アレの行事を調査するときには、歌の意味などを祭りの後に確認することができない。

危機に瀕した行事

アレは文化大革命の時期に、行事を行うこと、歌を歌うこと、すべてが禁止された。そのため、現在、アレの歌謡を正確に歌える人は、わずか数人である。二〇〇四年の時点で歌を先導していた人は、七〇歳の木仙、六七歳の木香の姉妹である。歌謡が禁圧されるまえ、二人は物心がついたころには、毎年の行事があるとたいまつの周りにしゃがみ込んで、大人たちが歌う歌謡を耳にするようになっていた。親から習ったわけではなく、少女となって歌の輪に加われるようになってから、自然と歌うようになっていた。木仙さんは、「むかしは他にあそびがなかったから、歌を繰り返し、しっかりと覚える時間には事欠かなかったものだよ」と語っていた。当時は、もっとも重要な行事であったので、家族に不幸があった者も、必ず参加することとなっていたという。

一九六〇年代に文化への統制が強くなると、アレ行事は封建的な古い文化であると見なされ、歌謡を歌うこともできなくなった。一九八〇年代なかばごろに、ようやく再興されたとき、木仙さんなどのわずかな人が記憶を呼び起こして、行事を再開した。しかし、歌謡は古いナシ語であり、若い人には馴染みのない用語も多く含まれる。また、若者の多くは古い伝統には興味を持たず、まれに歌いたいという青年がいたが、一年の大半を出稼ぎのために外地に出ているため、歌を覚えるゆとりがない。伝承という面で、アレは危機に瀕しているといえよう。

調査についても、ほとんど行われていない。ナシ族文化の中心地である麗江から離れ、チベット族・リス族の居住地域に飛び地的に立地している村の芸能であるため、ナシ文化・トンパ文化の研究者のあいだでもほとんど知られていない。木縫春氏によれば、かなり以前に、麗江ナシ族の出身で少数民族民間文学・民族学の研究者として知られている白庚勝が、調査を行ってはいるが、その成果は発表されていないようである。

村では、二〇〇四年に保存を目的に、準備委員会が組織された。一〇人くらいで、村の幹部の他に、年齢の配分を考えて村人を加えアレの継承をはかろうとしている。これは、二〇〇四年に私が村において、アレについて聞き取り調査を行ったことが、一つの契機となっているようである。二〇〇四年に上田が単独で調査を行い、二〇〇五年には、民族音楽学の山本宏子、演劇学の細井尚子、人文地理学の杜国慶の三氏とともに、共同調査を行った。復興と保存のより所となることを期待して、調査で記録した映像・音声資料として村に贈っている。

アレ迎え（アレーズ）

初日に歌われる「アレ迎え」（アレーズ）は、四部から構成される。その第一部が「アレーズ」と呼ばれるもので、アレを迎えるプロセスが歌い込まれ、初日の行事を特色づけるものとして、その日に歌われる全体の名称ともなっている。第二部はナシ語で「ゾーッ」と呼ばれるもので、「ゾ」は「工房」、「ツ」は「建てる」という意味。中国語での説明のなかでは、「建庄」とされる。第三部はナシ語で「ゾーレースォ」と呼ばれる。直訳すると、「工房を収める」となり、工房で生産された物品を収集するといった意味となる。第四部は「ツェニーゾーレーソォ」と呼ばれ、工房から集められた一二種類の物産によってウマを飾り、競馬に出場する様子が歌い込まれる。「ツェニ」は「一二」である。

以下、第一部の第一段から、その日本語訳を記していこう。歌は二節ごとに掛け合いで歌われる。第一段では、アレを探し求めるが、その姿が見あたらないという内容で歌が展開する。そのなかで、生態環境が詠み込まれ、野生動物が多く登場する。

「アレ迎え」第一部・第一段

白雲のしたに煙が上っている。
――アレの姿は見えず、アレの家も見えない。

白雲のしたに高い山が聳え、一対の鹿がたたずんでいる。
――鹿は見えるが、アレの姿は見えない。
高い山の上には黒い森が繁り、一対の黒い熊はたたずんでいる。
――熊は見えるが、アレの姿は見えない。
大木にはキジがとまっている。
――キジが見えるだけで、アレの姿は見えない。
川の水面にカモが浮かんでいる。
――カモが見えるだけで、アレの姿は見えない。
川のなかにはカワウソがいる。
――カワウソは見えるが、アレの姿は見えない。
古いナシ族の村に、つがいのクジャクがいる。
――クジャクは見えるが、アレの姿は見えない。
家の軒からは水が垂れ、雄鶏が刻を告げている。
――ニワトリは見えるが、アレの姿は見えない。
家の裏からゴトゴトと音が聞こえる。あれは何？
――あの音は、アレがやってきた音だろう。

しかし、その物音はアレではなく、その先駆けとしてやって来たオレであった。

先駆けオレとのかけ合い

歌は第二段に入って、アレを迎えようとする村人と、アレの家僕で秘書の役割を果たすオレとの対話となる。

「アレ迎え」第一部・第二段
あなたは誰、あなたは何を探している?
――私は牛の胃袋を探しているのさ。
あなたは牛の胃袋で何をする?
――私は油を取って、手に塗るのさ。
あなたは油を手に塗って、何をする?
――私は油を塗った手で、刀を握るのさ。
あなたは刀を握って、何をする?
――私は刀を使って、竹を割るのさ。
あなたは竹を割って、何をする?
――私は割った竹で籠を編むのさ。

あなたは籠で、何をする？
――私は籠で石を運ぶのさ。
あなたは運んだ石で、何をする？
――私は運んだ石で、家畜小屋を建てるのさ。
あなたは家畜小屋で、何をする？
――私は家畜小屋で、ヤク（チベット高原で広く飼われているウシの一種）を飼う。
ヤクを繋ぐのに何を用いる？
――私はヤクを繋ぐのに、麻で編んだ綱を使う。
ヤクを屠《ほふ》るのに、何を用いる？
――私はヤクを屠るのに、小刀を使う。
……

以下、ヤクの肉を切り分けるために鉄製の鉈《なた》、生の肉を盛るためには竹で編んだ箕《み》、肉を煮るのには大鍋、肉をすくい上げるのには鉄の鉤《かぎ》、火の通った肉を切り分けるのには包丁、肉を盛るには陶器の皿、肉を抓《つま》むのには象牙の箸、肉を噛むには白い歯を、それぞれ用いると歌い続ける。まだ、歌は続く。

呑み込んだ肉は、どこに行く?
――呑み込まれた肉は、胃に入る。
胃に入った肉は、どこに行く?
――胃に入った肉は、用便となる。
用便を足すには、どこに行く?
――用を足すには、庭に行く。
……

歌の歌詞は、肉の行方を追って先に進む。用便は肥料となり、野菜を育てる。野菜はブタの餌となり、野菜で肥えたブタは、屠られて食べられる。そして第二段の末尾は、次のようにしめくくられる。

ブタの肋骨で橋を架け、さあアレを村に招こう。

そして歌謡は、次の段に引き継がれる。

「アレ迎え」第一部・第三段

ブタの肋骨で橋を架け、アレを我が村にお招きしよう。
——骨の橋では見栄えが悪い、これではアレは村には来られない。
それでは、木材を使って木の橋を架け、アレを我が村にお招きしよう。
——木の橋では見栄えが悪い、これではアレは村には来られない。
……

と歌は続き、石の橋を架け、散らかった稲藁をまとめ、ぬかるんだ道を整えたあと、

トラが三頭の牛の死体を引きずると、道が開ける。
——道が開ければ、アレが来ることができる。

と歌う。しかし、死体を引いた後の道は、散らかっているために、アレは来ない。ネズミが麦の三つの束を引いて道の埃を払い、熊が三本の枝を引いて道を掃き清め、人が箒で掃除をしても、それでもアレは来ない。村人は馬・牛・ヤク・犬をしっかりと繋ぎ、ブタ・アヒル・ニワトリをそれぞれ小屋に追い込んで、アレの来訪を待ち望む。しかし、それまでしても、アレは来ない。
続く第四段では、オレから歌い始める。

「アレ迎え」第一部・第四段
お前たちの村は整ったが、アレは来ない。彼は土地を探しに行った。
——土地を見つける途中で、我が村に来てほしい。
アレはお前たちの村には来ない。彼は焼き畑を拓きに行った。
——焼き畑に出かける途中で、我が村に来てほしい。

このようにして始まった第四段では、焼き畑をする山に火を放ち、樹木を焼いた土地に穴をあけて麻の種をまき、麻が育つのを待って刈り入れて、麻の繊維を取る。その繊維を撚って布に織る、さらに布を服に仕立てる。麻から繊維をとる手順、さらに繊維を整えて織り機に掛けるまでの手順が、歌では事細かく歌い込まれている。アレは麻布で真新しい服を仕立てると、村に立ち寄ることなく出かけてしまう。ここで、アレを村に招こうとする内容の第一部が終わる。

詠み込まれた通商路と物産

第二部は、アレが作業所を各地に建てに行くプロセスが歌われる。

「アレ迎え」第二部・第一段
都に作業所を建てる、アレは生糸を織り上げる作業所を建てに行った。

――作業所を建て終わったら、我が村に来てほしい。

というパターンで、ラハ村を起点とする通商路に沿って、地名と物産が挙げられる。

都に向かう道は、村から南東へと向かうもの。この沿道の地名が、遠方からしだいにラハ村の近在の地名へと順を追って、挙げられてゆく。

ヤチ（現在の昆明）では緞子《どんす》、普洱では茶葉、大理では土布、左所では鍛鉄、中所では唐辛子、剣川では鍋の鋳物、九河ではガチョウ、大東では山羊、上埂《じょうこう》ではエンドウ豆、下埂《かこう》ではソラ豆。ナシ族の領主であった木氏が治めていた麗江の周辺の地名が、その次に挙げられている。束河《そくか》では革靴、白沙では帽子、大研ではなめし革、八河《はちか》では犂《すき》、石鼓では水牛、橋頭（現在の麗江）では火草（火打ち石の火花を移す草）、巨甸《きょでん》では生糸、中甸《ちゅうでん》ではウマ、臘馬《らま》では牛の角、汎洛《じんらく》では黄金、樹洛では銀などとあるものが、それである。

次いで、村から瀾滄江に沿って北上し、チベット高原に入る道に沿って歌は続く。ラサでは絨毯、塩井では桃色の塩、紅坡《こうは》ではホラ貝、尼通《じつう》ではトルコ石、倮大《かだい》では製鉄所、岩瓦では養鶏所、姑臘《こら》では黒豆、康普《こうふ》では大豆、英奪《えいだつ》ではゴマ、白済《はくさい》では香油、小河口（永春河が瀾滄江に注ぐ地点）では栗、吉岔《きつふん》ではモチ米、習登では白米、八登《はちと》ではタバコ、瀾滄ではラタン、拉井《らせい》では白塩、公江では鮮魚となる。

続いて、村から西北の方角では、蘭州では稗、拖枝《たくし》では大麦、魯甸《ろでん》では油、臘普《らふ》では白米、弓籠では山椒、満岩では小麦、イザン（維西県の中心となっている保和鎮）ではモチ米が挙げられている。

「ゾーレースォ」とナシ語で呼ばれ、「工房を収める」という意味を持つ第三部は、次のように始まる。

「アレ迎え」第三部・第一段
都に行って作業所を訪ねる、アレは作業所で絹織物を手に入れに出かけた。
――作業所を訪ねる途中で、我が村に来てほしい。

あとは、第二部で挙げられたそれぞれの地名と物産が、同じ順番で繰り返される。

「アレ迎え」第三部・第二段
都に絹織物を送って、品質を調べさせよう。
――いやいや送る必要はない、品物は立派で問題はない。

と歌い始められ、第二部のそれぞれの地名と物産が、再び繰り返される。

「アレ迎え」第三部・第三段
都の伊達男、絹織物で轡《くつわ》を作り、絹の轡で馬に乗る。

というパターンで、これまで登場してきた地名と物産とが、馬具を介して結びつけられる。

歌謡の成立時期

こうして続いてきた歌謡の最後、第四部において、アレは家の裏口から、ヒョッコリと来訪する。

ラハ村のアレ行事は、雲南や四川の西部で広く見られるたいまつ祭りの系統に属してはいる。しかし、掛け合いによる歌謡、ツァンパと呼ばれる仮面をかぶった登場人物による寸劇など、他には類例を見ない要素を含む。こうした行事が形成されたプロセスは、村に文献史料がまったく残っていないこと、口頭伝承でも行事の起源を語るものがないことなどから、確証することは難しい。本書では分析の一段階として、ラハ村が立地する雲南西北部の地域史を整理することで、アレ行事の歴史的な背景を探っていく。

歌謡が一時期に成立したものか、あるいは時々の村をめぐる情勢の変化に応じて、歌詞が追加したり変容したりしたものか、立証する手だてはない。検討の手順としては、第一日目に歌われる「アレ迎え」の第二部と第三部において詠み込まれている地名と物産との組み合わせが、どの時期に成立したかを分析することが考えられる。

たとえば第二部の冒頭において、「都に作業所を建てる、アレは生糸を織り上げる作業所を建てに行った」と謡われている。「都」とあるのは、文脈から中国の首都であることは間違いない。しかし、そこがどこなのか、明瞭ではないものの、絹織物の産地であるとされているところから、明代初期の首都であった南京である可能性が高い。

また、歌謡のなかで、「ヤチ」という名称で、現在の昆明が示される。ヤチという呼称は、元代にさかのぼる。ヤチは押赤・鴨赤・鴨池などと漢字で表記される。この呼称の由来は、唐代にこの地に姚州という行政府が置かれ、このヤオチョウという音が変化して、ヤチになったとされる。

マルコ゠ポーロはフビライ支配下の雲南を旅し、このヤチにも滞在したことになっている。その記録によると、「とてもりっぱな大都会で、ヤチ王国の首府をなしている。商人・工匠が多く住まっている。住民もさまざまで、ムスリムあり偶像教徒あるなかに、数こそ少ないがネストール派のキリスト教徒もいる」とある。昆明が緞子などの手工業品の生産地へと発達した時代も、元代である。これらの痕跡から、この歌謡の原型は、元代の記憶が残る明代前期に作られたという推測も可能であろう。

ナシ族の歴史

現代のナシ族の祖先は、唐代の『蛮書』などの書籍に「麼些」（モソ）の表記で現れ、史料から北は四川省西川、南は大理州賓川、西は瀾滄江流域の維西、東は中甸の範囲に居住していたことを窺い知ることができる（以下のナシ族に関する記述は、楊福泉、2005に依る）。

ナシ族が外界との交易を担い、勢力を拡大する契機は、フビライの軍勢が南宋攻略の一段階として、一二五三年に雲南に入ったとき、現在の麗江一帯を勢力圏としていたナシ族の領主がいち早く恭順の意を示し、金沙江の渡河を助けたところにさかのぼる。元朝が一二六三年に、土司を雲南に置いたとき、このナシ族の領主は麗江を支配する土司に取り立てられ、「茶罕章《ちゃかんしょう》管民官」に任命されたのである。

南宋は雲南がモンゴル勢力圏内に入ったことで、その背後を脅かされる形となった。モンゴル高原からチベット高原の東縁部を経由して南下、雲南にいたるルートが軍事的にも利用されるようになったため、雲南を押さえなければ中国の政権は安定することができなくなったのである。元朝の皇室をモンゴル高原に追い出した明朝にとっても、雲南を押さえなければ、その政権は磐石なものには成り得ない。

明の太祖・朱元璋の派遣した遠征軍が一三八二年に大理を制圧したとき、麗江のナシ族の首領はすぐに明朝の支配を受け入れることとした。ナシ族にはもともと姓がなかった。朱元璋は恩寵としてその首領に「木」という姓を与え、麗江を子々孫々にわたって土知府（土司として世襲する府知事）として統治する身分を与えた。

木氏はそれから清朝によって一七二三年に土司としての役職を解かれるまで、一八代、三四一年にわたり土司として麗江を中心として、チベット族が居住している雲南の西北部にまで支配領域を拡張した。清朝の土司を解任して中央から派遣される地方官に地域の管理を帰し、直接に統治する政策は、「土司」を改めて「流官」つまり数年の間隔で流れるように来ては去るという派遣官僚に統治させるという政策であったために、史料では「改土帰流」と記されている。

明朝はチベット勢力を押さえる要として、信頼を置いた木氏を支援した。木氏は明朝の中央に毎年、銀やウマなどを貢納し、明朝の雲南における軍事活動には、率先して協力した。木氏はウマのほかに国家有事の際には雲南で産する銀を貢納した。明初には南京、永楽以降は北京に赴いた総勢数百人に及ぶ使節団は、朝廷から絹織物などを賜るとともに、中国の内地で交易を行い、手工業の技術者を伴って麗江に戻った。内地から招来された技術者に学び、麗江では織物、銅細工、製紙などの手工業が発達した。木氏は漢文化の導入に努め、ナシ族の音楽や文芸が洗練される条件を作った。木氏土司の政治的な拠点となった麗江は、都市として発展を遂げる。

この時期にナシ族の木氏政権は、雲南から中国内地、雲南からチベット高原にいたる交易を掌握し、その沿線に支配を及ぼしていった。麗江からチベットに向かうルートは、「大北路」と呼ばれ、四つの主要な路線があった。

一つは麗江を出発して金沙江に降り、石鼓で渡河し、巨甸・魯甸を経由、栗地坪で山越えして維西の保和鎮に入り、そこから瀾滄江に沿って北上、徳欽を経て標高をあげてチベット高原へと入るものである。アレ行事が行われるラハ村は、この沿道に位置する。

第二のルートは、石鼓で渡河したあと、金沙江に沿って北西に進み、維西の其宗《きそう》を経て、徳欽のチベット族が営む宿場町として知られる奔子欄を経て、標高四〇〇〇メートルの白茫雪山の峠を越え、かつては阿敦子と呼ばれた徳欽の県城に入り、そこから瀾滄江に出て第一のルートに合流する。

第三のルートは、麗江から北に道を取り、文海・龍蟠《りゅうばん》を経て金沙江に至り、渡河してから金沙江の北岸を進み、下橋頭（現在の虎跳峡鎮）を経てから渓谷沿いに登って中甸に入り、そこから奔子欄に向かって第二のルートに接合する。この三つのルートは渡河地点と峠越えのルートは異なるものの、瀾滄江に沿ってチベットの境内に入る。

これらのルートに対して、第四のルートは、麗江から北東に道を取り、永寧を経て四川省の木里に入り、四川の成都からラサへと向かうルートに合流するもので、理塘《りとう》・巴塘《はとう》を経て昌都に至る。第四のルートはラサに向かうには大きく迂回しているため、距離が長大ではあったが、しかし、瀾滄江に沿った道よりも平坦であったため、このルートをたどる隊商も少なくはなかったという。

歌謡と交易路

アレの歌謡のなかに歌い込まれている地名と物産との組み合わせは、これらの交易路と密接に関わる。明代に木氏土司政権が交易路を整備し、要所にナシ族の駐屯地を設けて管理を行った。中国内地とチベットとを結ぶ交易が活発となり、さらに元代に成立した雲南西南部シプソンパンナーを中心とするタイ系民族の居住地域とチベットとを結ぶ茶葉の交易も発達した。歌謡には交易路の要衝の地名が多く織り込まれるとともに、大理や普洱などの茶馬古道の都市も挙げられて

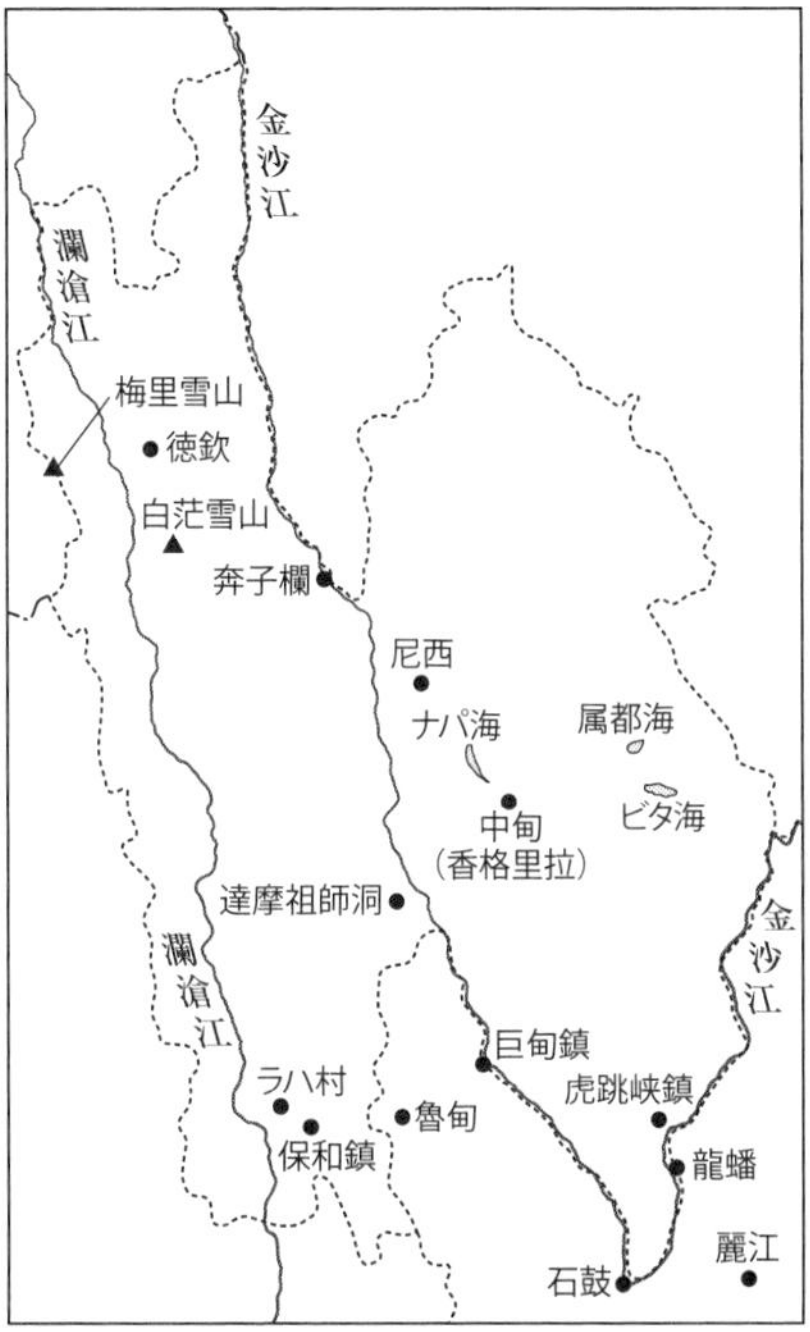

図４　雲南西北部

いる。

また、歌謡のなかには米穀の産地がいくつか挙げられている。雲南西北部で稲作が広まった時期は、木氏政権の確立期である。中甸から維西にいたる道すがら、水田耕作を行うチベット族村落を見かけたが、これも木氏による稲作奨励の結果である。木氏は中甸の高原にも稲作を扶植しようと試み、小中甸などの村落に試験的に水田を開いた。この試みは中甸の高原が高冷地であるために失敗している。

チベット高原の地名も少なくない。たとえば雲南からチベットに入ったところにある塩井について、歌謡には「アレは桃色の塩をつくる作業所を建てに行った」とある。民国『塩井郷土志』には、塩井の成立過程について、

いまに伝わるところによると、塩井はモソ（磨些）の王が開いたものであるという。また宗崖土城は木天王が建てたともいわれる。辺境の土地のことなので、史料に典拠を求めることはできないものの、伝聞により所が全くなかったとは言えないであろう。


とあり、塩井における製塩業をナシ族が始め、その土地の防備のための砦が麗江に拠点をもつ土司の木氏が設置したものであると推定できる。

製塩について同史料には、

塩田の様子は、現地の住民が瀾滄江の両岸にテラスを積み重ねるように架け、まるで内地にみられる水田の畦のようである。塩池を傍らに掘って、いつもは塩水を貯めておき、夏から秋にかけて（雨期の増水のために）井戸の口が水没すると、貯めていた塩水を使う。東岸には蒲丁《ほてい》と牙喀《がかく》という二つの区画、西岸には加打という区画がある。東岸で生産された塩は純白で、西岸のものはやや赤く、雲南では「桃花塩」と呼ばれ、白い塩よりも高額で取り引きされ、茶の色を際だたせる。

とある。ここで生産された「桃花塩」が、アレ歌謡に詠まれているのである（上田信、2006を参照）。

アレで歌われている地名と物産との組み合わせは、この塩井の場合と同じように、明代以降の状況を反映していることは、個々に検証することで明らかとなるであろう。

「ツァンパが来た」――寸劇の成立

アレ行事で注目されることは、二日目に歌謡のさなかに、「ツァンパが来た」という声とともに、チベット族の服装をまとい、仮面を着けた一団がたいまつを囲む村人の輪に闖入する寸劇である。

ツァンパはチベット語で歌う。二〇〇五年に観察したときは、歌を指導したのはアズ（母親）を演じた女性である。彼女は維西から瀾滄江に沿ってさかのぼったところにある茨中というチベット族の村の出身で、ラハ村に一九七四年に嫁いできた。チベット語が母語であるため、チベット語の歌謡を間違いなく歌うことができる。これまで七年にわたって、アズの役を演じ続けてきたという。

ツァンパとはチベット語で苦行者の意味で、在家の宗教者を指す言葉である（魯永明、2005。この著作はシャングリラ県東北部に位置するチベット族山村に関する文化人類学的なモノグラフである）。村落において日常は他の村民と同様に労働に従事し、妻帯している。宗教上の活動は、父親から息子へと伝承される。宗教儀礼に習熟しており、婚礼・葬儀・迎福・厄除け・山の神への祭りの際などには、司祭として欠かすことができない。村においては、村民の日常生活・精神生活を律し、さまざまな相談を受ける。宗教的には、精霊・仏神と民衆との仲介者となっている。特定の宗派に属するということはない。儀礼や念経などを観察すると、チベット古来の信仰であるポン教、チベット仏教のなかでも呪術的な要素が強いニンマ派（第九章参照）などと共通するところが多い。

寸劇では、まず漢族の引率者が現れ、村人にツァンパを紹介するところから始まる。この漢族の服装は、くるぶしあたりまである便衣、つば付き帽にサングラス、手には扇子を持つというもので、一九三〇年代ごろの漢族をイメージしている。漢族の引率者は、ツァンパがインドから来たと告げる。ツァンパはたいまつの周りを踊りながら回ったあと、腰掛けに座り、ラハ村を代表する長老と言葉を交わす。ツァンパは、ラハ村の豊かさを礼賛し、その年の実りの豊かさを約束する。

たいまつ祭りは、農作物の収穫前に行われ、虫追いの行事とも関わりながら、古い時代の羌族の系譜を引くとされる諸民族のあいだで行われている。宗教者が豊作を約束するというこの寸劇は、予祝という意味を持つと考えられる。

寸劇で注目されることは、村の繁栄を言祝ぐ人物がチベット族であり、その言葉がチベット語でなされるという点である。明代に麗江の木氏土司政権は明朝の後ろ盾を得て、その勢力をチベット族の居住域に拡大していく。最盛期においては雲南西北部からチベット高原の西南部、四川省の西部にも及び、チベット系の住民を使役することも見られた。このため、チベット系の住民のナシ族に対する反感は強く、しばしば両者の衝突があった。

木氏政権はチベット勢力に対する押さえとして、各地に軍隊を駐屯させるとともに、ナシ族の村を設けて屯田させた。現在もチベット族の居住域に、飛び地のようにナシ族の村が散在している。ラハ村もナシ族村落としては孤立しており、周囲はチベット族やリス族の村落に囲まれている。一つの可能性として、ラハ村は木氏政権によって設定された屯田村であったかも知れない。ラハ村にとってチベット族との関係をいかに保つかは、その存亡に関わる重大事であった。

チベット系商人の進出

寸劇の起源がどの時代にさかのぼるのかは明らかにできないが、ラハ村がチベット族との関係を友好に保つ必要性から生まれたと推定することは可能である。一七世紀後半に西モンゴルのホシュート（和碩特）部は、ダライラマの宗教的な権威と結びつき、青海省からチベットに勢力を拡大した。いわゆるグシ＝ハーン王朝である。このグシ＝ハーン王朝の勢力の伸張に伴い、雲南でも木氏土司政権が掌握していた雲南とチベットとを結ぶ交易に、チベット系の商人が参入してくる。中甸に残された史料に、青海省のホシュート部が出した次のようなチベット語の布告が含まれている（瑟格蘇郎甲初・西洛嘉措、1991。この資料集には活字によるチベット語で原文が掲載され、中国語訳が付されている。本書における翻訳は、中国語訳に基づく）。

王部（ホシュート部）の管轄する区域に居住する僧侶と俗人の力の強きものも弱きものも、モンゴル族とチベット族ならびにホシュート族の遊牧民で漢族とナシ族の地域に出かけて商業を行う力の強きものと弱きものも、それぞれの町の館員も公文書を持って行き来するものも、つぎのことを心せよ。

およそ家畜・宝石・絹織物・毛氈《もうせん》などを商うことは、地方の福利に益する。交易を行うには、一律に公正に取引を行い、力を頼んで強奪したり詐取したりすることは許されない。モンゴル族とチベット族の僧俗・官吏は、いかなるものも権威をかざして取引を行い、権勢をたのみに暴利を貪ってはならない。ここに布告する。

水鶏の年（一六九三年）八月二十五日、青海（モンゴル文字の印章）。

ダライラマと結びついたグシ＝ハーン王国が勢力を伸ばしたことで、麗江のナシ族木氏土司政権の力は相対的に低下する。一七世紀末には、雲南とチベット高原とのあいだの交易についても、チベット系商人の活躍が目立つようになる。

清代に改土帰流の政策が実施されたとき、最初の対象となったのがナシ族の木氏麗江土知府であった。これは清朝がチベット族とのあいだの関係を修復し、康熙年間にダライラマ政権をバックアップしながらモンゴル高原からチベット高原にいたる広範な地域を影響下に置くことに成功したことと密接に関係する。

明朝はチベット族を抑圧するために、ナシ族の土司を支援したのに対して、清朝はチベット族と友好関係を築き、ナシ族の特権を奪う。雲南西北部における二つの民族の力関係は逆転した。中甸にはダライラマの肝いりで、ゲルク派の雲南での総本山という位置づけを有するソンツェン＝ゲルパ（中国名は松賛林寺）が一七世紀に建てられる。こうした状況のもと、ラハ村は存続するために、チベット族との関係を強固なものとする必要があり、この寸劇が確立したのだと推測される。

歌謡に表される世界観

アレの行事からは、ラハ村を中心とする世界を垣間見ることができる。農暦六月二十五日から二十七日の夜、たいまつを囲んで、アレと呼ばれる神が村を訪れ、村でもてなされ、最終日に天へと登っていくプロセスが歌われる。

アレという名の神は、「アレ迎え」第一部の歌詞の第一段によれば、天上に住む。村とアレの住まいとのあいだには、雲や山があり、熊や鹿などの無数の野生動物が住んでいる。ナシ族の宗教は、チベット高原で生まれたポン教の影響を受けて、トンパ教と呼ばれる自然を崇拝する宗教を創始した。その最高神はショと呼ばれ、頭はカエル、胴はヒト、尾はヘビの姿をとる。ナシ族は村の人口が増えて森林を開墾しなければならなくなると、ショに許しを請うた上で、開拓した。そうした文化は、原生林を保護する。特定の神山はない。周囲のすべての環境に、ショが宿っていると考え、開発を抑制したとされる。アレがいたる道筋に、野生動物が自由闊達に生きる姿が詠み込まれている。こうした描写は、ナシ族の自然観に支えられているものと考えられる。

人間界に降りてきたアレは焼き畑を拓き、麻を播種し、麻から繊維を取って布に織り上げる手順が事細かく歌われ、家畜を繋ぎ、村を整える意義が詠み込まれる。この歌謡の文言からは、アレが村に文明をもたらす神であることが明らかとなる。アレはラハ村にとって、ギリシア神話のプロメテウスにも匹敵する火の神であり、文明の神でもある。

「アレ迎え」第二部以降では、「都」を冒頭にして数多くの地名と、その土地にまつわる物産が列挙されていく。ナシ族の習俗をみると、地名を詠み込む儀礼が少なくない。そのなかでも特に有名な習俗として、死者を祭る祭礼のなかで、死者の霊魂を祖先の故地に送り届けるというものがある。この儀式を行うことで、死者は祖先とともに団欒を楽しむことができると考えられている。祖先の故地にたどり着けない霊魂は、人間界に漂い、さまざまな災難をもたらすとも考えられている。

司祭者は、死者の歴代の祖先の名を暗唱し、死者の魂のために道を開く。各種の悪鬼が途中で邪魔をしないよう、死者の魂が道に迷わないように、死者の住んでいた村から祖先の故地にいたる地名を、一つずつ挙げてゆくのである。こうした儀礼は、広くナシ族のあいだに見られ、その故地にいたる地名の分析から、ナシ族が現在の居住地にたどり着く路線を再現しようとする研究が行われている。アレの歌謡も、地名を織り込んでいるという点で、こうした習俗の系譜に属していると考えることもできる。

しかし、アレの歌謡の場合は、村を起点に一本の路線を描くものではない。村から、たとえば漢族の住む「都」やチベット族の宗教的な中心地であるラサ、あるいは蘭州といった遠方の地名を挙げ、村から放射状に地名が掲げられている。ここにアレの歌謡の大きな特色を見ることができる。

「アレ迎え」歌謡の全体を通して見られる世界観を図示すると、次のようになる。

村から垂直方向に世界の中心軸が天に向けて伸び、村と天との中間項に山野と野生動物が織りなす生態環境が広がる。アレは天から直接には、村に降りてくることはない。ラハ村の生活には欠かせない物産を製造する諸地域をめぐり、めぐみを村に与えるために各地で作業所を建て、物産を収め、品質を確かめたあと、ようやく村に現れる。

ラハ村で行事に参加している人々は、中心を麗江でも昆明でも北京にするのでもなく、自分たちの住む土地を中心とする世界を謡う。アレの歌謡のなかにタカラガイは登場しない。しかし、こうした世界のなかで、すなわちナシ族と漢族・チベット族などとが住み分けながらも共存する世界のなかで、漢族、ナシ族やチベット族のそれぞれが編成した隊商によって、タカラガイはチベット高原の深部にまで運ばれていったと考えられる。

第八章

ダライラマが観た歌舞劇——ラサの祭り

ダライラマ政権の歴史

四川省成都の空港を離陸した旅客機が高度を上げ、厚い雲を抜けたとたん、前方遠く、白雪をいただいたチベット高原の霊峰が連なっている姿が現れた。座席は進行方向左側の窓側であったのがよかった。高原の上空では、雲海に頭のみを出す山が飛び石か、禅寺の石庭のように並んでいる。二時間もたたずに高度を下げ、ラサ－ゴンカル空港に近づく。空港は広大な河川敷の一角に位置している。二〇一〇年八月九日の朝、私はアジアの演劇を広い視点から研究している細井尚子氏の調査チームの一員に加わり、ラサに立っていた。幸いにして、高山病に倒れることもない。翌日から始まるショトン祭で行われる演劇を、観察することになっていた。

細井氏はさまざまな演劇にしばしば登場する、頭からすっぽりとかぶる仮面を「仮頭」と名づけ、平面的な一般的な仮面と区別し、その立体的な形態が劇の演出にどのような違いをもたらすか、日本の伎楽《ぎがく》やアジアのさまざまな伝統的な演劇と比較することで明らかにしようとしていた。チベットのショトン祭で演じられる伝統的な歌舞劇アチェラモでは、菩薩や動物などさまざまな「仮頭」が登場する。演劇が始まる前に舞われるゥンバ（温巴）の仮面に、タカラガイが付けられていることを知り、調査チームに加わった。アチェラモとは、アチェ（姉）ラモ（女神）という意味で、歌舞劇の成立に美しい女神がかかわっていたとされ、また歌舞劇が始まる前に、美しく着飾った女性の歌舞が行われるところに由来するとされる。

ショトン祭の「ショ」はヨーグルト、「トン」は食べる、宴といった意味を持つ。チベット暦の七月一日から数日のあいだに行われる、チベット仏教ゲルク派の祭日である。ゲルク派は、いまの青海省で一四世紀なかばに生まれたツォンカパが創始した宗派で、儀式のときに黄色い帽子を被るところから、書籍では「黄帽派」と記されることが多い。

第九章で取り上げることになる青海省レゴンで出会ったニンマ派など、ゲルク派が生まれる前に存在していた教派が赤い帽子を被っていたので、紅帽派と黄帽派の対比で語られることが多い。ニンマ派は在家の密教行者が宗派の重要な担い手であるのに対して、ゲルク派は戒律を重んじ、僧院のなかで僧侶は生活し修行する。僧侶養成のカリキュラムを整えて多くの僧侶を育てることができるため、一五世紀以降、急速に勢力を広げた。ショトン祭で行われるアチェラモの最大のスポンサーは、ダライラマであった。

一六世紀後半にモンゴルを統一したアルタン＝ハーンが、ゲルク派に帰依した。アルタン＝ハーンは、ツォンカパの弟子が転生したというソナムギャムツォを一五七八年に招き、この高僧にダライラマという称号を献じた。「ダライ」とはモンゴル語で「大海」を意味し、「ラマ」はチベット語で「師」を意味する。高僧の名にある「ギャムツォ」（海）にちなんだものである。ソナムギャムツォは三人目の転生者であったため、ダライラマの称号はさかのぼってツォンカパの弟

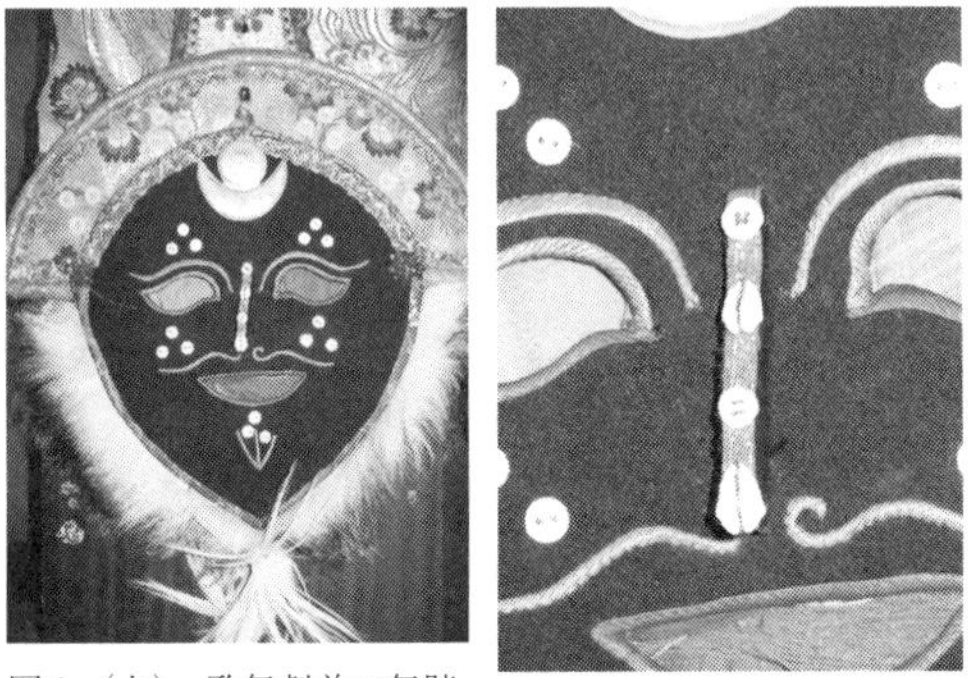

図１（上） 歌舞劇前の舞踏
図２（下２点） ゥンバの仮面

子をダライラマ一世とし、彼はダライラマ三世となる。

アルタン＝ハーンはダライラマと出会った際に、自らは元朝を建てたフビライ＝ハーンの転生者であると悟ったとされる。チンギス＝ハンとの血縁的な遠近を超越し、チベット仏教を仲介することで支配の正統性の根拠を得たのである。換言すれば、ダライラマの権威を後ろ盾にすれば、チンギス＝ハンとの血縁がないものでも、ハーンを名乗れる可能性が開けるのである。

世俗権力とダライラマ

ダライラマはハーンという称号を与える権威を確立すると、モンゴル高原にその勢力を拡大するようになった。さらにダライラマ三世は死去すると、アルタン＝ハーンの曾孫に転生したとされ、その子どもはチベットで得度してダライラマ四世となった。これはチベットかモンゴルかという民族の枠を超えて、ゲルク派の教勢が広がる契機となった。

チベット仏教の高僧と世俗の権力との関係を、チベット語で「チュ・ユン」という。直訳すると「寺と壇家」となるが、世俗の権力は施主として仏教を守護し、高僧は権力に宗教的な権威を与えるという関係である。この相互関係を活用して、チベットの最高権力者となったのが、ダライラマ五世である。

彼はゲルク派の勢力を確立するために、モンゴル高原の西に勢力を伸張していたオイラトのリーダーを取り込んだ。そのリーダーはチンギス＝ハンの男系ではないので、チンギス＝ハンの血を引く者しかハーン号を名乗ることはできないという原理からすると、ハーンを自らの称号とすることはできなかった。しかし、ダライラマ五世が与えた権威によって、「グーシ＝ノミン＝ハーン（国師法王）」と認められた彼は、グシ＝ハーンと呼ばれるようになる。チベット王となったグシ＝ハーンの子孫は、青海を拠点に政権を作った。

グシ＝ハーンの支持を取り付けたダライラマ五世は、宗教と政治とを一体化する体制を整えた。その聖俗の中心となったポタラ宮は、吐蕃帝国の宮殿の遺跡を拡充するかたちで建設された。私たちも調査の合間を作り、参観することができた。政・教一致のダライラマ政権の形は、ポタラ宮を歩くと具体的に理解することができる。

ポタラ宮にて

天安門広場を思わせるポタラ宮前の広場では、空間を威圧するように、五星紅旗がはためいている。目をこらすとポタラ宮の屋上にも五星紅旗。トンネルをくぐって参観者入り口に向かう。ダライラマ一四世がインドに亡命して以来、中華人民共和国のもとで、チベットは厳しく管理されていることを、この旗が示している。

岩山の上に建てられた宮殿のふもとには、鋳造処や酒造処（羌倉）などが立ち並ぶ。急な坂を登る。階段の途中に置かれた無名碑は、ダライラマの摂政サンギェ＝ギャンツォがダライラマの死を隠してポタラ宮の造営を進めたことについて、その功罪が定まらないとして文字を刻まずに建てたといわれる。階段の赤い壁は特別の草を束ねて赤い顔料で色づけしたもの。防虫の効果があり、当時は一般の家屋での使用は禁じられていたという。

政務を行っていた白宮に入るために、広場デヤン―シャルで整列させられる。初期のショトン祭におけるアチェラモは、この広場で行われていた。ダライラマ七世はその晩年に病が重くなり、医師のすすめもあって、一七五五年にポタラ宮の西にあるノルブリンカに離宮を置いて静養するようになった。ダライラマ八世はこの離宮を拡充し、ショトン祭の会場をポタラ宮から移したのである。チベット暦一二月に行われる舞踏は、いまもポタラ宮内の広場で行われている。ダライラマがラサにいたときには、きっと白宮の最上階の窓に、ダライラマが見下ろす姿が映っていたことだろう。三つに区分けられた階段を上って白宮に入る。中央の階段はダライラマ専用とされていた。

白宮のなかではダライラマの執政の間や休息室、さらに勉学の間など、「俗」の活動が行われた部屋を巡り、宗教的な儀式などを行う「聖」の空間であった紅宮に進む。興味を引いたのは、清朝の順治帝に招かれたダライラマ五世北京訪問（一六五二年）の様子を描いた場面が、持明仏殿の壁に描かれていたことである。ダライラマ政権と清朝との深い関係を垣間見ることができる。その後、清朝皇帝はゲルク派最大の檀越《だんおつ》として、支援するようになったのである。

ダライラマと清朝の皇帝は、称号を互いに与えあい、チュ・ユンの関係が確認された。この関係は、儒教的な文脈においてはチベットが清朝皇帝に帰順したと説明され、チベット仏教の文脈では清朝皇帝が施主となったと解釈される。ゲルク派はモンゴルの首領から支持され、清代には清朝皇帝からも手厚く保護されたため、チベット仏教のなかで最大の宗派となっていくのである。

このゲルク派の規程は、チベット暦の四月から六月までのあいだを夏安居《げあんご》とし、僧院での修行を行うことになっている。特に六月一五日から三〇日のあいだは、僧侶たちは僧院から出ることを固く禁じている。この時期はチベット高原に遅い春が訪れ、虫が一斉に地上に現れる。殺生を戒める僧侶が、うっかり小さな虫を踏み殺さないためだとされる。七月一日、この禁足が解かれ、僧侶たちが寺から出てくると、農民や牧民はヨーグルトを献じた。これが、ショトン祭の起源だとされる（以下の記載は中国の検索サイト「百度百科」による）。

また、一説には夏安居に入ってから二週間がたったころ、僧侶にヨーグルトを振るまったところに由来し、夏安居の最中に僧侶たちを妨害しようとする悪魔たちの気をそらすために、アチェラモが行われるようになったともいう。ショトン祭の期間にアチェラモを開催することにしたのは、ダライラマ五世だと伝えられている（三宅伸一郎・石山奈津子訳、2008の解説）。

一六四二年にゲルク派がチベットの政権を担うようになると、ダライラマ五世は法王の地位に即いた。まだポタラ宮は存在しておらず、法王の座はデプン寺に置かれていた。ショトン祭初日には、デプン寺で大タンカの開帳がある。観光客の多くは、この行事を見に行くが、私たちの調査はショトン祭でのアチェラモが目的であるため、参観することは断念した。

ショトン祭のアチェラモ

八月一〇日、ショトン祭初日、私たちは早めにアチェラモの会場となるポタラ宮から西へ三キロほど離れたノルブリンカに向かった。会場ではすでに劇団の控えのテントを張る作業が進んでいた。舞台となる空き地では天幕が空を覆い、円形に線が引かれている。正面の建物の二階からは、かつてダライラマが窓越しに観覧したという。会場の周囲では、次第に多くなる観客が、腰掛けなどをならべ始めていた。

昼前の一一時を少し回ったときに、ポタラ宮で行われていた開幕式を終えた劇団員が到着し、慌ただしく着付けなどの準備が始まった。初日の演目は「ノルサン王子（諾桑王子）」物語。劇が始まる前に、藍色の仮面の一団が登場し、女性との掛け合いを始める。これは、どの演目でも最初に行うもので儀式的な意味合いが強い。仮面には飾りとしてタカラガイが付けられている。

劇の内容は複雑で、登場するものも多い。強引に要約すると、以下のようになろう。

相思相愛の王子と妃、それに嫉妬する王子の正妻が、呪術者にそそのかされて王子が遠征に出かけたすきに謀反を起こし、妃を亡き者にしようとする。妃を捜す王子は仙人から獣を鎮める力をもつ魔法の指輪を与えられる。天女となった妃と巡り会った王子は、妃が天に舞い上がろうとするすきに、指輪をその持ち物に潜ませる。この結果、妃は蘇り、悪女と呪術者は捕縛され、大団円となる。

劇のあとに出演者にハタ（帯状の絹布）が捧げられ、チャンパ（麦こがし）を空に撒いて、終了。太陽はすでに西に傾き、時間は一八時を過ぎていた。演劇は七時間にもおよんだことになる。途中で日差しが天幕に差し込み、背中が焼ける。

ショトン祭の演目は、初日の「ノルサン王子」を含め八大アチェラモとされる「文成公主」「ドワ・サンモ（卓娃桑姆）」と続く。連日の観劇は、かなり苦痛ではあったが、記録を採りながら見続けた。ところが八月一五日は、甘粛省の舟曲での地滑りの被災者を哀悼するために、政府から通達が出され、全国的に歌舞音曲中止、テレビもどの局をつけても、国旗の半旗掲揚の映像や天安門広場に集まった人々が哀悼の表情、それに被災地の模様の放映のみ。ショトン祭の公演も中止。我々も自由に行動できることになり、劇団の一つを訪問することとなった。

アチェラモについての聞き取りでは、隊の成り立ちなど。劇が始まる前に行われる舞踏に登場し、アチェラモに欠かすことのできない藍色の仮面はチベット語で「ウンバ」、白い面具は「バカロー」と呼ぶとのこと。なぜタカラガイが付いているのかという私の問いについては、伝統的にそうだから、という回答しかなかった。

千秋楽の演目

翌一六日はショトン祭最終日。人気がもっとも高い劇団「雪巴蔵戯団」がノルブリンカにて公演するということで、場所取りのために開門前に着くようこれまで以上に早く出立したのだが、会場に着いたらすでに良い場所には先客が陣取っていた。裏口から入ったのだろう。老人たちの熱意には負ける。その日の演目「ペマ＝オンバル（白馬文巴）」には、劇中でタカラガイが登場する。少し詳しく紹介しておこう。

インドのとある外道の国、国王は徳のある商人に、いずれは取って代わられるのではないかと恐れていた。そこで国王は、足の悪い大臣を商人のもとに派遣して、商人を参内させる（この大臣役は道化役なのであるが、役者が客をいじるのが多すぎ、冗漫になった感があった）。

国王は商人に対して「これまでわしが必要とした宝物は、すべて汝から購入した。大臣の着ている錦の服も、汝から買った。汝の功績は小さくはない。しかし、わしの宝物庫に足りない宝が一つだけある。これをぜひ海に出かけて買い付けていただきたい」と命じた。王の言葉を聞いた商人は、あわてて「年老いたのでほかの者を行かせてほしい」と懇願するが、国王は「もし宝を求めて海に行かないのならば、お前の妻子を監獄に放り込む」と脅す。仕方がなく商人は、旅に必要な物品を整えていただくように懇願する。国王は国中の職人を集めて、商人が求めた物品を整える。断る口実を失った商人は致し方なく、大海を渡って宝を求めることとなった。

商人と予知能力のあるオウムを乗せた舟が竜宮の近くにさしかかると、二匹のサソリの妖怪によって沈められてしまう。これを見たグル＝リンポチェは徳の高い商人の死を哀れみ、商人の妻が産んだ子に化身する。なおグル＝リンポチェは、中国では蓮花大師と呼ばれるインドの高僧で、チベットに仏教をもたらし、ニンマ派の開祖として崇拝されている。さて、生まれた子は、ペマ

＝オンバルと名づけられた。母親は国王にこの子のことを知られたら、身の危険が迫ると恐れ、息子には父親が誰なのか告げなかった。

幼くして尋常ではない力を付けたペマ＝オンバル、町でチンピラや国王の手下にからまれても、軽く倒してしまう。森でシカの親子を見たペマ＝オンバルは、なぜ自分には父親が居ないのかと悩む。自分で紡いだ糸を市場で商っていたとき、タカラガイで売り買いしている老婆と出会う。チンピラにからかわれていた老婆に親切に応対して信頼を得ると、「おばあさん、商売をしようよ」と連れだって森のなかに入っていく。

劇中のタカラガイ

以下は石山奈津子氏の訳文を引用することにしたい。


ペマ＝オンバルと老婆は、小さなタカラガイ一つにつき糸一本を交換することで折り合いました。そしていよいよ交換する段になって、ペマ＝オンバルがいいました。

「おばあさん、このタカラガイのことを少し教えてよ。ぼくはこの糸のことを話すからさ」

そこで老婆はいいました。

「タカラガイのことを教えてやろうじゃないか。インドの言葉でカルシャバーニー、チベットの言葉でドンプというのさ。大きいモノはギャドンというんだよ。さあ、次はおまえが糸のことを話す番だよ」……（中略）……

そして二人は交換を始めました。ところが、ペマ＝オンバルの糸がまだ半分も残っているうちに、老婆のタカラガイをいれた袋は、空になってしまったのです。老婆はどうしてもこれをがまんできず、怒りをあらわにして言いました。

「なんてこった、こりゃ最低だよ。この年寄りが、一生をかけて集めたこの宝を、たった半日で持って行かれてしまうなんて。父親は白檀の木のような人だっていうのに、この子は木にたとえるなら柳だね。善良なる父親は尊い仕事をしたというのに、この不良息子は、なんてちっぽけな仕事をしているんだろうね」

こう言い放つと、老婆は気絶してしまいました。ペマ＝オンバルは思いました。

──白檀の木のような父親、といったぞ。このおばあさんはぼくのお父さんのことを知っているんだ（三宅伸一郎・石山奈津子訳、前掲書）。

ペマ＝オンバルは老婆の手を取って、タカラガイを返したうえに、糸を差し上げると告げ、喜んだ老婆から父親の話を聞き出すのである。

望遠鏡で民情をさぐる国王とその手下、ペマ＝オンバルが尋常な能力ではないことを知り、再び死地に送ろうと竜宮行きを命じる（望遠鏡が登場するのは、新しい演出。本来は国王が市場を視察しているときに、美しい糸を持って喜んでいる老婆と出会い、その来歴を問いただし、ペマ＝オンバルの存在を知る、という流れとなっている）。母親はケサル大王に祈願すると、パラパラと太鼓を鳴らしながら五人の天女が現れ、五色の布が満ちあふれる。天女は母親に法力のある呪文を教える。ケサル大王は、チベットの長大な英雄叙事詩の主人公である。

ペマ＝オンバルを涙ながらに送り出す母親は、呪文を伝える。オウムと舟に乗った一行、大海でふたたびサソリの妖怪に襲われるが、呪文によって妖怪は退散。竜宮でもその法力によって竜の女王の怒りを鎮め、宝物を手に入れる。ペマ＝オンバルに魅せられた竜の女王は、留まってくれるように求め、ペマ＝オンバルも三日間だけならばと、滞在することにした。しかし、竜宮で三日たって戻ってみると、三年ものときが過ぎていた。宝物を持って帰ってきたペマ＝オンバルに、国王はふたたび羅刹国に行くことを命じる。

図３　羅刹の女王（中央）

羅刹国では黒・白・赤・黄の羅刹に食われるが、その腹の中で呪文をとなえると、羅刹は耐えられなくなってはき出す（喰うという所作は、主人公の背中に羅刹がとりつくことで表され、はき出すという所作は、「オェ～」という声を出すことで表されていた）。最後に羅刹の女王（三段の顔が三つ、計九面の仮頭）にも呪文で打ち勝つ。法力をもつペマ＝オンバルが念じると、羅刹たちは天女に転生する（ひとりずつ羅刹が会場から引き上げると、それとすれ違って天女が登場する)。

天女は魔力のある銅鑼をならしながら空中を飛ぶ舟で、ペマ＝オンバルを王国に戻す。国王は三人の男にペマ＝オンバルを殺させようとするが、男たちはそれができない（この直後に、会場に布で覆われた駕籠が持ち込まれる)。国王と手下は、空飛ぶ舟に乗り込んだところ、羅刹の国に連れて行かれ、妖怪たちに喰われてしまう。布を取り払うと、なかから菩薩の姿となったペマ＝オンバルが現れて、大団円となる。

ここで黄色の面の「白面具」の舞が、最後の締めくくりとなる。

一一時に温巴の開幕歌舞から始まった公演が終わったのは、二〇時少し前。九時間に及ぶ長丁場に、かなり疲弊した。陽はすでにかげっていた。

このオペラの台本は、一七世紀に成立していたという。交易という視点からこの物語を読み解くと、いくつか興味深い点が浮かび上がる。

一つはチベットの王侯貴族が主人公となる物語が多いなかで、ペマ＝オンバルは父も商人、そして本人も市場で商いをしている庶民の出であるということ。徳のある商人とされたペマ＝オンバルの父は、インド方面と手広く商取引をしていた。国王の求めに応じて、さまざまな物品を納入していた。そして海の彼方に宝物を求めて旅立つこととなる。

そしてタカラガイに関しては、老婆が貝貨で取引を行い、その生涯のなかで大量のタカラガイを蓄えていた設定となっている点が挙げられる。老婆は大量のタカラガイがわずかな糸で引き取られようとしたことを理解できず、怒り始めたのであろう。
　このエピソードがなにがしかの歴史的な事態を反映しているとしたら、老婆が若いころには貝貨が広く流通していたのだが、時代が移り変わるとともに、貝貨の価値が減じた、ということではないだろうか。この物語が成立した一七世紀にこうした貝貨をめぐる変化があったとすると、第一部で述べた雲南で貝貨が銅銭に駆逐された事態と、時期的にも対応する。

タカラガイを用いたゲーム

　ダライラマがラサにいたころ、法王の離宮として使われ、ダライラマ一四世の亡命の舞台ともなったノルブリンカは、現在は市民の憩いの場となっている。ショトン祭のアチェラモが演じられている広場の周囲では、オペラなどは老人が観るものだ、こちらはまったく興味がないといった風情の青年たちが、サイコロを用いたゲームに夢中になっていた。その手元を見ると、得点を数えるために銅銭とタカラガイが使われていた。

図4　チベットのゲーム「ショ」

　このゲームはショと呼ばれ、ラサを中心とする地域で楽しまれている。ゲームは三人で行い、サイコロ板の周りに六四個のタカラガイを並べ、対戦者はそれぞれ九つの銅銭を自陣に置いてから始める。一人ずつ二個のサイコロを振り、その目の数だけコインを時計回りに、最初のタカラガイから順番に動かして行き、最後の貝にたどり着くとゴール。九個の銅銭をすべてゴールまで運んだ競技者が勝者となる。最初は二個のコインから動かし始めるが、サイコロの目が一のゾロ目、または一と二であれば、三個を重ねて動かす。移動先に自分のコインがあると重ね、移動先に相手の銅銭がある場合、自分の銅銭の数が相手よりも多ければ、相手は蹴落とされて振り出しに戻る（ぱるかん　ちゅんちゅんＷｅｂ工場「チベットすごろく」http://tbt.deci.jp/sho/）。

このゲームでは、均一なタカラガイが、きめられた個数をならべて用いられていることに注目する必要があろう。

庶民が集うショトン祭のアチェラモの会場では、早朝から夕暮れのときまで観劇をするもの、チベット式の双六に興じるもの、のどかな光景が繰り広げられてきた。ダライラマ一三世の評伝によれば、一九二一年のショトン祭でも「ペマ＝オンバル」が最終日の演目として上演され、ダライラマも避暑宮殿の二階の窓から、観劇したようである。ラサでは随所で、タカラガイが散見されるのである。

第九章

神々の舞う大地——アムド＝チベット族の世界

アムドでの調査

チベットの大きな区分として、チベット高原の北、青海省を中心とする地域をアムドと呼ぶ。細井尚子氏が中心となり、民族音楽を専攻する山本宏子氏とともに、二〇〇三年から数度にわたり、チベット人がレゴンと呼ぶアムドの文化的な中心地、青海省黄南チベット族自治州同仁県において調査を行った。

調査の期間中、後述するルロの儀式を見守る群衆に、どこからか紛れ込んだ乞食が被っていたフェルト製の仮面の鼻先に、一粒のタカラガイがつり下げられていた。仮面とタカラガイとの組み合わせは、チベットのラサで観察したウンバの藍面と同じものである。この乞食は単なる物乞いというのではなく、神性を帯びている。小銭を渡す村人も、なかば喜捨として財布をひらいていた。

この地域では、お守りとしてタカラガイが広く用いられている。レゴンで文化人類学の調査を行っている現地出身のチョルテンジャブ氏によれば、お守りはチベット語アムド方言ではソンコル（srung 'khor）と呼ばれるという。子どもが生まれて一カ月か、一年後、またはチベット暦で四歳になったとき、生まれて初めて頭髪を剃り、その頭髪と活仏から貰ったお守りを、ジョブ（タカラガイ）と一緒にお守りとして着ける習慣がある。初の頭髪を剃る儀式に時期ややり方など遊牧民と農民の地域差があるが、ほとんどの地域でこうしたお守りは見られ、ほとんどのチベット人は護符を自分の成長とともに一生、身に着けるのである。

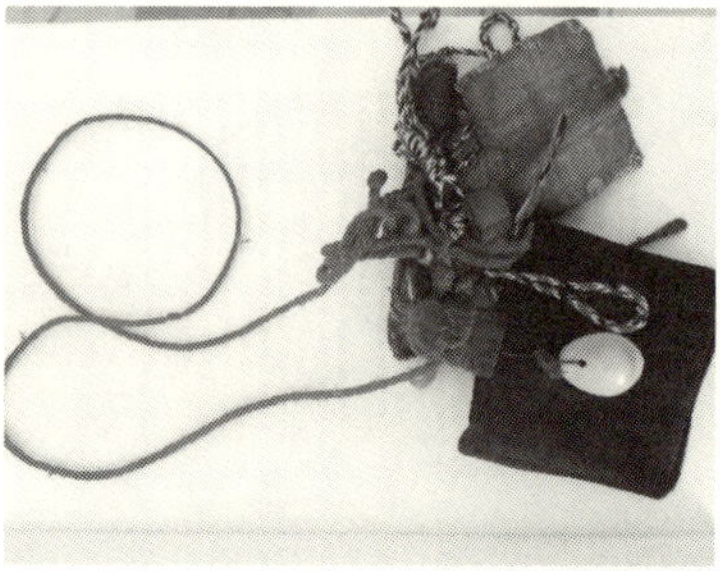
図1　アムドのお守り

タカラガイを身に着けて暮らすレゴンの人々は、深い精神世界を抱えて生きている。その心性を読み解くために、レゴンで行われている宗教的な諸相を、ランジャ（gling rgya）村という村で行ったフィールドワークの経験に基づいて、紹介することにしたい。

レゴンのチベット人の心性

ハダカムギ栽培を主な生業とするランジャ村の住民から、いまも心に残る言葉を聞かされた。

「ぜひ秋に死にたいものだ」

ランジャ村はアニュ＝ハル山の山麓に位置する。この山の一角に天葬を行う際に遺体を安置する場所がある。ランジャでは天葬が一般的で、人々は不要になった自分の身体が鳥に食べられることを願い、鳥の食べ物が少なくなる秋に死去することを願う。死後の身体は古着のようなものだ、それを他のいのちが活用してくれたら、とてもうれしいのだという。ランジャ村では、しばしば「いのち」について考えさせられた。

この村にはいくつもの宗教が層をなして共存している。基層には山そのものが神とされ、その神はハワと呼ばれるシャーマンに憑依して、村人に意志を伝える。村の一つの集落の住民は、チベットに仏教が伝来する以前から信仰され続けてきたポン教を奉じている。村民の大半が信仰している宗教は、ニンマ派チベット仏教であり、さらに一四世紀の宗教改革で生まれたゲルク派チベット仏教も、村に強い影響を及ぼしている。

このレゴンのチベット人のあいだでは、死去した人の名を口にしてはいけないというタブーがある。たとえば調査で通訳を担当してくれた地元出身の青年が、物心ついたころにすでに死去していた祖母の名を知ったのは、たまたま訪ねてきた人に父親が「母と同じ名前ですね」と言ったのを聞いたときであったという。そのような機会がなければ、たとえ身近な親族であったとしても、死去した人の名を知ることはできない。

祖先について語ることができないため、この村では自分たちの「歴史」、つまり何年何月に誰それがどこで何をした、といった事柄が語られることがない。これは漢族が執拗に祖先にこだわるのとは対照的である。歴史は神々の関係として語られ、口頭伝承として「神話」と結びつけられて記憶されている。

村の社会構成は、祖先の名を知ることができないために祖先を共有することはできず、漢族に見られるような同族集団は形成されない。近隣に住み、具体的な日々の関係に基づいて、社会が編成されている。

社会の最小の単位は、一個の住居に住む家族であるが、その親族的な構成は家によって異なるようである。家族の上の単位として、葬式や結婚のときなどに互助するハオ（あるいはハヨ）と呼ばれるまとまりがある。この集団の構成員は互いに全員と面識があり、名を知っている。ハオの上の単位がツォアという。これには名称があり、帰属の手がかりとなっている。ハオのレベルまでは構成員全員を個々人が把握しているので、あえて名称を冠する必要がないのにたいして、ツォアになると把握しきれなくなるので名称が必要になるのであろう。

多くのハオには名称がないが、宗教的な儀式で特定の役割を割り振られたハオには、名称を有するものがある。ツォアは宗教活動の上では、農暦十一月に行われる念経の儀式の単位となっている。ツォアの上がデワで、かつては生産隊と重なっていた。集落というイメージに近い。ツォアは基本的に複数のデワにまたがらない。

特に調査の中心となったランジャ村は、アニュ＝ハルと呼ばれる山の南麓に広がる台地に立地している。村の規模は三二〇戸あまり、人口は二〇〇〇人ほど。七つの集落に分かれており、山岳信仰を基層にして、チベット仏教ニンマ派の儀礼を実践する村とならんで、サソマと呼ばれる集落ではポン教に基づく儀礼が行われており、相互に影響を与え合いながら豊かな祭祀の世界が展開されている。まず農暦六月に行われるルロと呼ばれる祭祀と生態環境との関係を紹介したのちに、農暦十月に行われるチャムの事例紹介を行う。

自然界の精霊たち

アニュ゠ハル山の神には、二つの姿がある。白い顔のアニュ゠ハル・シュワは穏和な表情を示し、褐色のアニュ゠ハル・チェコーは憤怒の形相で現れる。毎年農暦六月に行われるルロと呼ばれる祭祀で、シャーマンのハワはハンガと呼ばれる大きさが五〇センチメートルほどの団扇太鼓を叩く。取り囲む村人が気勢を上げるなか、高揚したハワの身体は揺れはじめ、突然、神が憑依する。神が宿ったハワは、祭礼の舞踏の場にうかつに踏み込んだ取材者に石を投げつけ、ハワが進もうとした方向を遮った観光客にも容赦なく、手にした枝を振り下

図２　褐色のアニュ゠ハル・チェコー

図3　アマラモの神像

ろす。村のかどで立ち並んで待っている村の女たちが、来訪したハワの首にハタ（供物としての布）を掛け、バター茶を満たした碗を手渡すと、柔和な動きとともにバター茶を大地に撒く。

　この祭祀のひとつの山場は、アニュ＝ハル神が女神アマラモを訪ねるときに現れる。アマラモの小さな祠の周囲は人だかり。狭い広場の一角では、この年に新生児を恵まれた家の子どもたちが、小さな旗を結わえイネ科植物の穂で飾った竿を持って、立っている。輪踊りが始まると、爆竹が鳴らされロンタ（馬の絵が刷られた小さな紙）が天空に舞う。アマラモの祠にハワが籠もる。

　アマラモの神像は高さ八〇センチメートルほどと小さいが、全身が白く、唇だけが赤く、乳をはだけ、なまめかしい。外では、木製の女神像を手にした男が、旋回しながら男根をかたどった棒で性交を暗示する所作を繰り返す。周囲からははやす声。ハワは祠から出ると、子どもに恵まれた家族に、酒を振りかけて祝福する。やがて顔をタオルで覆う村の青年たちによる情歌が始まる。

　踊りの輪は、アニュ＝ハル・シュワの仮面を顔の前に捧げ持つ少年を先頭に、やはり村の娘たちが年齢の順番に並んで緩やかに旋回する。ハワが娘たち一人ひとりの手に布を掛けて祝福し終わると、情歌が終わり、踊りの輪がほどける。ここでは生殖とあらたないのちの誕生が祝われるのである。

祭祀の時期、青年がときおり裏声でホオーと叫ぶ。すると他所で呼応する声が起きると、みながドヨッと笑う。こうした掛け合いは、この祭祀の時期だけに行われるもので、喩えて言えば動物の発情期のようなものだという。ランジャのルロは、山神アニュ＝ハルと女神アマラモの交歓の季節であるので、こうした掛け合いがなされる。第一章で馬家窯文化において、タカラガイが生殖儀礼の呪物として用いられたのではないか、と仮説を述べた。その情景は、このランジャで観察した儀礼と重なっている。

図4　神が宿ったハワ

水の精霊

チベット族は水について、中国の人口の大半を占める漢族のものとは異なる独特の認識を持っている。その水に関する文化を象徴するものが、ル（klu）という水の精霊に対する信仰である。チベット語の発音は難しく、日本人には聞き分けることが難しいのであるが、この「ル」は舌先を上顎の歯茎の裏に押し当てて、のどの奥に引き込みながら、のど奥で音を反響させながら発音される。

ある村の近くで乗用車が谷に落ち、死者を出した。血が流れて大地を流れる水を穢したために、この事故のあとに村では不幸なことが続いた。村人はハワを招き儀式を行うと、団扇太鼓を叩くなかで神が憑依したハワは、事故のあった河原に降り立ち、大きな石を取り除く。その窪みに耳を澄ませると、うめくような声が聞こえてきたという。この声は、ルが発していると考えられている。ハワはルを鎮め、その場所には石が積み上げられた。

また、別の村では、少女が遊びのなかで石を持ち上げたところ、カエルが飛びだしてきた。驚いた少女が石を取り落とし、そのカエルに当たって殺してしまった。その後まもなく、少女の顔が腫れ始めたという。地元の人にルとは何かと尋ねると、カエルやヘビなどの水にゆかりのある生物で、大地の奥底に住んでいるという。こうした水生生物を傷つけることは、タブーとされる。

乾燥したチベット高原では、河川は地表に現れず、地下を伏流水となって流れていることが多い。河原も水が流れていることはほんどなく、ところどころに湧き出しては再び地表に消える。こうした地下の水の存在を示しているものが、ルであると考えられる。レゴンでは、ルドン（klu sdong）と呼ばれる泉の在処を示す大樹を見かける。ルドンを直訳すると「水の精霊の樹木」ということになる。その樹木が繁っているところは、おおむね山から谷が落ち込んでいるような地点で、地表には水が湧いていなくても、地面を掘れば水が得られる。ルドンは大地のなかに潜む水が溜まる場所を教えてくれるのである。そしてこうした土地は湿っているために、カエルなどが寄ってくる。

チベット高原に仏教が定着する前から存在していたポン教というチベット族古来の信仰のなかでも、ルは意識されていた。住民がポン教を信仰している村では、何かことあるごとにデル(dter)を地面に埋める儀礼を行う。デルとは、ルに対する供物のことで、五穀(小麦・ハダカムギなど)・宝物(金・銀・宝石)・絹・薬材(毒になる物は避ける)などの財宝とともに、各地方の水(たとえば黄河の水・青海湖の水など)・各地方の土(ラサの土など)を加え、袋に包んだものであり、地下の精霊であるルに捧げるために埋めるのである。チベット族にゆかりのある河川・湖沼の水を加えることで、豊かな実りをもたらす水を引き寄せられると考えられている。

水の精霊の儀式

レゴンでは農暦六月中・下旬にチベット族の村々で、ルロ(klu rol、水の精霊の踊り)と総称される祭祀が行われる。季節はこの地域の主要農作物であるハダカムギが熟する時期。多くの村のなかでもランジャでは、特色のある儀式が行われる。

ランジャのルロは豊収を願い、収穫直前に雹が降らないことを願って行うとされる。現在はサソマ以外のデワ(集落)がすべて参加しているが、本来はトトロック(セルクチゥ川をはさんで村域の対岸にある台地で、セルクチゥ川の上流から等高線に沿って水を延々と引いて灌漑されている)に畑を持つマルとジャモタンのみが行う祭だったという。それを裏付ける次の伝承がある。

図５　ルドンと呼ばれる柱によじ登る青年

「昔、ランジャにいたアラキという人が村の南側の川から北側のトトロックに水を引こうとしたがうまくいかず、トトロックの上方に泉をみつけたが、この水はあまり流れずに地中に入ってしまう。泉を管理する青龍の仕業と考え、毎年六月に泉のまわりで全村をあげて龍を喜ばすために踊り、歌い、まわりの木を龍の木として子どもたちが登った。おかげで泉水が増え、トトロックの収穫が多くなった」。

祭のクライマックスとして、広場にルドンと呼ばれる柱を立て、その年の当番として行事を支えた青年たちがよじ登る。何人かの青年は、途中で力尽きて滑り降りてくるのだが、頂点まで登り切ったものは、両足をひろげ、カエルのような声で雄叫びをあげるのである。この儀式は、大地に棲む水の精霊を、泉にそびえる大樹に見立てた柱に呼び寄せ、水生動物をまねた青年にルの霊力を移し、村にその生命力を留めようとするものであると解釈される。村に集められたルの力は、作物を実らせ、豊かな恵みを村にもたらすのである。

レゴンでは、河川から水を引いて農耕が行われている村が少なくない。たとえばランジャ村の用水路の取水口は、ランジィカゴ〈gling rya'i ska 'go〉、ランジィ＝ランジャの、カ＝水路〈ガソン〉

のガ、ゴ＝頭）と呼ばれ、その起源は古い。伝説によるとランジャの住民が昔、ラサに行ったときに、高僧からランチャン川に大きな岩があるはずだ、そこから取水しなさいと言われ、戻ってから川をさかのぼってみると、確かに言われたような岩がある。そこで、ここから取水することになったという。

農暦の二月から八月までのあいだ、用水路から取水されて耕地に配分される。ある年に各集落の耕地の下流から順番に上流側に取水したら、次の年は逆に上流から下流に向けて順番に取水する慣習となっていた。村をめぐるあいだも流水は汚さないように配慮され、耕地を潤した残りの水は、すべてもとの水系に戻される。下流の村の用水は、上流の村の管理のおかげで保たれているのである。村同士の水を介した規律は、ルロ祭のときにそれぞれの村を守護する神々の交流を通して可視化される。

水の精霊への信仰

ルへの信仰は、チベット族社会に広く見られる。雲南省西北部のチベット族の村落に関するモノグラフのなかで、ルを〈魯〉と表記して次のように記されている。「ルは地下の世界の精霊であり、ポン教の宇宙の構造のなかで下界をルの世界としており、ポン教の九名の創世者の一人である。湖沼・河川・瀑布・池水・岩山・樹林・土地・灌木など水に関わる場所に、ルは存在する。……ルは吉祥の精霊であり、人々に財産をもたらし、天候の安定や五穀の豊穣を与えてくれるが、もし少しでもおろそかにすれば災いをもたらす荒ぶる精霊とも考えられている。ルは雹を降らせ、洪水を引き起こし、疫病をまき散らす力も持っているからである。そのために村人はルの怒りを招かないように、水源を汚染せず、樹木を乱伐せず、地面を掘ったり石を動かしたりしない。ヘビ・カエル・オタマジャクシ・魚のたぐいをルの繋累と考え、むやみに傷つけたりはしない」(魯、2005)。チベット族の文化のなかでは、水の精霊を通して、生態環境の保全が社会のなかに根付いているといってもよいであろう。

ポン教

村の北に位置する集落サソマはポン教を奉じ、その中央にはポン教の寺セルカンがある。ポン教はチベット古来のアニミズム的な要素を持つ宗教が、その原型となる。吐蕃帝国がインドから仏教を取り入れてからは、仏教の教義体系を取り入れながら発展してきた。特に、後述するニンマ派とのあいだで、相互に影響を与え合った。

ポン教の経典には、仏教の影響もみられるが、根幹は独自の宇宙観に支えられている。見た目でポン教徒かニンマ派仏教徒かを見分けるのは、よそ者には難しい。ただ、儀式を行うとき、仏教徒は時計回りに右に進むのに対して、ポン教の場合は反時計回りに進んでいく。黒が基調で、ニンマ派よりも呪術的な色彩が強い。

ランジャ村の伝承によれば、この集落サソマの祖先がアニュ＝ハル山麓に最初に定住したとされ、時期は吐蕃が勢力を持ち始める七世紀にさかのぼるといわれる。時代が下り、仏教を信じる人々がこの地に来ると、押し出されるようにポン教徒の氏族は青海湖のほとりに移出し、現在はわずかな住民が残るのみとなった。ポン教と仏教と信仰する宗教は異なってはいるものの、このサソマのポン教徒と他のランジャの住民とは、人生儀礼の要所で深い関係を持ってきた。

サソマの男性は、外から入り婿で入って来た人を含めて、すべてホンと呼ばれる。ランジャの各戸は、特定のサソマのホンとのあいだに関係を持っていた。この関係は、ジュホンと呼ばれる。「家のポン教の師」という意味合いである。

一九五八年以前には、結婚が決まりそうになったときには、この縁談がめでたいか否かを伺うために、ジュホンの関係で結ばれる村人がホンに相談に来た。ランジャの村民の葬式のときには、その家と関係があるホンが招かれて経文を読んだり、第一子が生まれたときには、名前を付けてもらったりした。火葬するときにその場を浄めるときにも参与するという。ランジャでは天葬が一般的であるが、長患いをして亡くなったり、村の外で不慮の事故などで亡くなった場合、遺体を鳥も喜ばないと考えられ、水葬にしたり火葬にしたりする。火葬は以前、活仏だけが行う方法であったが、現在は普通の人も行うことがある。聞き取りに答えてくれたサソマのポン教の司祭が子どもであったころ、殺害されたランジャの村民の火葬の儀式で、サソマの人が経文を読んだことをはっきりと記憶しているという。

アムドは高地であるが故に、夏の日差しに照らされて生まれた乱雲は、雨ではなく雹を降らすことが少なくない。ハダカムギを主要な生業としているランジャ村において、雹止めができるか否かによって、人々の生死が左右される。調査をしているときも、しばしば雲行きが怪しくなった。すると空を見上げながら雹止めの話題に移る。一九九〇年代初頭の農暦六月祭祀ルロのときも、黒雲が天を覆い雹が降りそうな気配になった。するとやおら先代のハワが剣で自分の腹を刺し、口に剣を銜《くわ》えて血を垂らしながら念じたところ、雲は薄くなり、小雨に変わったという。

ニンマ派チベット仏教も、雹を防ぐ呪法を持っているが、その呪法の多くは、ポン教から学んだものであるという。いつかは不明であるが解放前、ポン教の寺院から僧侶がランジャに来て、雹を防ぐ呪法をアニュ＝ハル山麓の丘に建てられた小屋で行っていた。農暦五月初一日に来て、ハダカムギの収穫が終わるまで常駐した。ところが、理由は分からないが、この防雹師がランジャの村民と諍いをおこし、来なくなってしまった。しかも、ランジャに雹を降らせるという呪いを掛けた。この呪いを防ぐために、サソマの村人が、呪いを抑える呪法を行ったところ、激しい雹はランジャの村域の外にある西の山に降り注ぎ、ランジャは危うく難を逃れることができた。それ以降、その西の山には、一木一草も生えなくなってしまった。その後、ニンマ派のランジャ村在家僧がその呪法を学び、引き継いだ。

雹止めの呪術

雹止めの経文には、チベット語とサンスクリット語の二つがある。雹を降らす精霊に対して、念経するものは雹を散じるように命じ、それでも言うことを聞かないと、剣などの法具で退散させる。アニュ＝ハル山麓の小屋に常駐して雹止めを担当する在家僧の任期は、三年。比較的高齢で、儀礼と経文に精通したものが選ばれる。農暦四月から秋の収穫が終わるまで、毎日念経。そのあいだ一日三回の食事は、ランジャの村民が交替で出す。収穫後に、各戸がそれぞれの家の事情に応じた量の収穫物を報酬として渡す。呪いを抑えて雹を防いだサソマの在家僧の家系に属する家は、その負担を免除されているという。

このように雹止めを行うニンマ派在家僧が常駐して、村の作物を守っているだけではない。雲行きが怪しくなると、当番になっていない在家僧も、近くの屋根に登って呪術を行う。雹止めに用いる呪物には、木製の斧ドルチェ、木製の剣ラッチュ、それにアルチャとよばれる投石用具。アルチャは放牧のときに用いられるもので、輪にした紐に布を付け、そこに石を入れて遠心力で飛ばし、あらぬ方向に進もうとするヒツジを群に引き戻す。ラッチュは木製で、雷に打たれた木から採った木材を用いて造り、雹という水に対抗することのできる火を象徴する火鵬鳥の模様が描かれる。

村に戻って耕地の分布を調べていると、畑の角に二つの一六〇センチメートルほどの高さの土堆がある。片側には上と下の二カ所に窪みが穿たれ、なにやら呪術的なものが置かれている。これはセルトゥとよばれ、雹止めの儀礼を行う場所であるとのことであった。土堆のうち、窪みが穿たれているものはニンマ派のもので、なかにはカメ（本物のカメが手に入らなければ、粘土で造ったカメでもよい）、人の肋骨、呪文が刻まれた石などが入っている。これは、雨を適度に降らせるが雹は降らせないという微妙なバランスを成り立たせるために必要な呪物であるという。

もう一つの穴のない土堆は、ゲルク派チベット仏教に属する隆務寺の学院が立てたもの。ランジャの住民はこの学院の庇護のもとにあり、雹止めについてもその保護を受けている。隆務寺は農暦四月初一日から十一日のあいだ八〇名以上の僧侶を派遣し、ランジャにある四つの経堂のなかの一つで雹止めの儀式を行う。僧院仏教という性格が強いゲルク派も、雹止めという村人の切実な願いに応える形で、村に影響力を及ぼしているのである。

図6（上） 雹止めを行うニンマ派在家僧
図7（下） 雹止めの儀礼を行う場所セルトゥ

ポン教のチャム

毎年農暦十月にランジャではポン教とニンマ派のチャム（仮面舞踏）がそれぞれ行われる。チャムの模様（二〇〇四年一一月の調査）を紹介する。まず、ポン教の集落サソマで行われたチャムについて、その要点を示す。

ポン教の集落サソマでの十月の儀式は、農暦十月初八から始まり、初十が最も規模の大きなチャムが踊られる。翌日の朝に読経をして、終了する。同様の儀式は正月初五～初八にも行われる。

儀式にはレゴン地区のポン教のすべての村から、ウォンボ（ポン教の宗教指導者）が参加している。当番となった村は接待にあたり、読経には代表として一人のみが加わる。

図８　ウォンボ（ポン教の宗教指導者）

十月初五に準備が始まる。総責任者はデホン、それにガンバと呼ばれる長老が指揮を執る。儀式に用いる仮頭はサソマの村で保有。仮頭は紙を張り合わせて作る。誰がどの神を踊るのかは、正月十三日に村の寄り合いで決める。小さいころから、しだいに大柄の役へと繰り上がることが普通。希望が多い役は、くじ引きで決めることもある。

チャムの当日、読経が行われているセルカン

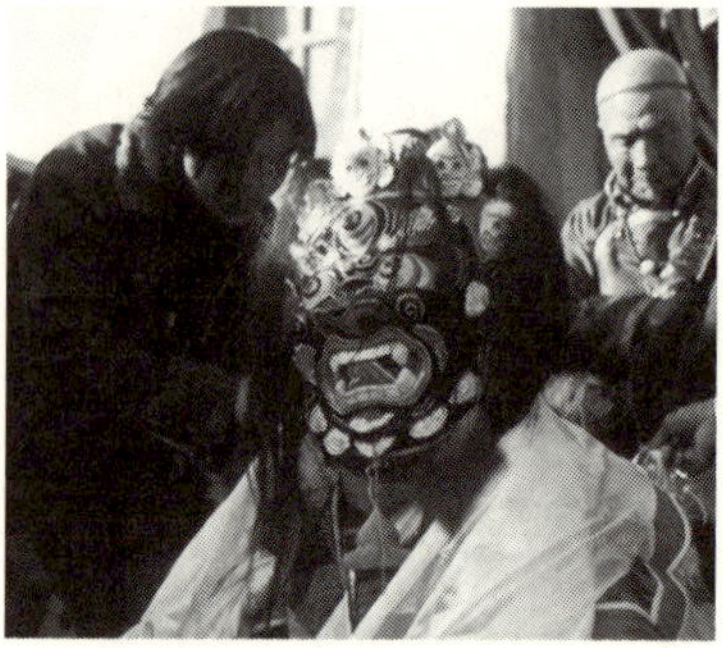

図9　仮面の神々：ナムモ

（ポン教の寺院）の外では、儀式が始まっている。後のチャムで用いられるダムニャム（dam nyams、ポン教の敵を象徴する）とともに、肉塊が台の上に置かれている。また、堂の入り口で一辺五〇センチメートルほど、高さ一〇センチメートルほどの正三角形の台の上で、魔法陣のような図柄を描いた紙に何かを振りかけている。この儀式と同時に広場では、仮面の神々が入ってくるところであった。

　堂内に入った神々は、読経に合わせて身体を揺する。しばらくして出てきて、広場でしばらく踊る。神々のうちの一柱であるダルハモは、黒い面、黒髪であり、女神であるとも言われている。ナムモ（図9）と似ているが、髑髏の模様の位置で見分けられるのだという。そのダルハモが広場に白く描かれた魔法陣のなかに置かれた肉塊を、手にした剣で切り刻む。ここで、午前の儀式は終了。

　一三時ごろにふたたびセルカンに行くと、ウォンボたちが身支度をしているところであった。チャムのときに踊る役割のウォンボは、頭に神面の像を彫った帽子を被る。神々の役割の人々が、仮面と衣装とを抱えて堂内で着替える。いよいよチャムが始まるという期待が高まる。読経。そしていよいよチャム。

　まず、髑髏の子どもの二柱のソル（図11のガンリに似ている）が、まな板の上に載せられた紅い人型ダムニャムを抱えて登場、広場の魔法陣の正面に向かって斜め左に描かれた六芒星の上に置く。ダムニャムの魔力は強力なようで、ソルはこれをうち砕こうとして逆襲され逃げ帰るように堂内に入る。次々と神々が出てきては、ダムニャムに撃退される。

神々のなかで最も人気があるのがナムモ。村人が大勢出てきて、ハタを結わえ付ける。仮面の神は、生きた神像であることが、実感できる。このナムモもダムニャムに太刀を浴びせるも、致命傷を与えることはかなわない。最後に牛の頭の法王のチジャが踊り、ダムニャムの魔力が弱ったときに、ダルハモ・ナムモが登場、一斉に太刀を浴びせ、ついに切り刻むことができる。人型の太鼓腹のなかには、実際に血が満たされており、鮮血が飛び散る。次々と他の神々が現れ、勝利の踊り。そのあいだに計三回、ダルハモらがダムニャムを原形も留めないほどに切り刻む。刻まれた血塗れの断片は、中央の祭壇に捧げられ、肉片らしきものは髑髏のソルが四方に散らす。

図10　紅い人型ダムニャム

祭壇は二人の男に担がれてセルカンを出ると、東に向かう。旗を押し立てたウォンボが続き、太鼓が続く。村の耕地の辺縁に、藁を円錐形に組み、焼く用意をしてある。ひとしきり読経した後、爆薬で魔除けをしたあと、祭壇共々ダムニャムの残骸を焼却する。終了時刻は一七時ごろ。その後、セルカンに戻ったウォンボたちは、広場で読経。

ナムモは護法の女神で、レゴンのポン教のなかでは、もっとも信仰を集めている神。村の伝承によると、ゴアと呼ばれる牧民の指導者の始祖となる大師が山中で寝ていたとき、その夢のなかに現れ、最後に腕をまわす所作をする。何を巻き取っているのか確認しようとしたときに、山に柴刈りに来た女性に眠りから醒まされた。おそらく相手は分からないが、ポン教に敵対する魔物の腹から腸を引き出して巻き取っている所作だということになっている。もともとナムモ自身も魔物であったが、ポン教開祖のトンパシュルガ（ポン教中興の祖とされるトンパ〈師の意味〉＝シェンラプ＝ミボのことと推定される）に折伏されて、護法神となった。

ダルハモもナムモと同様、もとは魔物でのちに護法の女神となった。

チジャはトンパシュルガの化身であるシェンダイェドゥァムヤムツォという神から命令を受けて、それを執行する神。閻魔と関係があるとされる。ゲルク派では、閻魔と同一視されている。

チャムにはその他にも多くの神々が登場する。

シャブはワッセの配下の神で、シャは鳥の意味。

髑髏のガンリは天葬の場となっている林のなかから生まれ出た精霊。

チョンバは諸神に仕える女神。

サッはもともとインドの自在神の子であるとされ、ヒンドゥ教起源の神らしい。日蝕の時に太陽を呑み込み、腹から太陽を出すとされる。

ヨウは財神。ホルナックのポン教徒は、特にこの神を尊敬している。

神々に切り刻まれるダムニャムは、ツァンパ（麦こがし）にヤギの血を混ぜて作る。そのときに、特に儀式はない。ダムニャムはポン教にとっての外敵ではなく、ポン教の信者の心に宿る邪念を象徴する。チャムのときにダムニャムを、六芒星の図案の上に置くのは、この図案が邪悪なものを防ぐとされるため。日本のカゴメと同じ発想である。広場に描かれた円形は、踊りの目印とするためということで、呪術的な意味はないようである。

チベット仏教ニンマ派

ニンマ派のチャムについて、次に紹介する。ニンマ派はチベット仏教の四大宗派の一つで、他のサキャ派・カギュ派・ゲルク派よりも古い時代に成立した宗派である。「ニンマ」という名称は、チベット語で「古い」という意味を持っている。八世紀なかば、吐蕃では導入してまだ日が浅い仏教と、チベット土着のポン教とのあいだの対立が激化していた。吐蕃帝国の皇帝は、仏教の経典を導入するためにインドからパドマサンバヴァなどの高僧を招聘した。

パドマサンバヴァはニンマ派の開祖とされ、チベットやブータンでは尊称であるグル＝リンポチェと呼ばれる。前章で紹介したチベット歌舞劇の主人公ペマ＝オンバルの本性《ほんしょう》とされている。

ニンマ派の特色は、修行によって修行者の身体に宇宙を置くというもので、師から弟子に直接に教えが伝えられる。僧院に籠もらずに、俗世でも修行は可能であるために、村に住み妻帯することもまれではない。
チャム開催の前日、この年の十月チャムの当番であった集落ソルジャツァンのンガカン（仏堂）に、昼過ぎに着くと、行事の準備がすでに始まっていた。堂内を清掃し、屋根に垂れ幕を張り渡らせ、灯火用バターを湯煎して溶かし、燭台に流し込んでロウソクを作る。念経に参加したニンマ派司祭たちに供する食事に添えるバターを、小分けする。

神々を象徴する作り物ドルマを作る。ツァンパにチベット医学の薬材を練り込み、形をつくると紅く塗り、湯のなかで柔らかくしたバターで飾りを付ける。サソマのダムニャムに相当すると思われる作り物マチャンも注目に値する。腹のなかにはツァンパを紐状に練った腸が入っている。

堂内では、長持ちのなかから仮頭が取り出され、その他の飾りものが用意されている。無造作に置かれたものは、ヒトの頭蓋骨の器。木枠を組立て布で覆い、祭壇を作る。祭壇のなかには、ドルマが定位置に排列される。神々の写真が並べられる。その下に敷かれているのは、曼陀羅。頭蓋骨には酒が注がれ、祭壇の奥に置かれる。

一六時をまわるころから、ぼちぼちと司祭たちが集まってくる。一七時前に読経が始まる。パラパラとでんでん太鼓の音、鈴の音。一七時を少しまわったときに、中庭で四方に対する儀式が

図11　ガンリ

始まる。結界が張られ、その外に出ることはできず、また中に入ることもできないことになる。一八時ごろに堂の入り口に垂れ幕が降ろされ、夜を徹する読経が続く。中庭角の部屋では、さらにドルマを作る。

翌十月十六日の一時ごろに、チャムが始まる。経堂の外からガンリ（図11）が二人、堂内を覗き込むように現れ、身体を揺すりながら堂内に入る。中では紅い仮頭の神ゲンタフ二柱が呼応するように、旋回するように舞う。ガンリとゲンタフの舞が終わると、膝を折って待っていたアヅァ（向かって左手は紅い仮頭、右手は青い仮頭）が立ち上がって舞う。前日の舞と、ガンリが増えたところが異なるが、あとは基本的に同じ。

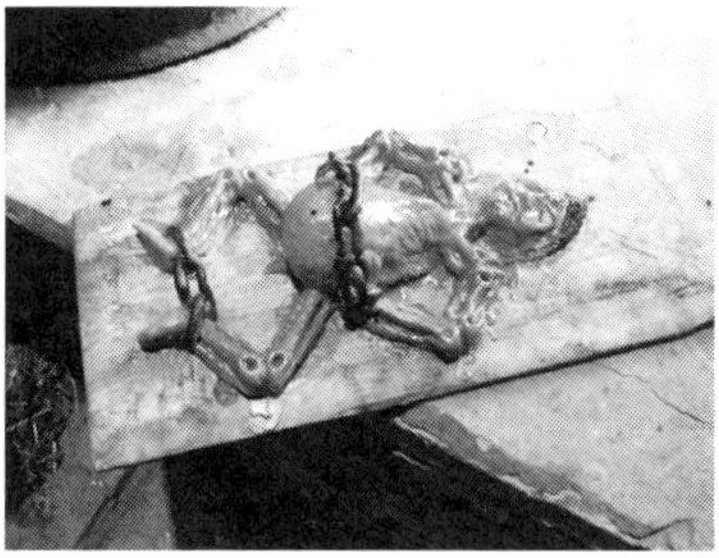
図12　マチャン

チャムの後も、読経。太鼓の奏者の脇には、少し年上のものが座り、リズムを教えている。リズムを異にしながら、何組ともなく読経が続く。一六時をまわったころ、新たな動き。籠に詰められた供物が堂内に持ち込まれ、祭壇の中に供物を入れる所作。ヒョウタン型のドルマも崩されて、捧げものとして供えられる。ゲンタフが現れ、中庭に飛び出す。また三角帽子に黒い直垂《ひたたれ》を付けた二柱の神も登場。その前にマチャンが据えられる。

ゲンタフがしばらく旋回しながら舞い、剣を振る。踊りがクライマックスに達したとき、刀でマチャンを叩ききった。マチャンはうち砕かれ、供物とともに堂内に持ち込まれた。このチャムが終了したのは一七時ごろであった。なおこのマチャンは、儀式初日の準備段階で私が確認したものとは異なる。初日に造られたマチャンは三頭のもので、初日に祭壇のなかに入れられ、そこで切り刻まれて四面八方の神々に捧げられた。三頭のマチャンは一般の方法では対峙することができない悪鬼であるとのこと。

十月十七日一一時半ころから、広場ではチャムのために赤土で模様が描かれる。直径九メートルほどの円形が描かれ、神々が登場する花道には、チベット族伝統の模様が描かれる。格子模様フェリ・蓮華パイマ・ホラ貝トンクァル。手本もなく、迷いもなく、描き出される模様は見事であった。

一五時少し前にチャムが始まる。式の下準備を指揮していた方を露払いとして、線香をかざしたゲッケ（先導役の司祭）が先頭に立ち、髑髏の仮頭のガンリ、紅い帽子を被ったニンマ派司祭が手にする二本の旗、ホルン二本にチャルメラ二本、太鼓と鳴り物が続く。会場をぐるりと一周して、東側に座る。司祭の前には、祭壇から運ばれてきたと思われる包みが置かれている。

まずガンリ二柱がマチャンを担架のように運んで広場に入り、中央にマチャンが据えられる。ガンリはおそるおそるマチャンを覗き込み、震え上がって退場。そのあとに次々と神々が現れ、マチャンに剣を振り下ろし、矢を射掛けるが、いずれも太刀打ちできずに退散。最後に直垂をつけた帽子を被った役に先導されて神々が現れ、マチャンに太刀を浴びせ、切り刻むことができる。

刻まれたマチャンは、すぐに進行役が持ち去る。

チャムはサソマのポン教に比べると、儀礼と言うよりも芸能となっている。切り刻まれたマチャンの肉体は四面八方に撒かれるが、その魂は慈悲を蒙り極楽世界に入るのだという。焼き尽くすといったサソマで見たような儀式はない。仏教的な恩寵の世界が、ニンマ派のチャムには見られる。

マチャンが退散すると、チャムは一気にうち解けた雰囲気となる。まず新しい劇の始まりを告げるように、緑色の顔に紅い角のある小鬼が現れ、杖を振り回しながら舞う。ついでチャルメラの音が高らかに鳴ると、黒い直垂の神が二柱現れ、中央の台に腰を下ろす。突然、緑色のシカが現れる。シカは追われるように飛び跳ねて、神の元に走り込むはず。ところが次の仕草を忘れて、踊りを続けようとするので、観衆から「かわいい」と言うような笑いがこぼれ出る。

図13　緑色のシカ

続いて現れたのは、弓を抱えた子どもを後ろに従えた老人、今度は紅いイヌが現れ、シカを追うかのように会場を一周し、これも神の前に立ち、神がでんでん太鼓を打ち鳴らすとおとなしくなり、神の元で憩う。最後に登場したのは、やはり大きな袋を持った子どもを従え、手には鞭を持った老人。なにやら台詞をいうと、会場は笑いの渦となる。特に、正面に座った司祭の前で語った言葉は、司祭をも大笑いさせる。これと先の老人が、掛け合いを始め、村の衆は大笑い。神々とシカ・イヌが退場し、老人が去る際に大きな袋から菓子を取り出し、あたりに撒くと、村の子どもも大人も、いっせいに群がり集まる。突風がときおり砂塵を巻き上げて吹き抜ける会場から観衆が去ると、静寂が戻る。すでに日は山の端に隠れ、寒気が村を支配する。時間は一七時をまわっていた。

最後の演劇のような掛け合いについて尋ねると、これは無常を表すもので、ミラレーパの物語に基づくという。ミラレーパは一一世紀後半に実在したチベット仏教カギュ派の遊行者で、詩人としても名高い。山中で動物を友としてヨガを実践し、教えを求めた人々に詩でもって説いたと伝えられている。シカが猟師に追われてミラレーパのもとに逃げ込むと、そのシカを追ったイヌにも仏心が生じて神に帰依した。二人の老人は、村のなかで本来はあってはならないことなどを、ユーモアに包んで語ったのだという。さまざまな民族の儀式に共通してみられる、風刺即興劇と位置づけることができる。

村の一年

ランジャ村の年間の祭祀は、シャーマンが主宰する祭事と、ポン教あるいは仏教の行事とが組み合わされて展開されている。おもなものを掲げてみると、正月にチャムが行われることで、一年の行事が始まる。農暦四月十四日にジュビィニョンナ（bzhi ba'i snyung gnas）があり、村を構成する集落ルシュマとルコマの多くの女性が集まり経を唱える。堂のなかでは決して話をしてはいけないという。

六月に水の精霊ルをめぐるシャーマンが主宰するルロがある。秋になり十月十三日から十七日までは、チベット仏教ニンマ派の仏事であるジュビィチャム（bcu ba' i' cham、またはジュビィチョトン〔bcu ba'i chos thong〕）と呼ばれる行事があり、その最終日には仮面舞踏チャムがある。

このチャムが終わってしばらくたち、十月二十五日となると山神モパの経を読むジュビィマニ（bcu ba' i ma ni）があり、十一月二十五日から二十九日には村の男性はすべて参加が義務づけられている念仏講セグドン（seng gdong）がある。これに参加しないと罰金が課せられる。

この祭祀の年間スケジュールは、農耕だけではなく、牧畜の作業スケジュールとも連動している。ランジャの放牧地で牧民からの聞き取り調査に基づくと、牧畜の大枠は次のようなものであった。

六〇の牧民が農暦五月二十日にグンサ（dgun sa、冬の牧区）からヤルサ（bdyar sa、夏の牧区）に移る。この移動に先立って、グンサで寄り合って能力のある人を決める。この牧区のリーダーはゴア（'go ba）といい、二名で任期は三年。このゴアの指揮の下で夏の放牧が行われる。ゴアの役割としては、冬にヤルサの草を食べさせてはいけない、などの規律を守らせること。夏の放牧地ヤルサに移る前後に、ヒツジの毛を刈る。グンサ・ヤルサのどちらで行うかは、人それぞれ。互いに助け合って作業を進める。

夏の放牧地で家畜が一カ月ほど草を食べて肥えてきた農暦六月十七日、牧区の人が信仰する山岳であるアニュ＝サジェの標柱ラッチェ（モンゴルのオボーと同じもの）を更新する日になる。このときにあわせるように、村ではルロが開催される。村からは寄付を集めるために、牧区に人が派遣される。

牧区には六〇から七〇のテント。この日はラッチェに牧民が集まっていたので、一気に寄付集めができるのである。豊かな牧民はヒツジを出し、それほどでもない牧民はお金を出す。村から行った人は、牧民に茶・布・酒などをお返しに渡した。牧区にはこの日以外には祭日がない。それぞれでサン（針葉樹の葉などのお香）を焚く。

農暦八月十五日〜二十五日には、ヤルサから秋の牧区トンサ（ston sa、トン＝秋、サ＝場所）に移り、山麓部で放牧する。トンサにいる期間は短く、気候が寒くなってくると冬の営地トンサに移る。十月二十日ごろにヒツジを屠って、冬支度。ヒツジの肉は村に持ち帰り、干し肉にする。いまでは、ヒツジを売って現金収入を得ることの方が多い。草が足りなくなると、村から飼料を運び揚げる。十月のチャムの時期は、牧民からみると冬の営地に下ってきて、そろそろ冬に向けた準備を始めようとするタイミングに合わせられている。

まだ仮説の域を越えるものではないが、農耕と牧畜とが交差し、気候が厳しいアムドの地において、生態環境の季節変化と年間の祭祀とは深く同期しているものと考えられる。

ランジャ村の精神世界をのぞいてみると、自然界のさまざまな精霊、ポン教やニンマ派仏教の教えにある悪霊などの存在を、常に感じ取りながら人々は生活していることがわかる。こうした霊から身を守るため、タカラガイを添えた護符ソンコルが、必要とされるのである。

第一〇章

シャーマンが身につけるタカラガイ――大興安嶺のふもとにて

タカラガイを求めて黒竜江省に

タカラガイを訪ね探す旅の最後は、モンゴル高原東部から黒竜江省にかけて広がるツングース系・モンゴル系の諸民族の世界となった。この大地に暮らす民族のあいだでは、シャーマンの衣装にタカラガイが使われることは、二〇〇六年に九州国立博物館で開催された特別展「南の貝のものがたり」で展示されたシャーマンの儀式用の服に、数多くのタカラガイが縫い付けられているのを見て、知っていた。そもそも私がタカラガイに興味を抱いたのも、南洋でしか採取できないタカラガイが、なぜはるか東ユーラシアの東北角で珍重されているのかを、明らかにしたいと思い立ったからであった。

二〇〇八年九月一日、新潟空港から飛び立った旅客機のなかで乗客を見回すと、日本人男性と結婚した女性が子連れで里帰りするケースが多いように見受けられる。かなり年上の夫を伴っている人もいた。待合室にはロシア向けの中古自動車販売サービスなど、新潟と対岸の中国やロシアとの関係の深さを知る。

日本海上から雲が多かったが、着陸態勢に入ったころから雲が切れ、大地が姿を見せた。針葉樹の丘陵のあいだに耕地が広がっていたものが、しだいに平原となり、見渡す限りの耕地となる。村落は整然として家屋が並び、町も凝集している。上空からではっきりと識別はできないが、トウモロコシが主であるようだ。所要時間一時間余り、定刻にハルピンに到着した。

夕方に黒竜江省民族学研究所の都永浩氏とコンタクトが取れた。研究所は市街地の南の外れにあり、いかにも不便。翌日午後に迎えに来てくれることとなり、ホッとする。翌日の一三時すぎ、民族研究所からの迎えの車。研究所は車でも遠い。民族幹部学校の敷地の片隅にあるといった様子で、建物に足を踏み入れると、梱包されたままの印刷物が山積みとなっている。都氏が出迎える。所長室で、今回の調査の目的として、タカラガイの交易ルートを明らかにしたい、と説明。都氏が研究所に来たころには、シャーマンの神衣などの収蔵物があったが、手狭になったために博物館や他の研究施設に譲渡したという。

記憶に拠れば、シャーマン神衣は二件あり、そのうちの一つは、黒竜江省東部の同江の博物館に譲渡したという。会見の途中で、同江の関係者に連絡を取ってもらったが、タカラガイは付いていないとのことである。研究所が編纂した書籍を探すと、タカラガイの付いた神衣を身につけたシャーマンの写真がある。また、文字記録ではあるが、貝殻に関する記述もあった。

副所長の谷氏にも、タカラガイが付いたシャーマン関係の資料を探してもらう。パソコンのなかに内モンゴルのシャーマン文化博物館の神衣の写真あり。ただし複製だとのこと。文廟にある黒竜江民族博物館にも神衣はあるが、タカラガイはおそらくなかっただろうとのこと。訪問するときに、博物館の関係者に事前に連絡を取ってくれることとなった。

翌三日、民族博物館。歴史部門の清代の部に、タカラガイの付いたシャーマン神衣があった。大型で長さ三センチメートル弱。キイロダカラ・ハナビラダカラではない。掲示には「清代」とある。

図１　清代シャーマンの神衣
黒竜江民族博物館所蔵

タカラガイを求めて内モンゴルに

五日の夜おそく満洲里《マンチユリ》に向かう列車に乗り、翌日の早朝に海拉爾《ハイラル》に到着。呼倫貝爾《ホロンバイル》博物館館長の白勁松氏のところを訪ねる。博物館は手元にある内蒙古地図冊とは異なり、地方政府の建物の裏手に新築中であった。まだオープンはしていないが、特別の計らいで参観することができた。シャーマンの神衣はすべて新造品ではあるが、伝統に従って造っているとの説明。タカラガイを大量に付けたもの、付けないものなど、部族によってタカラガイの使用方法が大きく異なる。この点を整理すると、なにか展望が開けるかも知れない。

実物として興味を引かれたのは、歴史部門に展示されていた鮮卑族の伊敏墓から出土したタカラガイ。これをどのように位置づけるのかが課題となった。また、子どもの揺りかごにタカラガイが音の出る飾りとして、紐に通して括り付けられている。タカラガイの産地から離れて北方に行けば行くほど、遊具→通貨→ハレの場の装飾品→宗教的な装飾品と神聖さが上がっていくという仮説との兼ね合いが問題となろう。子を魔物から守るという呪術的な意味があるのかも知れない。

白氏のアドバイスに従って、午後にハイラルから南に少しの所にある鄂温克族（エヴェンキ族）博物館にタクシーで向かう。建ったばかり。自然・歴史・民俗の部に分かれている。ここでもタカラガイを多用したシャーマン神衣の複製品。バイカル湖から移住してきた民族で、ロシア領内にも同じ民族が住んでいる。ロシア側の同胞の写真展が行われていた。そこでのシャーマンの衣装には、タカラガイは付いていないようだ。

七日、白氏のアドバイスで、ハイラルの北西三〇キロメートルに位置する陳旗（陳巴爾虎旗《ちんバルガき》の巴彦庫仁鎮《バヤンクールちん》）に二〇〇七年にオープンしたばかりの民族博物館を訪ねることにした。バスターミナルにタクシーで向かい、ちょうど出発しようとしていたバスに飛び乗る。道は前年に開通したもので、軽快にスピードを上げられるが、村落を縫うように走り、時々、旧道にそれる。四〇分ほどで巴彦庫仁鎮に。バスの車掌が私を観光客と見て、モンゴル民族旅遊地の呼和諾爾《フホノル》湖に行けと勧め、知り合いのタクシー運転手を呼び出してくれる。まあ信頼できそうだと踏んで乗り込む。

有料道路の料金所を迂回するために草原の道をしばらく走る。運転手は気さくなモンゴル族で、もしまた来るなら七月が良い、いまは草原が枯れ始めているが、七月の緑の草原は、それはきれいなものだ、という。ときどき、冬用の牧草を山のように積んだトラクターと行き会う。三〇分くらいで湖畔に。観光用のパオがしつらえてある。ウマがのどかに草をはむ。

街の西の外れにある民族博物館は、昼休みかと思ったら、案内してくれた。モンゴル族の生活がよく分かる。シャーマンの神衣にはタカラガイはない。ここで新石器時代の貝殻の首飾りが展示されているとネットにあり、それがタカラガイだったらどうしようか、と少し恐れていたが、タカラガイではなくおそらく二枚貝の殻を連ねたものであった。石鏃《せきぞく》などは、いまもごく普通に落ちているという。牧民は拾った石鏃や時代が下った青銅製の鏃などをいくつも持っているとのこと。

大興安嶺を抜けて

九日の早朝、バスターミナル始発の内モンゴルのモリンダワ＝ダフール族自治旗（略称、莫旗）行きバスに乗り込む。バスは街を抜け、河を渡り東に向かう。草原が続く。牙克石に入り南西に道を取り始めたころ、風景が変わる。丘陵が続き、そのうえにカラマツの樹林が乗っている。丘の麓は草原。線路沿いに走り、ときに木材を積んだ貨車と行き会う。

大興安嶺にさしかかり、風景は丘から山地へ、植林された林から天然更新の森へと変化する。山に霧が巻き付き、山間には清流。水草が川面に揺られている。阿栄旗の区域に入り南下する。しだいに山が開け、霍爾奇鎮あたりからは耕地が広がるようになる。収穫も間際となり、黄色に色づいた畑、まだ緑の残る畑と帯状に色分けができている。作物はおそらく大豆。草原・樹林・耕地と生態環境の変化を実感できたバスの旅、身体がきしむ七時間半、一五時にようやく莫旗に到着。

一〇日、ダフール族民族園内のシャーマン文化博物館に行く。ダム湖沿いに走る。周囲は大豆畑。うねる大地を越えると、遠方に巨大なシャーマンの像。街を出て一分ほどで民族園。入場料を払い、像を目指して行く。

博物館は系統的にモンゴル族・ダフール族・エヴェンキ族などの北方諸民族の伝統的宗教文化

を紹介している。自然崇拝・オボー（標柱）そしてシャーマンと展示が組み立てられ、シャーマンについても、社会的背景として、狩猟採集と農耕との区分を行って展示。この整理の仕方が妥当かどうかは検討を要するが、シャーマン文化の全体を見通すことができ、きわめて有意義であった。

タカラガイの使用を見ると、農耕社会のシャーマンに見られるものの、狩猟採取社会には見られない。シャーマン神衣の展示は、一件を除き、すべて新造品。実際に使用されたものは、黒竜江省黒河地区のダフール族シャーマン神衣。タカラガイの写真を多く撮る。

仮面と太鼓のコーナーを回っているときに、昼休み。観光用につくられたオボーのある丘に登り、携行したビスケットや果物で昼食とする。八旗総監衙門という清代の役場が置かれていたとの表示がある。ちょうど食事が終わったころ、一団の観光客がバスで到着。博物館が開いたようなので急ぎついて行き、見損ねた仮面と太鼓の写真を撮る。観光客とともに博物館を出ると、閉館。タイミングが良かった。

民族園内には一七世紀にロシアと戦ったダフール族の砦・ヤクサが復元されている。場所は異なるが、説明書きはしっかりとしている。ダフール族は中華民族の英雄ということになっている。ダフール族民居が再現されて建てられていた。

街のなかにあるダフール族博物館では、歴史部門をじっくりと見ることができた。ダフール族の歴史など充実した展示となっている。新造品ではあるが、タカラガイを多く付けたシャーマン神衣も展示されていた。ダフール族は清代に八旗に編入され、その忠実な部隊として清代を通じて活躍したという展示となっている。大自然にいだかれて生活するなかで養われた頑強な心身が、ダフール族を八旗の精鋭部隊としたのであろうか。イギリス軍のなかのグルガ兵に似ているように感じられた。

わずか一〇日あまりの駆け足の旅ではあったが、シャーマンが向き合った天地を実感し、民族研究者との交流のなかで、いくつか資料を集めることができた。

ダフール族のシャーマン

シャーマニズムのなかでタカラガイがどのように用いられていたのか、ダフール族について、

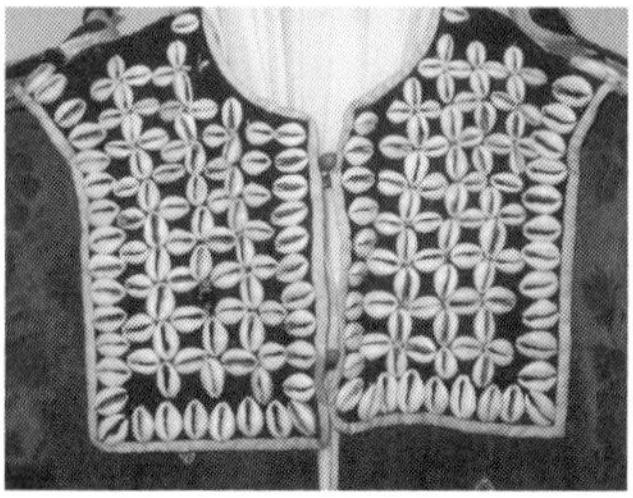

図２　ダフール族シャーマンの衣服
莫旗ダフール族博物館所蔵

整理しておこう。

ダフール族は、大興安嶺の麓に広がる内モンゴル自治区北部のホロンバイルの大草原と黒竜江省の平原に住む。一八世紀に派遣された駐屯兵の子孫として、新疆の地に暮らす人々もいる。民族の系譜としては諸説あるが、もっとも有力な説は、一〇世紀初頭に現在の中国の北部に帝国を建国し国号を遼と号した契丹の末裔だとするものである。アルタイ語系のモンゴル語に近い独自の民族言語を持つ。生業は農業を主に、狩猟・漁労などに従事する。清代にはクロテンなどの毛皮を、朝廷に貢納する義務を負わされていた。

ダフール族の信仰は、モンゴル高原に住む人々のなかにチベット仏教を信仰する者もいたが、かつてはほとんどがシャーマニズムのもとに暮らしていた。ダフール族はシャーマンを「ヤダガン」（雅達干）、「イトゥハン」（亦都罕）などという。シャーマンは天界・人界・地界を行き来し、精霊を支配すると、人々は信じている。シャーマンの起源については、次のような伝説が信じられていた。


いまから六〇〇年ほど前、ダフール族がアムール川の上流で暮らしていたころのこと、姑と嫁の二人だけで生活する家があった。姑の一人息子、嫁の夫は早くに亡くなってしまったからである。嫁はヤーサンシャーマという名であった。霊力をもち太鼓を手にして村々を回り、悪霊がいるところでは肩に止まらせた鳥が告げ、村人の病を治した。神帽・神衣・神鼓の三種の法器を持ち、病人のもとで歌って妖魔を退けた。

あるとき資産家の一人っ子が、誤って一〇〇〇年のあいだ修行を積んだ神鹿を射殺してしまった。冥界の王は、その罪で子の命を奪ってしまう。家のものはヤーサンシャーマに、子の魂を救ってほしいと頼み込む。ヤーサンシャーマは神帽・神衣を身にまとい、地界に赴いて子の魂を尋ね探した。

そこでなんとヤーサンシャーマの亡き夫と出会う。夫は地界で働かされ、妻に救ってくれるように懇願する。しかし、すでに夫の遺体は腐乱し、魂の依り代はない。ヤーサンシャーマはせめて地界の苦労から救うためにと、夫の魂を深い黒水潭に沈めた。

ヤーサンシャーマが家に戻り、地界で夫と出会ったものの、救う手立てがなかったと告げると、姑は不孝者となじり、役人に忠節に反した罪で訴える。ヤーサンシャーマは鎖に繋がれ、アムール川の最も深い井戸に投げ込まれる。

冥界に赴いたヤーサンシャーマは、死後も人々の安否が気に掛かり、肩に止まっていた神鳥を放って人界のありとあらゆるシャーマンたちに、その霊力を授けたのである。こうしてダフール族のシャーマンたちは、いまにいたるまで人々を癒やし続けられるようになった（劉全明、2002）。

ダフール族のシャーマンが手にする太鼓は、フントゥリと呼ばれ、楡や柳の根などを用いて枠を造り、ヤギ・ウシやオオカミの皮を張る。枠の角には、七つから九つの銅銭を取り付け、音が鳴るようになっている。神帽はツァルアといい、シカの角と銅製の神鳥が取り付けられている。その中央には、妖魔を照らす小さな鏡が置かれている。

ツァワあるいはサーマシカと呼ばれる神衣は、ヘラジカなどの皮や厚手の布で作られ、袖口には八つの銅製のボタンがつり下げられている。襟元には六段に重ねられた青銅製の小さな鏡、背中には大鏡一枚、小鏡四枚、袖筒には銅鈴が合わせて六〇縫い付けられている。さらに前身ごろには、ヤプスとよばれるタカラガイ総計三六〇個を取り付けた胸当てを掛ける。この数は一年の日数を象徴しているとされる（劉金明、2002）。

タカラガイはその数により、年間を通して日々、人々の安寧を期することを示しているのである。

旅の終着点にて

タカラガイを求める旅も終わりに近づいた。

内モンゴルのモリンダワでの調査を終えたその日、夕暮れ迫るころ、広がる大豆畑の写真を撮りに行く。かつて満州と呼ばれた地を旅して思うのは、空の圧倒的な大きさである。

単に視野のなかの空ということであれば、日本でも山に登ったり、船に乗ったりすれば、水平方向三六〇度、垂直方向一八〇度の空に包まれるのではあるが、空に重量を感じたことはなかった。東北の平坦な大地の上を悠々と過ぎて行く雲を眺めていると、空の重さを感じる。モンゴル族など草原に生きる人々が、空を信仰したことが、腹の底から納得できる。黄金色の光のなかで、ちょうどロバを伴って農婦が畑の中を歩いていた。

青海省のチベット族の祭祀の人混みのなかで出会った一人の乞食、その面の鼻先に付けられたタカラガイとの出会いから始まったこの旅を振り返る。

私たちの祖先は、アフリカ大陸を旅立ち、紅海を渡ってアラビア半島のインド洋岸、ペルシア湾の沿岸にしばらく止まった。おそらくこのときに、ヒトはタカラガイと出会ったのである。ヒトは地球上に広がっていくなかでタカラガイを忘れることはなかった。メソポタミアで文明が生まれたころ、その地の住民はペルシア湾で採取したタカラガイの背面に穴をあけ、首飾りとした。

おそらく互酬的な物々交換を重ねて、タカラガイは青銅器とともにリレー式に幾多の民族の手から手に渡り、ユーラシア大陸を横切り、乾燥地帯を越えて東ユーラシアの東北角に位置する新石器時代の集落にもたらされた。タカラガイの特異な形態は、人々を魅了し、多産と豊穣を願う儀式の呪物として珍重されるようになった。こうして生まれたタカラガイ好みの文化は、東に伝わり、文明がまさに萌芽しようとしていた二里頭文化にもたらされ、商王朝に引き継がれた。

商王朝はタカラガイを威信財として、また護符として用いる文化を発展させた。商の大邑を中心に、貢納と下賜という関係が広がっていくなかで、南の海に産するタカラガイを入手することが可能となる。タカラガイ好みの文化は、中原だけではなく、たとえば四川の三星堆などにも広がり、雲南にも及んだ。この道が、古代カウリーロードである。

雲南ではトンキン湾岸やベンガル湾岸から貝を入手するルートを持ち得たために、多くの均一なタカラガイが流入した。こうした条件が整ったとき、タカラガイは貨幣として使われるようになったのである。元代・明代と雲南の貝貨は持続した。

しかし、一七世紀、タカラガイの採集地であったモルディブ諸島や琉球をめぐる情勢が激変すると、タカラガイの供給は滞り、その世紀のなかばには貝貨システムは崩壊する。

タカラガイは、インドシナ半島のタイ系民族のあいだを、ムアンあるいはムンと呼ばれる盆地をたどりながら、内陸へと運ばれた。雲南における貝貨システム崩壊後、その地に滞留していた大量のタカラガイが、より希少な土地を目指して、チベット高原を目指して運ばれた。ナシ族やチベット族の隊商が、茶葉を運ぶルート、茶馬古道を通って貝を運び上げた。古代のカウリーロードを逆流するように、タカラガイ好みの文化は、雲南からチベット高原のラサ、アムド＝チベット族の住む地域を経て、モンゴル高原を経て大興安嶺の麓まで及んだ。これが、近世のカウリーロードである。

これは幻影だろうか。確証を得られないミッシングリンクは、少なくない。しかし今後、思いも掛けない遺跡が発見され、フィールドワークによってあらたな事例が報告され、一つずつ欠けた輪が現れる可能性も、あるだろう。

そこまで想いがめぐったころ、陽は暮れ、星が輝き始めていた。

終　章

人類にとってタカラガイとは何か

西に向かうタカラガイ

大阪千里の万国博覧会跡地にある国立民族学博物館、通称「みんぱく」を訪ねたときのこと、エントランスホールに入ったところ、ボランティアの女性たちが西アフリカの民話の語り聴かせをしていた。せっかくのことだからと、フロアに並べられた腰掛けに座り、動物たちと村人との素朴な物語に耳を傾け始めてからしばらくして、私は民話どころではなくなってしまったのである。女性たちが身にまとっているアフリカ風のゆったりとしたワンピースに、あきらかにタカラガイに由来する模様が、染め抜かれていた。

藍染めの布地に、白くくっきりとあざやかに、タカラガイの特徴、ギザギザとした開口部のある楕円形の模様が、全面にちりばめられている。脇に控えて出番を待っていたボランティアの服には、プリントで黒地に赤い花柄の文様をつなぎ合わせる位置に、同じタカラガイのモチーフが置かれている。語り聴かせが終わったときに尋ねてみると、布地は西アフリカのカメルーンで購入したものだという。これぞインド洋から西に向かったタカラガイが残した文化的な遺産である。

タカラガイを求めて時空を旅した私は、博物館の膨大な収蔵物のなかから、タカラガイのみを直感的に見つけ出す能力を身につけてしまったようだ。みんぱくに足を踏み入れたとたん、いたるところにタカラガイを発見することができた。

図1　アフリカ風のワンピース

東から挙げてみると、シベリアのトゥーバのシャーマンの衣装、シベリアのブリアートのシャーマンの帽子、中国甘粛省ユーグ族の成人女性用盛装、チベットのニンティー地区の男性用盛装、台湾南部パイワン族の男女の衣装と、タカラガイが生息している南シナ海・インド洋から東に向かう地域のタカラガイは、予測していたものであった。

ところが西に向かったタカラガイも少なくはなかったことが、展示をみると明確になる。ヨルダンのラクダ用の飾り、ヨルダンの女性の帯にもタカラガイがちりばめられている。インド洋から内陸に入ったところに位置するエチオピアの収蔵品としては、ヤギ用の首輪にタカラガイが縫い付けてあった。また、モザンビークのツォンガ族の呪医の帽子には、びっしりと隙間なくタカラガイが縫い付けてある。

また収蔵庫に納められている南ロシアの胸飾りにも、穴をあけたキイロダカラが用いられている。のちにバルト海に臨むラトビアのリガの博物館にも、一三世紀ごろの遺跡から発掘されたタカラガイが展示されていることを知った（天理大学の藤田明良氏のご厚意による）。タカラガイはペルシア湾岸から、北に向かって陸路をバルト海まで運ばれていたのである。

タカラガイを好んだのは東ユーラシアだけではなく、アラブ世界・スラブ世界・東アフリカでも、タカラガイは好まれた。しかし、圧倒的な迫力で迫ってくるのが、西アフリカである。

カメルーンのバミレケ族の首長用腰掛けには、膨大な数のタカラガイが付けられている。タカラガイが施されたナイジェリアのヨルバ族のエグングン舞踏衣装については、「ヨーロッパをはじめ異国＝異界からもたらされた布で全身を覆ったエグングンの踊り手は、祖先の化身とみなされ、葬儀や共同体の平安を祈る儀礼で舞踏を演じる」と解説されていた。

図２　ナイジェリアのエグングン舞踏衣装　国立民族学博物館所蔵

金縛りにあったかのように身じろぎもできなくなった収蔵品が、西アフリカから内陸に入ったコンゴで収集されたヨンベ族の呪術用の人形「ミンキシ」である。無数に打ち込まれた鉄釘

図３　ミンキシ　国立民族学博物館所蔵

のあいだに、タカラガイが点在しているのである。一瞬、東京ディズニーシーのアトラクション「タワー＝オブ＝テラー」に登場する呪いの人形シリキ＝ウトゥンドゥを想起してしまったが、民族学博物館のホームページに掲載された説明文によれば「呪術とは言っても医療呪術で、呪医がおなかの穴に薬草を入れ、釘を打つことで、薬の効果が発揮されることを願います。呪術で釘だらけの姿は一見恐ろしく感じますが、患者の痛みを癒す沢山の祈りが込められた姿です」とのことである。

誰が西へ運んだのか

西アフリカの人々は、生きたタカラガイを見たことはなかっただろう。現在のベナン共和国に存在したダホメ王国の建国伝説のなかで、初代の王が権威を獲得する前に、この地域で勢力を誇っていたアグワ＝ゲデにまつわる次のような物語がある。

テングブウェとよばれる草があった。それはすぐに芽が出る。アグワ＝ゲデが「もしも土くれがほんとうに私の父のものであるなら、私がこの雑草を引き抜いたとき、落花生はそれといっしょに引っ張られるだろう」といった。彼は雑草を引っ張った。そして落花生がそこにあった。

人びとは大声で叫んだ。彼らはその手で口に置いて、喝采した。

アグワ＝ゲデはふたたび「もしも土くれがほんとうに私の父に属するものなら、もしも私が草を引っぱれば、私はタカラガイを見るだろう」といった。彼はそうした。そしてタカラガイがあった。

人びとはいまや食べる食物を見つけた。そしてもはや品物を交換しなかった。彼らは貨幣を持っていたのである。人びとはアグワ＝ゲデのもとへ急ぎ「あなたは我らの王だ。我らは他にだれも王はいない」と言明した（カール・ポランニー、1976。なお、上田が訳文の言い回しを変更している）。

この伝説は、三つの点で興味深い。一つはタカラガイが海で採取されることを認識していない、ということ。そこから西アフリカの人々が直接に産地に赴いてタカラガイを運び込んだのではなく、その世界の外部から異人の手によってもたらされていたことを、読み取ることができる。そして異界の物産は、貨幣として用いられ、物々交換に替わる交易の手段を用意した。最後に、タカラガイは支配を正当化する権威の来源となっている。

最初に西アフリカにもたらされたタカラガイは、史料の裏付けは得られないが、東アフリカのモザンビークなどの海岸で採取されたものであっただろう。現在もモザンビークではハナビラダカラが大量に採取されている。「テニスコートほどの大きさの広場を通りかかったとき、そのにおいは最高潮に達した。みると、コンクリート敷きの広場いっぱいに、大量のハナビラダカラがばらまかれ、日光のもとで腐臭をはなっていた」と、マダガスカルなどをフィールドに、漁民の研究を行っている飯田卓氏が、その情景を描写している。ここで採取されたタカラガイは、すでにアフリカ大陸を横断してカメルーンやナイジェリアに運ぶことは行われていないものの、いまではインド向けに輸出されているという（飯田卓、2008）。

モザンビークからジンバブエを経由し、アフリカ大陸を横断して運ばれたタカラガイは、陸路であること、そして悪路でもあるところから、その量はわずかなものであったに違いない。しかし、希少であるが故に、コンゴの呪術医の人形に付けられていたタカラガイのように、呪物としての地位を与えられていた可能性はある。こうしたタカラガイを嗜好する文化的な素地は、外部から大量のタカラガイを受容する背景となったと考えられる。

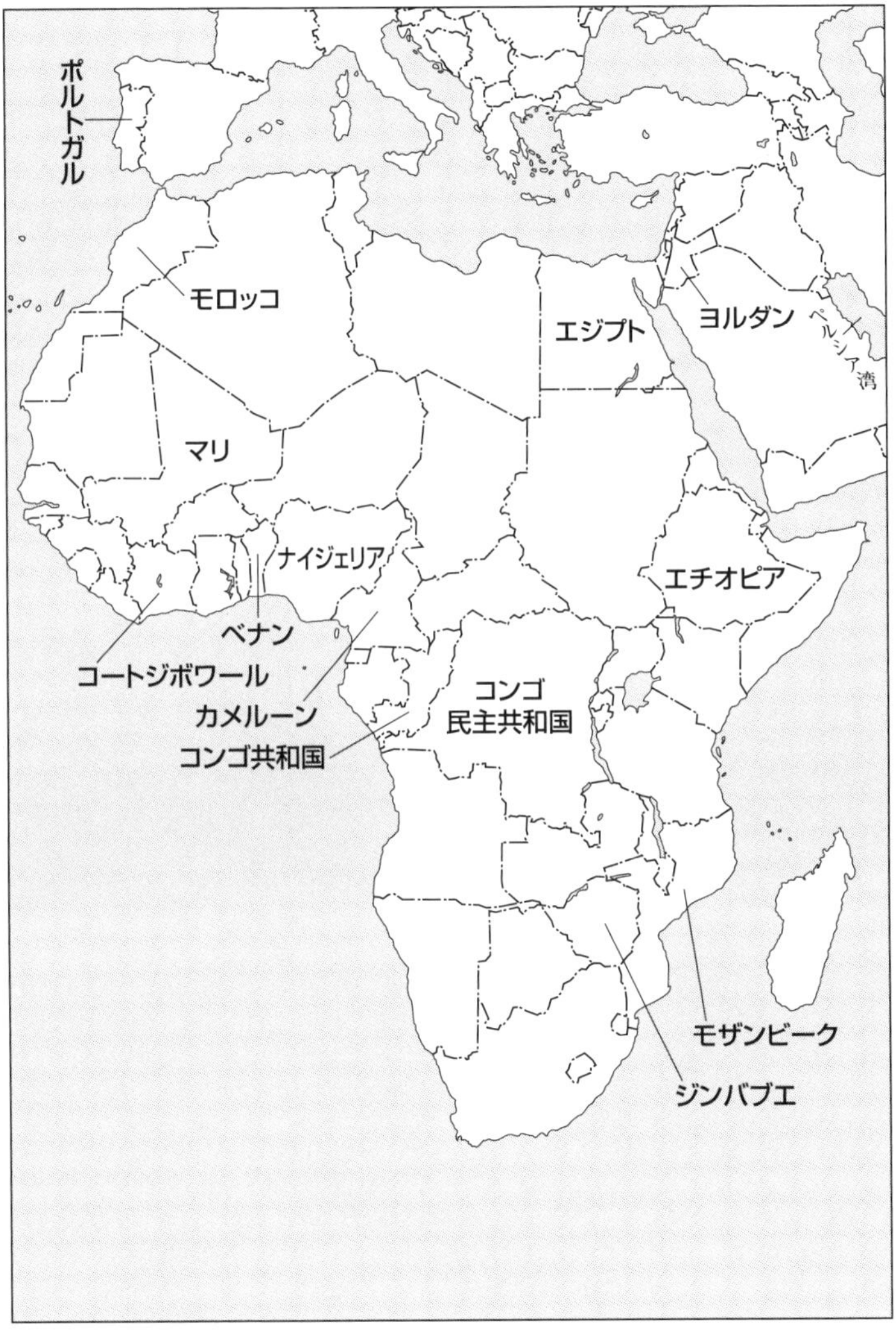
ポルトガル
モロッコ
エジプト
ヨルダン
ペルシア湾
マリ
ナイジェリア
エチオピア
ベナン
コートジボワール
カメルーン
コンゴ
民主共和国
コンゴ共和国
モザンビーク
ジンバブエ

アフリカ関連地図

一三世紀後半ともなると、サハラ砂漠を縦断するキャラバンが、タカラガイを西アフリカに運び込んだ。ちょうどマルコ゠ポーロが、モンゴル帝国支配下の雲南でタカラガイが通貨として使われている場面に遭遇したころ、西アフリカで産する金を求めて、ヴェネツィアの商人がアフリカ地中海沿岸から、西アフリカに向かっている。その商品リストのなかに、タカラガイが含まれていた。

サハラ越えの交易の最大の担い手は、ムスリム商人である。モルディブ諸島でタカラガイが主要な産業となっているという情報は、彼らのあいだでは古くから知られていた。九世紀なかばにイランのペルシア湾に臨む港町シーラーフ出身のスレイマン゠アル゠タジールは、中国の広東を目指して旅をしているときに、モルディブと行き来している商人から情報を得て、モルディブの資産がタカラガイに支えられていると述べている。一〇世紀前半の情報として、アラブ人地理学者として知られるアル゠マスウーディーが残した記録に拠れば、中東のオーメンやシーラーフなどから、多くの航海者がモルディブに向けて旅立っているとある。これらの記録から、早くは九世紀ころには、モルディブでタカラガイを買い付け、西に運ぶ商人たちがインド洋を航行していたと推定される。

第一部で取り上げたイブン゠バットゥータは、その最後の大旅行として、一三五一年秋から五四年初旬までの足かけおよそ三年の歳月を費やして、サハラ砂漠を越えてニジェール川流域を旅し、隊商とともに郷里モロッコに帰還している。その道程で、タカラガイがサハラ砂漠を越えて西アフリカに運ばれ、マリなどで貨幣として用いられている様子を、詳細に記載している。

西アフリカにタカラガイを運んだムスリム商人のルートはインド洋、特にモルディブ諸島から紅海に入り、北アフリカに張り巡らされていた古くから使われていた交易路をたどるか、カイロに出て地中海沿岸を西に進み、各地の隊商の拠点からサハラ砂漠を横断して、西アフリカにいたるというものであった。西アフリカからは、金と奴隷が輸出された。

タカラガイと奴隷貿易

ムスリム商人の交易に、一六世紀となると西洋人が参入してくる（以下は主に Hogendorn, Jan & Johnson, Marion, 1986 に拠る）。最初に、ポルトガル人が登場する。彼らはムスリム商人とは異なるルートを開拓しようと試みた。ポルトガル船が西アフリカにタカラガイを持ち込んだ最初の記録は、西アフリカのギニア湾に浮かぶ火山島であるサントメで、一五一五年に交わされた契約書である。サントメ島は一四七〇年にポルトガル人が上陸し、黒人奴隷貿易の中継基地となったところ。インドからヨーロッパに戻る艦隊の船にバラストとして積まれたタカラガイは、五〇〇キンタル、おおざっぱに換算すると、二三トン程度となる。一五二〇年代ともなると、頻繁にタカラガイが運ばれるようになる。

当時のモルディブには、マレとヒラリにそれぞれ王朝が存在していた。ポルトガル人はマレの国王から要塞を建設する許可を得たあと、情勢の変化を見て国王を殺害し、一五五八年にマレを占拠し、植民地とした。しかし、ここから運び出したタカラガイを、ポルトガル人はすべて西に運んだわけではない。伝統的な交易ルートに沿って、インドのゴアやコーチンに運び、そこからベンガルにタカラガイは運ばれた。

一六世紀には第一部で言及したように、雲南における貝貨の使用は持続していた。その背景には、ポルトガル商人はアジアの伝統的な交易から利益を上げようとする傾向が強く、交易ルートを大きく改変しなかったことがあったのである。ベンガル方面からのタカラガイの供給は持続し、そのために貝貨が維持されたと考えられる。

ところが、ポルトガル人に替わってオランダ人がインド洋に進出してくると、事態は大きく変化する。

オランダ船がモルディブにはじめて現れたのは一六〇二年、オランダ東インド会社が設立されたまさにその年であった。この会社はオランダ語で Vereenigde Oostindische Compagnie となり、これを直訳すれば「連合東インド会社」となる。アジアとの交易に乗り出していた複数の商社をまとめて発足したのが、この会社であった。オランダ連合東インド会社は、六つの支社から構成されており、それぞれはアムステルダム、ホールン、エンクハイゼン、デルフト、ロッテルダム、ミデルブルフに置かれた。そしてよく知られた略称はＶＯＣ、これをオランダ語風に「ベーオーセー」と発音すると、なんとなく専門家になったような気分に浸れる。世界最初の株式会社という名誉が冠されている。

モルディブに寄港した時期は早かったが、オランダがモルディブ諸島で直接にタカラガイを買い付けた時期は一六六九年と、かなり遅い。一七世紀前半には、ポルトガルの拠点となっていたインド西南部のゴアやコーチン、セイロン島のコロンボやゴール、ベンガルなどで、タカラガイを買い付けてヨーロッパに運んだ。モルディブでオランダの商船が直接にタカラガイを買い付けるようになる時期は、これよりも遅れた。

ポルトガル商人とは異なり、オランダ東インド会社は組織的に、しかも大量にタカラガイを買い付けて、インド洋を西に運んだ。その結果、モルディブから東に向かうタカラガイの量は激減したと考えられる。第一部で紹介したように、インド洋のタカラガイだけでは足りず、平戸の商館を介して沖縄産タカラガイも求めている。一七世紀前半にタカラガイの流れが変わったのは、ブラジルとカリブ海諸島におけるサトウキビのプランテーションが数多くの黒人奴隷を必要としたからである。

タカラガイを積んだオランダ商船は、まずオランダ本国を目指した。喜望峰をまわってから西アフリカに直行しなかった理由は、四つある。一つは船のバラストとして詰め込まれたため、ヨーロッパへの途上の西アフリカで、船倉最下部に積まれているタカラガイを陸揚げすることが難しいこと。第二に、喜望峰を越えて大西洋に入ると、アフリカ大陸に沿って流れる強い海流を横切って、北東に進むことが難しいことが挙げられる。第三に商船がアジアで入手した香辛料などの物産は、アフリカ側に需要がなかったこと、そして最後に、アジアとのあいだを往復した商船は、西アフリカとの交易に従事した船よりも大型で、西アフリカ沿岸の航行に適していなかったことが挙げられる。

オランダ東インド会社は、タカラガイを六つの支社に分配した。およそ半分の量をアムステルダムが、四分の一をオランダ西南部の港町ミデルブルフが、残りはロッテルダムなどが受け取った。各地でタカラガイはオークションに掛けられ、奴隷貿易に従事する各地の商人に買いとられていったのである。

一六七〇年代以降になると、このオランダのタカラガイ交易に、イギリス東インド会社が食い込んでくる。オランダとイギリスとが競争するようにインド洋産タカラガイを西に運ぶようになり、東に向かうタカラガイはさらに激減した。カリブ海諸島のサトウキビのプランテーションの展開が、西アフリカの黒人奴隷を必要とし、奴隷を買い付けるために大量のタカラガイがヨーロッパ経由で西アフリカに運ばれた、こうした地球規模の変化が、雲南における貝貨タカラガイの終焉を招いた一因となったのである。

タカラガイの均一性について

経済人類学を体系づけ、いまも影響力をもつカール・ポランニーは、ダホメ王国の貨幣としてのタカラガイの利点を整理して挙げている。箇条書きに整理すると、つぎのようになろう。

一、目で見ることができる単位であること。

タカラガイは一つ、また一つと数えることができる。金や銀の秤量通貨とは異なる計量通貨である。

二、微量な価値の単位であること。

金貨や銀貨などは、価値が高いために、日々の買い物では使いにくい。コインの大きさや純度を操作して、小さな額面の貴金属貨幣を発行したとしても、おつりが出せない。日常の食材の価格が変動すると、商品の価格が上下するのではなく、一単位で買える食材の量が増減するという現れ方となる（黒田明伸、2003）。こうした不便な貴金属貨幣とは異なり、貝貨は商品のわずかな価格変動にも対応できる。

三、模造されない。

図4　コートジボワール・ダン族の仮面　中国国家博物館所蔵

秤量貨幣は純度が操作されて品質が落とされても、手間を掛けなければ見抜くことができない。これに対してタカラガイの形は一見して見分けがつき、模造品が出回ることもない。

四、重量や容積で計ることができる。

タカラガイは大量にまとめて袋に詰められたり、樽に入れられたりすれば、一袋単位・一樽単位で取引される。一つ一つを数えなくても、重量を計れば実際の個数の近似値を計算することも可能である。
五、長期に保存ができる。
タカラガイの殻は固く、変形することはない。地面に埋めても腐敗したり毀損したりすることはない。

こうした貨幣としてのタカラガイの優位は、タカラガイが均一であるために、一つ一つのタカラガイの価値が等しく、しかもその価値が低いために低額の価格を表すことができたところに依拠する。さらに毀損されにくいために均一性が維持され、西アフリカに持ち込まれた時期にかかわらず使用されていた。

ポランニーはタカラガイが貨幣として機能している局面だけを見ているが、西アフリカでもタカラガイが呪物や儀礼用仮面、さらには威信財や盛装の飾りとして登場しているように、タカラガイの使われ方は多様であった。そうした多様性の一側面として、貨幣として用いられているタカラガイを相対的に捉える視角が必要である。ポランニーが指摘したタカラガイの優位性を支えたその均一性について、まず検討してみよう。

貨幣として求められる均一性は、貝類学の視点からタカラガイを研究している入江貴博氏の指摘で気づかされた。

タカラガイが生きているときは、貝殻は外套膜によって覆われ、一見するとウミウシのように見える。そのために生きた貝から採取した貝殻には瑕がほとんどない。

たとえばキイロダカラの殻の長さは、成長とともに九ミリメートルから四五ミリメートルまでの範囲になる。これまで私が見てきたさまざまなタカラガイは、いずれも、およそ二五ミリメートルであり、貝殻の背面に穴が穿たれているものも少なくはなかったが、摩耗してはいなかった。また、大きさと品質が均一だということは、人為的な規準に従って、特定の大きさに育った貝だけを採取したことを意味する。

均一であるために、いくつあるか数える単位となることが可能となる。大興安嶺周辺のシャーマンの神衣に付けられていたタカラガイは、一年の日数を象徴していた。数を示すというタカラガイの機能が、貨幣としての用途を可能にしている。数を競うゲームの駒として、あるいはゲームの得点を示すためにも、タカラガイは用いられる。威信財としてタカラガイが用いられるときも、数えられるということが意味をもっていたと考えられる。権威を分け与えることが可能となり、しかも権威のランクをタカラガイの個数によって表したのである。

タカラガイの希少性について

西アフリカで貝貨として用いられたタカラガイは、モルディブ産のキイロダカラか、モザンビークで採られたハナビラダカラであった。東ユーラシアのタイ王国、雲南、チベット高原を越え、ツングース系民族が暮らすアムール川流域などで見たタカラガイ、大英博物館や大阪の国立民族博物館で目にしたタカラガイも、これら二種のどちらかであった。

タカラガイ科（**Cypreidae**）に属する貝は、二三〇種あまりが知られているという。そのなかで、なぜキイロダカラとハナビラダカラだけが、選好されたのだろうか。二つの種に共通している点は、水深二〜三メートル程度の浅い潮間帯の岩礁・珊瑚礁に生息し、潮が引いたときに、採取が容易だということだろう。奄美大島の岩礁で、ハナビラダカラが、足下にうぞうぞと数多く動いているところを観察した経験がある。

同じような浅い潮間帯で生息しているものに、先の二種よりも少し大きく黒褐色に白い斑点が美しいハナマルユキ（*Cypraea caputsserpentis*）がある。夜間、大潮の干潮時には、一メートル四方の岩礁に、五〇個以上の高密度で出現するという点も、共通している。しかし、ハナマルユキは交易の対象にはならなかった。

キイロダカラとハナビラダカラとは、いずれも赤道を挟む西太平洋からインド洋の沿岸に生息するが、分布状況にはむらがある。キイロダカラはモルディブ諸島で多く採取される。ハナビラダカラは沖縄周辺のシナ海域や、東アフリカのモザンビークなどの沿岸で多く採れる。この両種は色合いがいずれも白っぽく、まぜて使用しても違和感はあまりない。こうした点に、色合いがまったく異なるハナマルユキが選ばれなかった理由があるのかも知れない。

二種のタカラガイが珍重される地域は、南の海から遥かに離れていた。本書の序章で掲げた文明の交易史観の理想型としてのユーラシア大陸に、アフリカ大陸を接合してみると、図5のようになる。ユーラシア大陸を北東から南西に襷のように連なる乾燥地帯は、アラビア半島を経由し

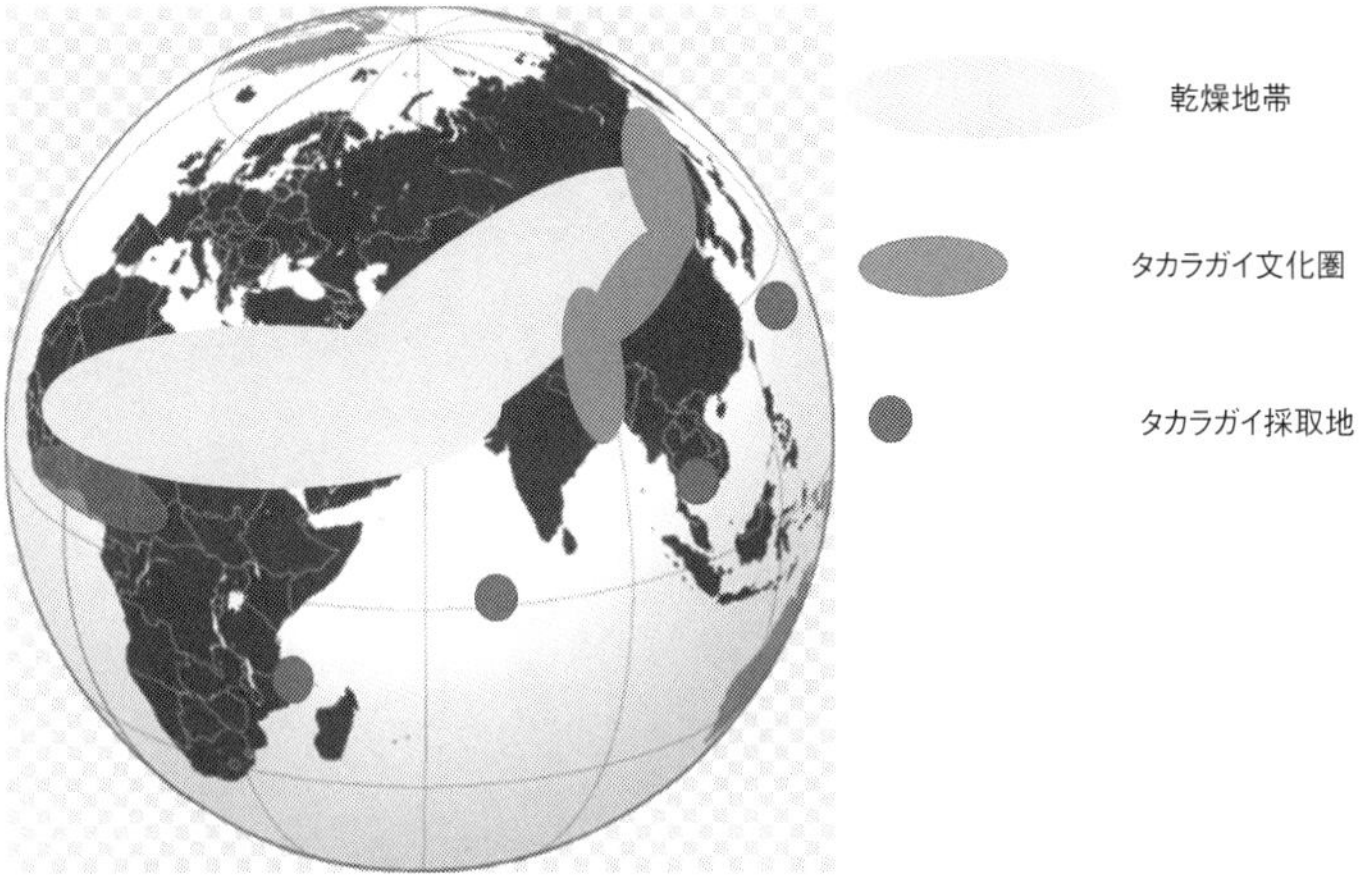

図5　タカラガイが珍重される地域

てエジプトに連なり、サハラ砂漠へと接合している。タカラガイを珍重する文化圏の所在を示すと、この乾燥帯の南縁に沿って東北から西南に並ぶように分布していることが分かる。このアフロ＝ユーラシア大陸に二種のタカラガイを供給した沖縄・タイランド湾・モルディブ・モザンビークのポイントを並べると、やはり海域を東北から西南にほぼ一直線に並ぶ。こうした採取地からの地理的な距離が、タカラガイの希少性を決定づけているのである。

一般論として、生息域から離れ、交易が困難であればあるほど、希少性が増す。これまでざっくりと見てきたタカラガイを地域的に整理すると、北部や内陸部では呪物として用いられている。交易ルートが未整備な時代、宗教的な権威との関わりのなかでタカラガイには威信財という意味が与えられる。均一な貝殻を模様に配置して、盛装を

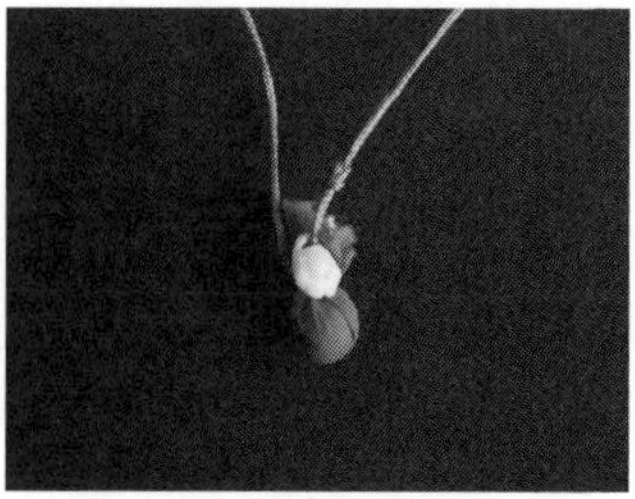

図6　チベット医師使用のタカラガイ

彩る飾りとなる。タカラガイが安定的に供給される条件が整うと、通貨として用いられるようになる。希少性が強ければ高価な通貨として、希少性が低ければ低額貨幣として用いられていた。さらに身の回りにありふれたものとなると、遊具の一部に取り込まれる。

一つの地域のなかで、こうした希少性の差によるタカラガイの利用方法が、地層のように重層的に観察できる場所がある。チベット高原ラサである。

チベット高原を馬で旅をした渡辺一枝氏から、ラサでチベット医術（蔵医）の医師から与えられたという丸薬に一個だけ付けられたタカラガイをいただいた（図6）。渡辺氏が体調をくずし、僧侶でもある蔵医に診てもらったとき、その蔵医は伝統的な処方に基づく薬を赤い布に包み、キイロダカラの腹面（開口部がある側）に朱を付けて、渡辺氏の額に押しつけて印を付けた。呪術的な効果が、おそらく期待されているのであろう。

チベットオペラの前段で舞われるウンバの藍面には、鼻先にタカラガイが並べられており、また、ラサの骨董品店で購入した帯は、おそらく女性が盛装するときに腰にまいたものであろう。赤珊瑚とともに、タカラガイが数多く縫い付けてある。儀式的な局面で、タカラガイが使われるのである。

また、一六世紀ごろまでは、チベットでもタカラガイが貨幣として用いられていた。

価値が下落した使い方としては、サイコロを用いたゲーム「ショ」で、タカラガイが用いられていた。

ラサで散見したタカラガイは、タカラガイが希少であった時代から、交通網の整備などによってありふれた物品に成り下がった時代まで、あたかも地層のように堆積した使用方法の露頭だったと解釈することが可能だろう。

貨幣としてのタカラガイの使用方法は、こうした希少性の傾斜のなかの、ある幅におさまったときに現れるのではないだろうか。

タカラガイの持続性について

タカラガイを採取できる海域から遥かに離れた文明圏で、なぜタカラガイは価値を持つようになったのだろうか。ダホメ王国の伝承にもあるように、インド洋やシナ海域に面していない地域では、この貝がどのようにして採取されるのか、動物なのか植物なのかも不正確な知識しか持ち合わせていない。ひとたび価値を認められれば、需要が生まれるであろうが、自然界には存在しないものに価値を付与する初発の契機は、いったいどのようにして訪れるのだろうか。

一つの仮説として、まずは互酬から始まったと考えるのが妥当だろう。異なる世界に生きるヒトのあいだで、互いに折り合いが付いたところで物々交換が行われる。そうした原初的な段階を想起してみよう。

繰り返し述べてきたように、タカラガイは希少性の高低に応じて、価値が段階的に変わる。もっとも価値が高い段階は、呪物としてのタカラガイである。タカラガイが呪物となるのは、さまざまな識者が指摘しているように、この貝の腹面の形が女性性器を連想させるためであろう。チベットの蔵医の丸薬に結びつけられたタカラガイ、あるいはコンゴの呪術師が用いる人形に付けられたタカラガイのいずれもが、病をいやす呪物としての効果が期待されている。モンゴル高原のシャーマンの呪物にも、たった一つだけ、タカラガイが付けられている。

そうした神秘性は、タカラガイに超自然的な威信財としての価値を与え、支配の正当性を象徴するようになる。また価値の階梯が一段下がると、宗教的な儀式の衣装を飾るタカラガイが登場する。典型的なものは、シャーマンの神衣にちりばめられたタカラガイ、儀式に登場する仮面につり下げられたタカラガイである。さらに価値が下がると、盛装を彩るようになる。首飾りや胸当て、また衣服に付けられたタカラガイは、おそらく魔除けの効果も期待されていた。

これより下の段階に、私は貨幣としてタカラガイが使用されるレベルを位置づける。神秘性を失っている点から、そうした位置づけが妥当であろう。さらにその下の階梯に、ゲームのコマとしての使用など、娯楽の道具として使われる文化が入る。

タカラガイの供給地が離れるに従って、タカラガイの価値の階層が上がる。ゲームに用いていたタカラガイを、山奥に運び、現地の住民と物々交換してみると、思いも掛けない価値のあるものと交換してくれる。身近に多数あるタカラガイを奥地へと運ぼうという事態が、自然と生まれる。そして、価値の階梯を一段ずつ、リレー式に貝が運び上げられていったのではないだろうか。こうして、タカラガイが棲息する海域から遥かに離れた地域で、タカラガイを珍重する文化が生まれるのである。

互酬に基づいてタカラガイに価値を見いだす文化圏が誕生すると、歴史的な次の段階として、貢納と再分配のメカニズムに従って、タカラガイが一つの文化圏全体に広がる。具体的には、東ユーラシアの東部に生まれた商王朝が、その段階に相当する。商王朝の王権は、青銅器とともに数えられる威信財として、南方からタカラガイを貢納させ、入手した貝をその文化圏でタカラガイが希少であるために、より高い価値を見いだしている地域に再分配する。この段階を経て、タカラガイ好みの文化圏が形成された。

タカラガイを嗜好する文化圏が確立すると、そこにタカラガイを運び込む交易ルートが確立する。雲南からチベット高原にタカラガイを運んだキャラバンは、茶馬古道を行き来するナシ族やチベット族の隊商であった。一四世紀から一六世紀にかけて、西アフリカにこの貝を運んだ人々は、ムスリムの商人であった。モンゴル帝国がユーラシア全体を包摂する交易圏を生み出したことが、こうした交易ルートと隊商の時代をもたらした。

タカラガイを貨幣として用いる地域が確立すると、帝国が地域統治を目的としてタカラガイを供給するようになる。具体的には琉球などから入手したタカラガイを雲南に供給した明朝、西アフリカにモルディブから貝を運んだオランダとイギリスの東インド会社が、この段階に相当する。

オランダは共和国であったために、「帝国」と呼ばれることはないが、広域に植民地を展開して支配した点では、システムとしては帝国だったと見なすことが可能である。

システムとしての「帝国」とは、互酬に基づく多種多様な地域内交易を破壊せずに包摂し、貢納させることで中央につなぎ止めることで形成される、文明の一つの形態である。帝国と「帝国主義」国家とは区別される。後者は、近代以降に世界を覆う市場が形成されたのちに、この世界市場におけるヘゲモニーを掌握することを目的として、対外的・軍事的な膨張を行う主権国家であり、地域内交易を破壊して自己の市場に組み込もうとする（参照：柄谷行人、2014）。

帝国はみずからの領域の貨幣の持続性を維持するために、その領域外に広がる勢力圏からもその物資を輸入し続けようとする。元朝という帝国のもとでは、モルディブなどがその供給地となり、その地の環境から特定の規格のタカラガイが大量に採取されることとなった。明朝のもとでは、琉球が供給地として位置づけられたため、琉球の海浜のタカラガイは一七世紀前半ともなると、採り尽くされたとも表現される事態に至った。帝国が領域外の環境を間接的にではあれ、改変したのである。

オランダとイギリスの帝国は、モルディブ諸島産タカラガイを、西アフリカに運び、黒人奴隷を獲得してプランテーションに供給した。世界帝国のシステムの「環」の一つが、タカラガイであったのである。

隊商や帝国による安定したタカラガイの供給は、貨幣成立の条件の一つである持続性を可能にした。

ビットコインとタカラガイ

自然発生的にタカラガイが、貨幣として使用され始める。国家権力がコントロールしないシステムとして貨幣が生まれるプロセスは、二〇〇九年に現れたビットコインのシステムと似ているように思われる。

ビットコインには中央銀行のような貨幣を供給し管理する機関は存在しない。

ビットコインの実体は、ネット上に存在する過去から現在までのすべての取引記録の帳簿（ブロックチェーン）である。ネット上のビットコインに関するすべての取引は、即時にネット上に公開される。約一〇分ごとに更新され、過去一〇分間のすべての取引記録はブロックと呼ばれる。ビットコインを新たに供給する者は、マイナー（採掘者）と呼ばれる。マイナーは、解くのに約一〇分かかる計算課題をコンピューターで解く。もっとも早く正解に到達した者だけが、最新のブロックを、ブロックチェーンに付け加えられる。その報酬としてビットコインを新しく創ることができるのである。

ビットコインは、仮想通貨としての定式を持った均一なデータである。また、意味のない計算量の大きな問題を、約一〇分間で解いた者だけがビットコインを供給するので、ビットコインの希少性は保たれる。さらに、ビットコインを得ようとするマイナーが参加することで、持続性が維持される。

ビットコインとタカラガイ貝貨とは、よく似ている。いずれも集権的な発行者が存在していない。利潤を追求しようとする参加者たちが、ビットコインの場合は計算課題を解くという作業を、タカラガイの場合は海から貝を採集して肉を取り除き、内陸へ運び上げるという作業を、自発的に進めることによって、システムが維持されている。

タカラガイとビットコインとに共通することは、均一性・希少性・持続性の三点である。三つのバランスがある範囲に収まるとき、為政者が操作しないでも貨幣が生まれる。三者のバランスが成立する範囲は、交易の規模に応じて異なるだろう。その範囲を事前に予測し、貨幣の供給量をコントロールすることができれば、インフレもデフレもない、恐慌からも自由になった経済システムが生まれるだろう。人類が行うすべての交易、ブラックな取引を含めてそのすべてがビックデータとして登録され解析され、最適な量の仮想通貨が、参加者の自発性に基づいて供給されるようになったとき、究極の交易システムが現れるはずだ。

そして、そのバランスを支える人類だけが持つ特質は、「数えることに快感を覚える」ということである。鳥類でもっとも賢いとされるカラスも、数えられることが実験で検証されている。しかし、数えたときに餌を与えることで、数えるという能力を引き出している。ところがヒトだけが、自発的に数えるのである。

数えるということ

数えるときに、いったいどのような手順を踏んでいるのだろうか。私が小学校に入学したときに、「なぜ一足す一は、二になるの」というところで思考が止まってしまい、親を困らせたという。銀行員であった父は、「タイルを用いた算数の基礎」という方法で、算数が苦手な私に数学の基礎を学ばせようと努力したが、私には腑に落ちなかった。成人してからも、しばしば、ヒトはなぜ数えるのだろうか、と考えるようになった。

リンゴがいくつあるの、という問いに対して、数えるときに、「一足す一は二」という思考が頭に生まれる。私の目の前にある具体的な「このリンゴ」「あのリンゴ」は、足し合わせることはできない。目の前にあるリンゴが、赤かったり、緑だったり、黄色だったりと異なっていたとしても、「リンゴ」というカテゴリーに抽象化することで、はじめて抽象化されたリンゴを数えることが可能となる。この抽象化というステップで躓いたのが、六歳の私であった。父親は、色も形も均一なタイルを数えさせることで、このステップを乗り越えさせようとしたのである。

この「抽象化」するというプロセスが脳内でおきるときに、おそらくヒトは快感を覚えるのではないだろうか。均一なものが目の前に置かれたとき、ヒトは自発的に数えようとする。ヒトを含む霊長類がものを数えるのは、脳の前頭葉や頭頂葉が関わっていることが、実験で分かっている。これらの部位は、感情とも深く関わる。ヒトが数えるとき、ヒトは喜びを覚えるのではないだろうか。
文明の発生には、おそらく均一なものを「数える」ことに、なぜかヒトという生物が快感を覚えるという特質が、大きく関わっているのである。この特質が、交換手段としての通貨を生みだし、経済活動を可能とした。
オランダの歴史学者ホイジンガが創作した架空の学名「ホモ＝ルーデンス *Homo ludens*」（遊ぶヒト）を想起する。自然界から均一なタカラガイを選別し、運び続けてきた人類、こうしたヒトとタカラガイの関係を探る長い時空の旅の締めくくりとして、私はヒトにもう一つの学名を与えることにしたい。

ホモ＝ヌメランス *Homo numerans*（数えるヒト）。

ラテン語については同僚の浦野聡氏にご教示いただいた。氏のコメントによると、遊ぶとか祈るとか自動詞である場合には、ホモ＝ルーデンスのように動詞の現在分詞をくっつけるだけで事足りるが、数える場合は、「数を」数えたり、「天空の軌道を」計算したりというように、他動詞として用いられるので、国際学名表記に準じる形にすることは難しい。そうした困難がありながら、あえていえば、という但し書きがホモ＝サピエンスに替わる仮想の学名にはついてはいるのだが。

あとがき

本書は私の単著として、ちょうど一〇冊目となる。なかには原稿用紙で一〇〇枚程度の小品もあるが、そのすべてが旅のなかから生まれたといってもいい。

最初の『伝統中国――〈盆地〉〈宗族〉にみる明清時代』（講談社、一九九五年）は、修士論文を発展させた著作ではあるが、浙江省諸暨《しょき》盆地での調査旅行を敢行することで、本としての体裁が整った。

続く『森と緑の中国史――エコロジカル-ヒストリーの試み』（岩波書店、一九九九年）は、私が中国留学していた一九八三年から八五年にかけて、中国の各地を長距離バスと鉄道を乗り継いで行った旅のなかで直面した生態環境破壊の現場に触発されて書いたものである。ここからスピンアウトした作品が、『トラが語る中国史――エコロジカル・ヒストリーの可能性』（山川出版社、二〇〇二年）であるが、ストーリーの軸は福建省の山間の村の東岳廟に奉納されていたトラの皮の主であったトラに歴史を語らせるというもので、その村の出身の友人の協力を得て、その村を訪ねることがなければ、書かれることはなかった。

二〇〇四年に一年間、大学から研究休暇を得て家族とともに昆明に暮らした。その昆明で書き上げた明清時代の通史が『中国の歴史9　海と帝国——明清時代』（講談社、二〇〇五年）であり、この著作は雲南に足を置いて、東ユーラシアを見渡すという稀有な経験のなかから生み出された。続く小品『東ユーラシアの生態環境史』（山川出版社、二〇〇六年）は、雲南省西北部のチベット族の村で、バター茶を振る舞われたという体験談から話が始まる。

『風水という名の環境学——気の流れる大地』（農山漁村文化協会、二〇〇七年）は、野生では絶滅したとされるアモイトラの人工繁殖拠点を訪問した旅行のなかから生まれ、『大河失調——直面する環境リスク』（岩波書店、二〇〇九年）は、大同における緑化ツアーに参加することで、その枠組みが作られた。『ペストと村——七三一部隊の細菌戦と被害者のトラウマ』（風響社、二〇〇九年）は、『伝統中国』で対象とした諸曁盆地に隣接する義烏《ぎう》で行った、関東軍七三一部隊が開発した細菌兵器の被害を受けた村の調査に基づくものである。

九冊目の『シナ海域　蜃気楼王国の興亡』（講談社、二〇一三年）は、『海と帝国』の列伝篇という位置づけなのであるが、執筆に先立ち登場人物にゆかりの土地を、九州からマカオまで訪ねて土地勘を身につけることで、書き上げることができた。

そして、タカラガイを追い求めた本書は、青海省のアムド＝チベット族の祭祀のなかで、タカラガイを鼻先にぶら下げた仮面をかぶった乞食と出会ったところから始まった旅の記録ということができる。

なぜこれほどまでに旅にこだわるのか。その理由はおそらく、私が歴史というものに漠然とした興味を抱いた切っ掛けにさかのぼる。一〇歳のころ、父が私に買い与えた本がC・S・ルイスのナルニア国物語第一巻『ライオンと魔女』であった。イギリスの四人の兄弟姉妹が異世界ナルニア国に紛れ込んだ場所は、一本のガス灯が灯る雪に覆われた森であった。なぜ、森にガス灯があるのか、その理由が第六巻『魔術師のおい』で明かされる。このときの衝撃が、私の人生に一つの指針を与えたといってもいいだろう。場所は時代によって意味づけられ、時代は場所によって貫かれている。時間と空間とが交差する場は、宇宙の始まりから終わりまでのなかで、唯一絶対のものなのである。

「歴史は場所によって貫かれる」、少し解りにくいかも知れない。ここに一冊の歴史地図集があるとしよう。千枚通しを手にして、地図集の一頁にあたる先史時代の一箇所に押し当てて、一気に地図集の最後の現代の頁まで、貫く。そのあとから、おもむろに頁をめくってみると、どの頁にも穴があいている。その穴の場所は頁ごとに、村になったり、町になったり、廃墟になったり、あるいは一つの帝国に属していたと思ったら、数頁あとには異なる国の領域に入っている。こうして最後の現在の地図にあいた穴にいたったとき、この場所は時代を貫いているのだと、実感されるであろう。一〇歳の私の脳裏に、こうしたイメージが刻まれたのである。

ナルニア国物語では、ガス灯の立つ場所は、救世者が現れる聖地であった。聖職者でもあった作者が、エルサレムをそこに仮託していると考えてもいいだろう。ユダヤ教・キリスト教・イスラーム教の聖地となり、いま紛争の渦中にある、あのエルサレムである。

時代と場所へのこだわりは、私が東京大学文学部東洋史学科に提出した卒業論文「明末清初、江南の都市の「無頼」をめぐる社会関係——打行と脚夫」(『史学雑誌』九〇—一一、一九八一年)に引き継がれた。これは中国江南地域の市鎮(行政府の置かれていない町)を対象とする研究であった。この論文は私の文献史学の原点となっている。また、中国留学中に行った山間の一つの村の調査に基づいて書いた「村に作用する磁力について」(『中国研究所月報』四五五・四五六、一九八六年、のちに橋本満、深尾葉子『現代中国の底流:痛みの中の近代化』行路社、一九九〇年に所収)は、私のフィールドワーク系の研究の起点となった。

本書はタカラガイを訪ねて、第一部では文献史学の視点から、第二部ではフィールドワークの方向から、それぞれ描こうとした試みである。執筆に当たっては、枚数の制限が厳しくないという選書の恩恵に甘えて、しばしば脱線したり、タカラガイに直接は関わりのない、しかし、どこかで世に問いたいと思っていた調査の成果を書き込んだりしながら、筆を進めた。テーマ以外のことは書かないという禁欲的な自己規制を取り除いてくれたのは、序章で言及した柳田国男である。柳田は、本人の潜在意識に降りて、一つの話題から他の話題へと、連想の糸をたどって話が進む。こうした書き方も良しとしよう、としばしば脱線することを抑制しなかった。学術的な著作としては、減点なのであろうが、ご寛容いただきたい。

タカラガイを歴史的にたどるという企画は、福武財団の助成金を得て行った調査を踏まえた「タカラガイと文明——東ユーラシア」(池谷和信編著『地球環境史からの問い:ヒトと自然の共生とは何か』岩波書店、二〇〇九年）を著したあと、棚晒しになっていた。二〇〇九年の一つの論文から始まるビットコインが、二〇一三年ごろから日本でも話題となり始めたとき、国家が発行しない貨幣という点で、タカラガイとビットコインは同じではないか、と気づき、再びタカラガイを取り上げてみようと考えるにいたった。ある程度の構想ができたときに、まずある出版社に新書の企画として持ち込んでみたのであるが、断られてしまった。その直後に、筑摩書房第三編集室の北村善洋氏より、選書執筆の依頼をいただいたのである。新書の企画が没になり、気落ちしていたところに舞い込んだ自由に執筆できる選書の企画、頭上に青空が広がったように感じた。北村氏には、その後も刊行にいたるまで、丁寧に対応していただき、執筆も私にしては快調に進めることができた。心より感謝もうしあげたい。

私の研究における二つの系譜、すなわち文献史学系とフィールドワーク系とを意図的に組み合わせた本書の執筆のなかで、なぜ私はこのような交錯する地点に立っているのだろうか、と振り返ることが多かった。気づいたことは、数年前に相次いで死去した私の両親の存在である。相続手続きのために、それぞれの戸籍謄本を出生時から取り寄せてみると、否が応でも祖父母の記憶を確認することとなる。興味を持ったことになんでも頭を突っ込みたがる私の性格は、あきらかに母の父にあたる川村茂久から引き継いでいる。学究的な姿勢は、私の父の母方に由来するのかも知れない。父方祖母の弟が構造設計で業績を残した横山不学である。

私の最初の単著が出版されたとき、その発行部数を尋ねてから、自分が著した『職業としての銀行員』の方が多いぞ、と張り合っていた父・碩夫、それを隣で聞いてなんと大人げないといった表情をしていた母・玲子、本書は亡き父母への記念としたい。

二〇一五年　北京にて

上田　信

中国社会科学院考古研究所、1980、『殷墟婦好墓』文物出版社
中国社会科学院考古研究所、1999、『偃師二里頭』中国大百科全書出版社
張囤生編、1993、『中国青銅器全集』第14巻「滇・昆明」、文物出版社
張増祺、2002、『探秘撫仙湖——尋找失去的古代文明』雲南民族出版社
陳徳安・魏学峰・李偉綱、1998、『三星堆』四川人民出版社
卞伯沢、2008、『会沢文化之旅——堂商文化篇』雲南美術出版社
彭柯・朱岩石、1999、「中国古代所用海貝来源新探」『考古学集刊』第12集
方国瑜編、1990、『雲南資料叢刊』第3巻、雲南大学出版社
方国瑜、1997、「雲南用貝作貨幣的時代及貝的来源」楊寿川編著『貝幣研究』雲南大学出版社
馬得志等、1955、「一九五三年安陽大司空村発掘報告」『考古学報』9冊
馬徳嫻、1963、「明嘉靖時用貝買楼房的契紙」『文物』1963年第12期
瑟格蘇郎甲初・西洛嘉措、1991、『中甸県蔵文歴史档案史料輯録訳注』(中甸県志資料彙編五)中甸県志編纂委員会弁公室
楊徳昌、2008、『会沢文化之旅——銅馬古道篇』雲南美術出版社
楊福泉、2005、『納西族与蔵族歴史関係研究』民族出版社
李天祜、2011、「"三星堆"与"殷墟"銅料来源浅析」『中国文物信息網』〈http://www.ccrnews.com.cn/〉
陸韌、1997、『雲南対外交通史』雲南民族出版社們
劉金明、2002、『黒竜江達斡爾族』哈爾浜出版社
魯永明、2005、『魅力尼汝－来自香格里拉蔵族生態文化村的報道』民族出版社
呂萍・邱時遇、2009、『達斡爾族薩満文化伝承——斯琴掛和她的弟子們』遼寧民族出版社
和栄海等唱、楊湲・収集翻訳整理、2002、『香格里拉民歌』天馬図書有限公司〈香港〉

英語

Hogendorn, Jan and Johnson, Marion, 1986, *The Shell Money of the Slave Trade*, Cambridge University Press
Rowe, T. William, 2001, *Saving World: Chen Hongmou and Elite Consciousness in Eighteenth-Century China*, Stanford University Press
Vogel, Ulrich Hans, 1991, 'Cowry Trade and Its Role in the Economy of Yünnan: From the Ninth to the Mid-Seventeenth Century', Roderich Ptak and Dietmar Rothermund ed. *Emporia, Commodities and Entrepreneurs in Asian Maritime Trade, c.1400－1750*, Wiesbaden: Steiner

Dahomey and the Slave Trade, 1966）
ポーロ,マルコ、高田英樹訳、2013、『マルコ・ポーロ、ルスティケッロ・ダ・ピーサ：世界の記――「東方見聞録」対校訳』名古屋大学出版会
真栄平房昭、1991、「大航海時代のイギリス・オランダと琉球」琉球新報社編『新・琉球史――古琉球編』琉球新報社
松原孝俊、1990、「朝鮮における伝説生成のメカニズムについて――主に琉球王子漂着譚を中心として」『朝鮮学報』137輯
三宅伸一郎・石山奈津子訳、2008、『天翔る祈りの舞――チベット歌舞劇』臨川書店
宮本一夫、2005、『神話から歴史へ――神話時代・夏王朝』〈中国の歴史01〉、講談社
村上正二訳、1970－1976、『モンゴル秘史――チンギス・カン物語』全3巻、平凡社東洋文庫
モース,マルセル、吉田禎吾訳、2009、『贈与論』ちくま学芸文庫（原著：Marcel Mauss, *Essai sur le don*, 1924）
安木新一郎、2012、「13世紀後半モンゴル帝国領雲南における貨幣システム」『国際研究論叢』25-2
柳田国男、1973、『海上の道』岩波文庫（初版：筑摩書房、1961）

中国語（音読み五十音順）
雲南省少数民族古籍整理出版規画弁公室編、1986、『哈尼阿培聡坡坡』雲南民族出版社
雲南省文物工作隊、1981、「大理崇聖寺三塔主塔的実測和清理」『考古学報』1981年第2期
韓有峰、2002、『黒竜江鄂倫春族』哈爾浜出版社
金維諾、1978、「舞踏紋陶盆与原始舞楽」『文物』1978年第3期
郜向平、2011、『商系墓葬研究』科学出版社
四川文物考古研究所、1999、『三星堆祭祀坑』文物出版社
蔣志竜、2002、『滇国探秘――石寨山文化的新発掘』雲南教育出版社
青海省文物管理処考古隊・北京大学歴史系考古専業、1976、「青海楽都柳湾原始社会墓葬第一次発掘的初歩収穫」『文物』1976年第1期
青海省文物管理処考古隊、1978、「青海大通県上孫家寨出土的舞踏紋彩陶盆」『文物』1978年第3期
青海省文物管理処考古隊・中国社会科学院考古研究所編、1984、『青海柳湾――楽都柳湾原始社会墓地』〈考古学専刊；丁种第28号．中国田野考古告告集〉、文物出版社
中国科学院考古研究所実験室、1977、「放射性碳素測定年代报告（四）」『考古』1977年第3期
中国社会科学院考古研究所安陽工作隊、1979、「一九六九～一九七七年殷墟西区墓葬発掘報告」『考古学報』1979年第1期

梶山勝、1982、「貯貝器考」『古代文明』34－8・10
加藤久美子、1998、「シプソンパンナーの交易路」新谷忠彦編『黄金の四角地帯――シャン文化圏の歴史・言語・民族』東京外国語大学アジア・アフリカ言語文化研究
加藤久美子、2000、『盆地世界の国家論――雲南、シプソンパンナーのタイ族史』京都大学学術出版会
金子民雄、1985、『スコータイ美術の旅――タイの古代遺跡』胡桃書房
柄谷行人、2014、『帝国の構造』青土社
川勝平太、1997、『文明の海洋史観』中央公論社
岸本美緒ほか編、2015、『詳説世界史B』山川出版社
九州国立博物館、朝日新聞社編、2006、『南の貝のものがたり（図録）』朝日新聞社
黒住耐二、2003、「貝類学からみた中国古代遺跡出土貝類の供給地――タカラガイ類を中心に」（報告要項）シンポジウム「中国古代のタカラガイ使用と流通、その意味――商周代を中心に」熊本大学考古学研究所
黒田明伸、2003、『貨幣システムの世界史――〈非対称性〉を読む』岩波書店
黒田明伸、2014、『貨幣システムの世界史――〈非対称生〉を読む（増補新版）』岩波書店
小林高四郎・岡本敬二編、1976、『通制条格の研究訳註（下冊）』国書刊行会
嶋田義仁、2009、「砂漠が育んだ文明」池谷和信編『地球環境史からの問い』岩波書店
白井祥平、1997、『貝Ｉ』法政大学出版局
杉山正明、1995、『クビライの挑戦――モンゴル海上帝国への道』朝日選書；2010、『クビライの挑戦――モンゴルによる世界史の大転回』講談社学術文庫
杉山正明、2005、『疾駆する草原の征服者』〈中国の歴史08〉講談社
チャーンウィット゠カセートシリ編集主幹、吉川利治編訳、2007、『アユタヤ』タイ国トヨタ財団・人文社会科学教科書振興財団
永積洋子訳、1970、『平戸オランダ商館の日記』第4輯、岩波書店
那覇市、2012、『渡地村跡：臨港道路那覇1号線整備に伴う緊急発掘調査報告』（那覇市文化財調査報告書・第91号）
縄田浩志、2013、「イエローベルトとブルーベルトが出会うところ」佐藤洋一郎・谷口真人編『イエローベルトの環境史』弘文堂
新田重清、1977、「基地内文化財調査概要――御物城の考古学的知見」『沖縄県立博物館紀要』第3号
比嘉政夫監修、大﨑正治・杉浦孝昌・時雨彰共著、2014、『森とともに生きる中国雲南の少数民族』明石書店
平勢隆郎、2005、『都市国家から中華へ――殷周 春秋戦国』〈中国の歴史02〉講談社
ポランニー，カール、栗本慎一郎・端信行訳、1976、『経済と文明――ダホメの経済人類学的分析』サイマル出版会（ちくま学芸文庫、2004、原著：Karl Polanyi,

参考文献

日本語（五十音順）
アンダーソン，J.G.、松崎壽和訳、1987、『黄土地帯（新訳）』六興出版（原著：Johan Gunnar Andersson, *Children of the Yellow Earth*, 1934）
池田等・淤見慶宏・広田行正（写真）、2007、『タカラガイ・ブック——日本のタカラガイ図鑑』東京書籍
イブン，バットゥータ、家島彦一訳、2001、『大旅行記』第6巻、平凡社
上田信、1993、「テーッ・ムアン・バーン——タイ国にみる「国」のイメージ」『現代思想』21（9）、青土社
上田信、2005、『海と帝国——明清時代』〈中国の歴史09〉、講談社
上田信、2006、『東ユーラシアの生態環境史』山川出版社
上田信、2007、「地域（リージョン）から環球（グローブ）へ——雲南ナシ族の歌謡を例に」『七隈史学』〈福岡大学〉、8号
上田信、2009a、「文明史としての中国近現代史」久保亨ほか編『現代中国と歴史学』（シリーズ20世紀中国史4）東京大学出版会
上田信、2009b、「タカラガイと文明——東ユーラシア」池谷和信編著『地球環境史からの問い：ヒトと自然の共生とは何か』岩波書店
上田信、2010、「清代行政文書から見える社会——陳弘謀」吉田光男編『東アジアの歴史と社会』放送大学教育振興会
上田信、2013、「中国雲南の鉱山文化——銅都・東川への旅」竹田和夫編『歴史のなかの金・銀・銅』〈アジア遊学116〉、勉誠出版
上田信、2015、「タカラガイ・雲南・帝国」〈2015年度歴史学研究会大会報告：環境から問う帝国／帝国主義〉『歴史学研究』937号
梅棹忠夫、1967、『文明の生態史観』中央公論社
梅棹忠夫編、2001、『文明の生態史観はいま』中央公論新社
江村治樹、2011、『春秋戦国時代青銅貨幣の生成と展開』汲古書院
岡村秀典、2003、『夏王朝——王権誕生の考古学』講談社
沖縄県立図書館編、1994、『歴代宝案・訳注本』第1冊、沖縄県教育委員会
沖本克己（編集委員）、福田洋一（編集協力）、2010、『須弥山の仏教世界』〈新アジア仏教史09チベット〉、佼成出版社
落合淳思、2015、『殷——中国史最古の王朝』中公新書
柿沼陽平、2011、『中国古代貨幣経済史研究』汲古書院
柿沼陽平、2015、『中国古代の貨幣——お金をめぐる人びとと暮らし』吉川弘文館

上田 信（うえだ・まこと）

一九五七年東京都生まれ。東京大学大学院人文科学研究科修士課程修了。現在、立教大学文学部教授。専攻は中国社会史。著書に『中国の歴史9　海と帝国——明清時代』『シナ海域 蜃気楼王国の興亡』（ともに、講談社）、『伝統中国——〈盆地〉〈宗族〉にみる明清時代』（講談社選書メチエ）、『森と緑の中国史——エコロジカル-ヒストリーの試み』（岩波書店）、『トラが語る中国史——エコロジカル・ヒストリーの可能性』『東ユーラシアの生態環境史』（ともに、山川出版社）など。

筑摩選書 0128

貨幣《かへい》の条件《じょうけん》　タカラガイの文明史《ぶんめいし》

二〇一六年二月一五日　初版第一刷発行

著者　上田《うえだ》　信《まこと》
発行者　山野浩一
発行所　株式会社筑摩書房
東京都台東区蔵前二-五-三　郵便番号　一一一-八七五五
振替　〇〇一六〇-八-四一二三
装幀者　神田昇和
印刷 製本　中央精版印刷株式会社

乱丁・落丁本の場合は左記宛にご送付ください。
送料小社負担でお取り替えいたします。
ご注文、お問い合わせも左記へお願いいたします。
筑摩書房サービスセンター
さいたま市北区櫛引町二-六〇四　〒三三一-八五〇七　電話　〇四八-六五一-〇〇五三
©Ueda Makoto 2016 Printed in Japan ISBN978-4-480-01634-8 C0320

筑摩選書
0020

利他的な遺伝子
ヒトにモラルはあるか

柳澤嘉一郎

遺伝子は本当に「利己的」なのか。他人のために生命さえ投げ出すような利他的な行動や感情は、なぜ生まれるのか。ヒトという生きものの本質に迫る進化エッセイ。

筑摩選書
0021

贈答の日本文化

伊藤幹治

モース『贈与論』などの民族誌的研究の成果を踏まえ、贈与・交換・互酬性のキーワードと概念を手がかりに、日本文化における贈答の世界のメカニズムを読み解く。

筑摩選書
0023

天皇陵古墳への招待

森 浩一

いまだ発掘が許されない天皇陵古墳。本書では、天皇陵古墳をめぐる考古学の歩みを振り返りつつ、古墳の地理的位置・形状、文献資料を駆使し総合的に考察する。

筑摩選書
0024

脳の風景
「かたち」を読む脳科学

藤田一郎

宇宙でもっとも複雑な構造物、脳。顕微鏡を通して内部を見ると、そこには驚くべき風景が拡がっている！ 脳の実体をビジュアルに紹介し、形態から脳の不思議に迫る。

筑摩選書
0026

関羽
神になった「三国志」の英雄

渡邉義浩

「三国志」の豪傑は、なぜ商売の神として崇められるようになったのか。史実から物語、そして信仰の対象へ。その変遷を通して描き出す、中国精神史の新たな試み。

筑摩選書 0038

救いとは何か

森岡正博
山折哲雄

この時代の生と死について、救いについて、人間の幸福について、信仰をもつ宗教学者と、宗教をもたない哲学者が鋭く言葉を交わした、比類なき思考の記録。

筑摩選書 0040

100のモノが語る世界の歴史1
文明の誕生

N・マクレガー
東郷えりか 訳

大英博物館が所蔵する古今東西の名品を精選。遺されたモノに刻まれた人類の記憶を読み解き、今日までの文明の歩みを辿る。新たな世界史へ挑む壮大なプロジェクト。

筑摩選書 0041

100のモノが語る世界の歴史2
帝国の興亡

N・マクレガー
東郷えりか 訳

紀元前後、人類は帝国の時代を迎える。多くの文明が姿を消し、遺された物だけが声なき者らの声を伝える――。大英博物館とBBCによる世界史プロジェクト第2巻。

筑摩選書 0042

100のモノが語る世界の歴史3
近代への道

N・マクレガー
東郷えりか 訳

すべての大陸が出会い、発展と数々の悲劇の末にわれわれ人類がたどりついた「近代」とは何だったのか――。大英博物館とBBCによる世界史プロジェクト完結篇。

筑摩選書 0043

悪の哲学
中国哲学の想像力

中島隆博

孔子や孟子、荘子など中国の思想家たちは「悪」について、どのように考えてきたのか。現代にも通じるこの問題と格闘した先人の思考を、斬新な視座から読み解く。

筑摩選書 0052

ノーベル経済学賞の40年（上）

20世紀経済思想史入門

T・カリアー

小坂恵理 訳

ミクロにマクロ、ゲーム理論に行動経済学。多彩な受賞者の業績と人柄から、今日のわれわれが直面している問題が見えてくる。経済思想を一望できる格好の入門書。

筑摩選書 0053

ノーベル経済学賞の40年（下）

20世紀経済思想史入門

T・カリアー

小坂恵理 訳

経済学は科学か。彼らは何を発見し、社会にどんな功績を果たしたのか。経済学賞の歴史をたどり、経済学と人類の未来を考える。経済の本質をつかむための必読書。

筑摩選書 0054

世界正義論

井上達夫

超大国による「正義」の濫用、世界的な規模で広がりゆく貧富の格差……。こうした中にあって「グローバルな正義」の可能性を原理的に追究する政治哲学の書。

筑摩選書 0055

「加藤周一」という生き方

鷲巣力

鋭い美意識と明晰さを備えた加藤さんは、自らの仕事と人生をどのように措定していったのだろうか。没後に遺された資料も用いて、その「詩と真実」を浮き彫りにする。

筑摩選書 0056

哲学で何をするのか

文化と私の「現実」から

貫成人

哲学は、現実をとらえるための最高の道具である。私たちが一見自明に思っている「文化」のあり方、「私」の存在を徹底して問い直す。新しいタイプの哲学入門。

筑摩選書 0058

シベリア鉄道紀行史
アジアとヨーロッパを結ぶ旅

和田博文

ロシアの極東開発の重点を担ったシベリア鉄道。近代史に翻弄されたこの鉄路を旅した日本人の記述から、西欧へのツーリズムと大国ロシアのイメージの変遷を追う。

筑摩選書 0060

近代という教養
文学が背負った課題

石原千秋

日本の文学にとって近代とは何だったのか？　文学が背負わされた重い課題を捉えなおし、現在にも生きる「教養」の源泉を、時代との格闘の跡にたどる。

筑摩選書 0062

中国の強国構想
日清戦争後から現代まで

劉傑

日清戦争の敗北とともに湧き起こった中国の強国化への意志。鍵となる考え方を読み解きながら、その国家構想の変遷を追い、中国問題の根底にある論理をあぶり出す。

筑摩選書 0063

戦争学原論

石津朋之

人類の歴史と共にある戦争。この社会的事象を捉えるにはどのようなアプローチを取ればよいのか。タブーを超え、日本における「戦争学」の誕生をもたらす試論の登場。

筑摩選書 0065

プライドの社会学
自己をデザインする夢

奥井智之

我々が抱く「プライド」とは、すぐれて社会的な事象なのではないか。「理想の自己」をデザインするとは何を意味するのか。10の主題を通して迫る。

筑摩選書 0067

ヨーロッパ文明の正体
何が資本主義を駆動させたか

下田 淳

なぜヨーロッパが資本主義システムを駆動させ、暴走させるに至ったのか。その歴史的必然と条件とは何か。近代を方向づけたヨーロッパ文明なるものの根幹に迫る。

筑摩選書 0068

「魂」の思想史
近代の異端者とともに

酒井 健

合理主義や功利主義に彩られた近代。時代の趨勢に反し、魂の声に魅き込まれた人々がいる。彼らの思索の跡は我々に何を語るのか。生の息吹に溢れる異色の思想史。

筑摩選書 0069

数学の想像力
正しさの深層に何があるのか

加藤文元

緻密で美しい論理を求めた哲学者、数学者たちは、真理の深淵を覗き見てしまった。彼らを戦慄させた正しさのパラドクスとは。数学の人間らしさとその可能性に迫る。

筑摩選書 0070

社会心理学講義
〈閉ざされた社会〉と〈開かれた社会〉

小坂井敏晶

社会心理学とはどのような学問なのか。本書では、社会を支える「同一性と変化」の原理を軸にこの学の発想と意義を伝える。人間理解への示唆に満ちた渾身の講義。

筑摩選書 0071

一神教の起源
旧約聖書の「神」はどこから来たのか

山我哲雄

ヤハウェのみを神とし、他の神を否定する唯一神観。この観念が、古代イスラエルにおいていかにして生じたのかを、信仰上の「革命」として鮮やかに描き出す。

筑摩選書 0072

愛国・革命・民主
日本史から世界を考える

三谷 博

近代世界に類を見ない大革命、明治維新はどうして可能だったのか。その歴史的経験から、時空を超える普遍的英知を探り、それを補助線に世界の「いま」を理解する。

筑摩選書 0073

世界恐慌（上）
経済を破綻させた4人の中央銀行総裁

L・アハメド
吉田利子 訳

財政再建か、景気刺激か――。1930年代、中央銀行総裁たちの決断が世界経済を奈落に突き落とした。彼らは何をし、いかに間違ったのか？ ピュリッツァー賞受賞作。

筑摩選書 0074

世界恐慌（下）
経済を破綻させた4人の中央銀行総裁

L・アハメド
吉田利子 訳

問題はデフレか、バブルか――。株価大暴落に始まった大恐慌はなぜあれほど苛酷になったか。グローバル経済黎明期の悲劇から今日の金融システムの根幹を問い直す。

筑摩選書 0076

民主主義のつくり方

宇野重規

民主主義への不信が募る現代日本。より身近で使い勝手のよいものへと転換するには何が必要なのか。〈プラグマティズム〉型民主主義に可能性を見出す希望の書！

筑摩選書 0080

書のスタイル　文のスタイル

石川九楊

日本語の構造と文体はいかにして成立したのか。東アジアのスタイルの原型である中国文体の変遷から日本固有の文体形成史をたどり、日本文化の根源を解き明かす。

筑摩選書 0082

江戸の朱子学

土田健次郎

江戸時代において朱子学が果たした機能とは何だったのか。この学の骨格から近代化の問題まで、思想界に与えたインパクトを再検討し、従来的イメージを刷新する。

筑摩選書 0083

〈生きた化石〉生命40億年史

R・フォーティ
矢野真千子 訳

五度の大量絶滅危機を乗り越え、何億年という時を生き延びた「生きた化石」の驚異の進化・生存とは。絶滅と存続の命運を分けたカギに迫る生命40億年の物語。

筑摩選書 0084

死と復活

「狂気の母」の図像から読むキリスト教

池上英洋

「狂気の母」という凄惨な図像に読み取れる死と再生の思想。それがなぜ育まれ、絵画、史料、聖書でどのように描かれたか、キリスト教文化の深層に迫る。

筑摩選書 0089

漢字の成り立ち

『説文解字』から最先端の研究まで

落合淳思

正しい字源を探るための方法とは何か。『説文解字』から白川静までの字源研究を批判的に継承した上で到達した最先端の成果を平易に紹介する。新世代の入門書。

筑摩選書 0093

キリストの顔

イメージ人類学序説

水野千依

見てはならないとされる神の肖像は、なぜ、いかにして描かれえたか。キリストの顔をめぐるイメージの地層を掘り起こし、「聖なるもの」が生み出される過程に迫る。

筑摩選書
0098

日本の思想とは何か
現存の倫理学

佐藤正英

日本に伝承されてきた言葉に根差した理知により、今・ここに現存している己れのよりよい究極の生のための地平を拓く。該博な知に裏打ちされた、著者渾身の論考。

筑摩選書
0103

マルクスを読みなおす

徳川家広

世界的に貧富の差が広がり、再び注目を集める巨人・マルクス。だが実際、その理論に有効性はあるのか。歴史的視座の下、新たに思想家像を描き出す意欲作。

筑摩選書
0104

映画とは何か
フランス映画思想史

三浦哲哉

映画を見て感動するわれわれのまなざしとは何なのか。本書はフランス映画における〈自動性の美学〉にその答えを求める。映画の力を再発見させる画期的思想史。

筑摩選書
0109

法哲学講義

森村　進

法哲学とは、法と法学の諸問題を根本的・原理的レベルから考察する学問である。多領域と交錯するこの学を、第一人者が法概念論を中心に解説。全法学徒必読の書。

筑摩選書
0124

メソポタミアとインダスのあいだ
知られざる海洋の古代文明

後藤　健

メソポタミアとインダス両文明は農耕で栄えた。だが両文明誕生の陰には、知られざる海洋文明の存在があった。物流と技術力で繁栄した「交易文明」の正体に迫る。